YINGKE® 盈科

盈科全国业务指导委员会系列丛书

企业合规精要

基础理论与制度设计

盈科律师事务所／编

温云云／主编

苏　军　张炜红　魏　磊　杨斯晗／副主编

法律出版社 LAW PRESS · CHINA

北京

图书在版编目(CIP)数据

企业合规精要：基础理论与制度设计 / 盈科律师事务所编；温云云主编. -- 北京：法律出版社，2022
ISBN 978-7-5197-7149-2

Ⅰ. ①企… Ⅱ. ①盈… ②温… Ⅲ. ①企业法-中国 Ⅳ. ①D922.291.91

中国版本图书馆 CIP 数据核字（2022）第 182523 号

企业合规精要：基础理论与制度设计
QIYE HEGUI JINGYAO: JICHU LILUN YU ZHIDU SHEJI

盈科律师事务所 编
温云云 主编

策划编辑 朱海波
责任编辑 朱海波 李军
装帧设计 汪奇峰 臧晓飞

出版发行 法律出版社
编辑统筹 法律应用出版分社
责任校对 邢艳萍
责任印制 刘晓伟
经　　销 新华书店

开本 710 毫米×1000 毫米 1/16
印张 15.25　**字数** 250 千
版本 2022 年 11 月第 1 版
印次 2022 年 11 月第 1 次印刷
印刷 固安华明印业有限公司

地址：北京市丰台区莲花池西里 7 号（100073）
网址：www.lawpress.com.cn
投稿邮箱：info@lawpress.com.cn
举报盗版邮箱：jbwq@lawpress.com.cn

销售电话：010-83938349
客服电话：010-83938350
咨询电话：010-63939796

书号：ISBN 978-7-5197-7149-2　**定价**：58.00 元

凡购买本社图书，如有印装错误，我社负责退换。电话：010-83938349

盈科全国业务指导委员会系列丛书编委会

总 主 编 李 华

出版统筹 郭 琪 丁 萌 张思媛 张静彤

本书编著者

主 编 温云云

副主编 苏 军 张炜红 魏 磊 杨斯晗

本书为江苏高校青蓝工程阶段性成果

序　言

在2021年即将结束的时刻，收到云云老师的邀请，为她的新书《企业合规精要：基础理论与制度设计》作序，感慨之余我欣然答应，感慨于鼓励我们盈科的律师创作关于合规书籍的时候她已经身怀六甲，而她居然在教学与办案的双重压力之下，日夜兼程，在预产期之前将底稿完成，她的精神与我们盈科律师事务所拼搏奋斗的精神是一致的，这无疑是2022年的一份礼物。

企业合规是国家积极推行的一项制度，关系到国家经济的平稳发展，关系到企业的长治久安，具有较为深远的意义。目前国家已经出台了一系列的法律法规对这一制度进行保驾护航，最高人民检察院也正在积极地推进试点工作，我们盈科的律师也在这一领域积极地探索、专研，都希望为企业的合规贡献出自己的绵薄之力。在此之际，此书较为系统地梳理了企业经营可能面临的法律风险进而探索设立企业合规制度的必要性——并积极探寻合规制度的起源与发展的过程——结合我国目前的理论与实践探索状况分析利弊——最终为合规计划的专项制定和个案制定提供了较强的指引。

是结束更是开始，希望此书能得到更多读者的观摩、认可，也希望我们盈科的合规团队能在合规领域有更多的突破和贡献。

梅向荣

2021年1月31日

致　谢

本书能够顺利出版首先特别感谢梅向荣主任的鼓励与支持，作为领导，积极地鼓励所里的同人注重理论与实践相结合，激励我们合规团队创作的决心。其次，感谢韩笑主任为图书出版的奔走与沟通，为我们团队的创作提供了较大的便利。同时，也感谢陈瑞华老师，不辞辛苦来苏州为我们举办合规讲座，讲座前后的交流使我的思路更加明确，也使我们对这一制度理解的层次更深入，正所谓“听君一席话，胜读十年书”，收获颇多。最后，感谢我的二宝（牛牛）在我写作的过程中能够在肚子里安静地陪着我，让我能够相对高效地查阅资料、研究案例。也谢谢各位同人阅读本书，在阅读的过程中也请不吝赐教，多提宝贵意见。

目 录
CONTENTS

第一编 Part 1 基础理论

第二编 Part 2 实证案例与制度设计

第一编

基础理论

第一章　企业合规之必要性
——企业经营面临的法律风险探析

前　　言

第十三届全国人民代表大会第四次会议中，最高人民检察院检察长张军向大会作最高人民检察院工作报告。报告提出：对企业负责人涉经营类犯罪，依法能不捕的不捕、能不诉的不诉、能不判实刑的提出适用缓刑建议，同时探索督促涉案企业合规管理，促进“严管”制度化，不让“厚爱”被滥用。报告同时提出：积极、稳妥试点，督促涉案企业合规管理，做好依法不捕、不诉、不判实刑的后续工作。

近年来，最高人民检察院一直在不断尝试以各种方式为企业经营保驾护航，先后制定实施了《关于充分发挥检察职能依法保障和促进非公有制经济健康发展的意见》《关于充分履行检察职能加强产权司法保护的意见》《关于充分发挥职能作用营造保护企业家合法权益的法治环境支持企业家创新创业的通知》等文件。2018 年 11 月，最高人民检察院又针对相关法律政策的适用专门发布了《充分发挥检察职能为民营企业发展提供司法保障——检察机关办理涉民营企业案件有关法律政策问题解答》，以进一步统一、规范涉民营企业案件的执法司法标准。

刑事合规并不是一个简单的制度，而是企业治理模式的创新。它不同于传统的刑罚或刑事司法。企业合规主要指的是企业为了应对发展中面临的法律风险，而采取的一系列措施，以期避免相应的法律处罚，谋求企业长期而稳定的发展。企业在正常的发展、经营的过程中会受到不同的法律法规规制，因而当其触碰有关红线时会面临不同的法律风险，就企业而言往往会造成不可弥补的损失。

国际社会和各国政府都致力于建立和维护开放、透明、公平的社会秩序，与此同时我国全面推进依法治国，在这样的背景下，我们越来越多地关注其面临的合规风险以及如何实现合规。若不合规，组织可能遭受法律制裁、监管处罚、重大财产损失和声誉损失，由此造成的风险为合规风险。企业在正常经营发展中可能面临的风险是多种多样的，目前从实践呈现的状况来看，主要可以分为以下领域的风险：刑事风险、行政风险与民事风险、国际制裁风险。

第一节　刑事风险探析

刑事风险之所以称为法律风险中最为严重的风险，因为刑事风险的前提是企业本身涉嫌刑事犯罪，需要被科以最为严格的刑事责任。在我国现行刑法的规定下，单位犯罪原则上采取双罚制，包括对单位的处罚和对单位相关责任人员的处罚，在刑事法律领域，企业及其员工之间存在行为及责任的转化和牵连。基于我国刑事责任制度的特点，企业的刑事风险存在以下四个维度。

一、公司、企业经营活动涉嫌刑事犯罪

造成公司、企业经营活动涉嫌刑事犯罪的原因往往是由于企业对特定经营活动所涉及的刑事法律法规、前置性民商事或行政法律法规、政策制度及规范性要求缺乏认识或者存在误解，从而在经营决策上误入雷区。比如，随着互联网的发展，一些企业开发了线上棋牌室业务模式，研发了各式各样的网络棋牌游戏App，但因为该类App的业务性质存在极大的涉赌风险，2018年至今不少企业因棋牌产品涉赌被卷入刑事诉讼中。

经过对现有裁判文书的检索，在江苏苏州地区，企业在经营活动中主要涉及的罪名主要类别分为破坏社会主义市场经济秩序罪、妨害社会管理秩序罪。

其中，就破坏社会主义市场经济秩序罪而言，主要涉及的罪名有合同诈骗罪，串通投标罪，虚开增值税专用发票、用于骗取出口退税、抵扣税款发票罪，集资诈骗罪，骗取贷款、票据承兑、金融票证罪，贷款诈骗罪，保险诈骗罪，非法吸收公众存款罪，走私罪，生产、销售假药罪，生产、销售有毒、有害食品罪，妨害清算罪，非国家工作人员受贿罪，对非国家工作人员行贿罪，侵犯知识产权罪。

就妨害社会管理秩序罪而言，主要涉及的罪名有污染环境罪，虚假诉讼罪，掩饰、隐瞒犯罪所得、犯罪所得收益罪，妨害公务罪，伪造、变造、买卖国家机关公文、证件、印章罪，伪造公司、企业、事业单位、人民团体印章罪，非法获取计算机信息系统数据、非法控制计算机信息系统罪，开设赌场罪。

此外，包括贪污贿赂罪在内的其他可以由单位构成的犯罪，也时有发生，并且在上述罪名中，仅在苏州地区各级法院审理的案件中，涉及虚开增值税专用发票、用于骗取出口退税、抵扣税款发票罪的案件高达57起，涉及合同诈骗罪的案件有34起，涉及污染环境罪的案件有28起。

二、个人犯罪牵连公司、企业承担责任

现实中，员工个人行为和公司、企业经营行为之间的界限模糊不清，从而导致个人涉刑的同时影响公司的正常经营，甚至有承担刑事责任的风险。

由于我国刑法所确立的单位犯罪制度，针对单位犯罪与自然人犯罪的入罪标准和量刑标准一直存在"同罪不同罚"的现象，就同一犯罪而言，单位犯罪的入罪标准要明显高于自然人犯罪的入罪标准，单位犯罪中的直接责任人员所受到的刑事处罚，也明显轻于那些独立构成犯罪的自然人。比如，在入罪层面上，个人实施的非法吸收公众存款行为的入罪数额标准为20万元以上，而单位实施的非法吸收公众存款行为的入罪数额标准为100万元以上；在量刑层面上，个人对有影响力的人行贿，构成犯罪的最高刑期为10年有期徒刑，而单位犯罪的责任人的最高刑期仅为3年有期徒刑。该现象导致的结果是，自然人一旦受到刑事起诉，往往倾向于将责任推给单位，而将自然人犯罪替换成单位犯罪，这也成为实务中律师界普遍运用的辩护策略。

因而，如何分割员工个人责任和单位责任是企业在面对刑事风险时的重要任务。

三、公司、企业被动牵涉刑事案件

公司、企业被动牵涉刑事案件主要源于商业合作伙伴、交易对手等特定主体，企业在开展商业合作、招投标、投资并购中没有充分关注刑事风险控制，也没有做到相应的风险隔离设计和安排，导致在经营过程中被动涉刑，进而造成经济或者商誉受损。例如，在与第三方合作的过程中，未作充分的尽职调查导致未能

发现第三方的违法犯罪行为,往往在案件的处理中直接被认定为共同犯罪、牵连犯罪被追究刑事责任。例如,笔者在办理的某起案件中发现甲公司为生产企业,乙公司为销售企业,案件发生的原因在于甲公司生产假冒伪劣产品被查处,顺藤摸瓜找到了正在销售的乙公司,乙公司无法证明其不知道销售的产品有问题,被认定犯罪,追究其刑事责任。除此之外,在很多并购案件中也存在类似的情况,并购的企业在并购的过程中未作充分的尽职调查,导致其未能发现被并购者存在犯罪行为,并购后并购者承担刑事责任的情形,不仅使并购者遭受了直接的经济损失,且面临巨额的罚金,同时企业的名誉上留有挥之不去的污点,直接影响其接下来的发展。

四、公司、企业还可能遭受犯罪行为的直接侵害

企业除了自身和员工可能触犯刑事风险外,还可能作为被害方,遭受其他主体违法行为的侵害。例如,与其他主体签订合同后受骗、受骗为其他主体贷款充当担保方,或是企业在商业活动中遭受强迫交易、敲诈勒索甚至诈骗,抑或内部员工监守自盗,窃取公司财产或者权益,为己谋利等。

许多企业管理者因为对法律规定不熟悉,不仅不能明确区分民事合同欺诈行为与刑事合同诈骗行为,还往往会因为举报材料未达到刑法规定的立案标准或者选择举报的罪名不恰当,导致无法及时挽回损失,此类刑事侵害的后果危害性可以说不亚于企业涉刑风险。

第二节　行政风险与民事风险探析

企业合规涉及企业生产经营的方方面面,如环境、知识产权保护合规,安全生产合规,反贿赂合规等。前述任何不合规都会引发相应的行政制裁或民事处罚风险。民事风险主要包括对受害人的损失进行赔偿,当然在这二者风险中就企业而言更重要的是行政风险。就民事风险而言,典型的就是美国财政部海外资产控制办公室(The Office of Foreign Assets Control of the US Department of the Treasury,OFAC)给出的一些处罚。OFAC 隶属于美国财政部(Department of Treasury)。其管理和执行所有基于美国国家安全和对外政策的经济和贸易制

裁,违反 OFAC 制裁规定的处罚分为民事处罚和刑事处罚,且经特别立法授权可对美国境内的所有外国资产进行控制和冻结。在美国,美国司法部(Department of Justice)和美国政府律师(US Attorney)负责相关的刑事调查和诉讼。但是绝大多数因经济和贸易制裁而违规的当事人都选择了和 OFAC 达成和解,此属于民事处罚。仅 2020 年,OFAC 就公布了 14 起民事处罚案例。其实在 2017 年,中兴通讯与 OFAC 达成和解协议就其对《伊朗贸易制裁条例》规定的违反和虚假陈述、毁灭证据等刑事违法行为,缴纳了 8.92 亿美元的民事和刑事罚金。2018 年,烟台杰瑞与 OFAC 达成和解协议就其对《伊朗贸易制裁条例》中的违反缴纳 2,774,972 美元罚金。而丰田公司的案件也是比较典型的案件之一,美国司法部指控丰田汽车在大约 10 年时间里违反了美国国家环境保护局(EPA)的《联邦空气清洁法案》(Clean Air Act)的报告要求。指控声称,从 2005 年前后至少到 2015 年,丰田汽车旗下数家实体违反了该法案关于报告汽车尾气排放相关缺陷的要求,丰田汽车推迟提交了大约 78 份尾气排放缺陷信息报告,这些报告涉及数百万辆汽车。丰田汽车没有提交 20 份自愿排放召回报告,也没有提交超过 200 份本应更新 EPA 关于召回信息的季度报告。后丰田汽车公司同意支付 1.8 亿美元,以了结有关其推迟报告排放缺陷问题的民事调查。

就行政风险而言,行政风险主要指的是企业在运行的过程中违反法律法规而面临的行政处罚。行政风险的种类相对比较宽广,其往往涉及不同的行业、不同的领域。目前我国的行政机关基本都拥有监管及处罚的权力,就违反法律法规的企业而言,主要的行政处罚会涉及行政罚款、没收涉案财产、责令停产停业、吊销企业的营业执照、取消继续经营的资格等。从不同的领域分析,其违法行为存在较为明显的差异,但是违法违规行为发生都会被科以严厉的处罚。

一、就规模较大的常规企业而言垄断会面临的处罚

就规模较大的常规企业而言,目前来看,比较高发的风险主要集中在垄断方面。目前,从国家市场监管总局发布的《中国反垄断执法年度报告(2020)》中,笔者摘取了几个典型的案例:

第一起为四川省水泥协会组织 6 家水泥经营者达成并实施垄断协议案。经调查,2016 年 10 月,四川省水泥协会组织和推动 6 家水泥经营者,在成都区域内推涨散装水泥价格,达成并实施统一散装水泥涨价时间、调价幅度的垄断协议。

2020 年 12 月，四川省市场监管局依法作出行政处罚，责令当事人停止违法行为，没收违法所得并处罚款共计 5981.13 万元。

第二起为山东康惠医药有限公司等 3 家公司滥用市场支配地位案。经调查，2015 年 8 月至 2017 年 12 月，山东康惠医药有限公司、潍坊普云惠医药有限公司和潍坊太阳神医药有限公司滥用在中国注射用葡萄糖酸钙原料药销售市场的支配地位，实施以不公平的高价销售商品、附加不合理交易条件的垄断行为，排除、限制了市场竞争，损害了消费者利益。2020 年 4 月，市场监管总局依法作出行政处罚，责令当事人停止违法行为，没收违法所得并处罚款共计 3.255 亿元。

第三起为阿里巴巴投资有限公司收购银泰商业(集团)有限公司股权未依法申报经营者集中案。阿里巴巴投资有限公司通过多种方式取得银泰商业 73.79% 的股权，并于 2017 年 6 月完成交割，在此之前未向市场监管总局申报，构成未依法申报违法实施的经营者集中，但不具有排除、限制竞争的效果。2020 年 12 月，市场监管总局依法对阿里巴巴投资有限公司处以 50 万元的罚款。

二、就证券企业而言违规面临的处罚

我国《证券公司和证券投资基金管理公司合规管理办法》第 2 条第 4 款规定："本办法所称合规风险，是指因证券基金经营机构或其工作人员的经营管理或执业行为违反法律法规和准则而使证券基金经营机构被依法追究法律责任、采取监管措施、给予纪律处分、出现财产损失或商业信誉损失的风险。"具体而言，对证券基金经营机构不遵循本办法进行合规管理的，中国证监会可以对其采取出具警示函、责令定期报告、责令改正、监管谈话等行政监管措施。除了常规的监管措施以外，中国证监会还可以对经营机构处以警告或者罚款，同样，对直接负责的人员也可以处以警告或者罚款。

例如，立信会计师事务所在 2014 年财物报表审级过程中，出具的审级报告存在虚假记载的情况，于 2018 年被中国证监会处以 270 万元的罚款，并没收相关的业务收入 90 万元。此案例也是证券领域行政处罚的典型案例。

三、就银行而言违规面临的处罚

根据《商业银行合规风险管理指引》的规定，银行主要包括以下范围：在我国境内设立的政策性银行、金融资产管理公司、城市信用合作社、农村信用合作社、信托投资公司、企业集团财务公司、金融租赁公司、汽车金融公司、货币经纪公司、邮政储蓄机构以及经原银监会批准设立的其他金融机构。而银行存在的合规风险主要指的是："商业银行因没有遵循法律、规则和准则可能遭受法律制裁、监管处罚、重大财务损失和声誉损失的风险。"具体而言，我国商业银行主要的合规风险案例主要有：(1)银行通过洗钱、违法放贷等非法业务受到法律制裁和监管处罚；(2)银行工作人员利用职务便利泄露客户的个人信息资料造成银行声誉受损；(3)银行未能遵守有关税收的法律法规而受到处罚从而影响声誉。①

目前实务中发生的典型案例主要有：2017年11月广发银行因违规被处以72,215.16万元罚款，当时处罚主要是因为广发银行存在以下违法违规行为：(1)出具与事实不符的金融票证；(2)未尽职审查保理业务贸易背景真实性；(3)内控管理严重违反审慎经营规则；(4)劳务派遣用工管理不到位；(5)对押品评估费用管理不到位；(6)未向监管部门报告风险信息；(7)未向监管部门报告重要信息系统突发事件；(8)会计核算管理薄弱；(9)信息系统与业务流程控制未按规定执行；(10)流动资金贷款用途监督不到位，未尽职审查银行承兑汇票贸易背景真实性；(11)以流动资金贷款科目向房地产开发企业发放贷款；(12)报送监管数据不真实。

2017年12月恒丰银行因违规被处以16,692.21万元罚款，当时处罚主要是因为该银行存在以下违法违规行为：(1)未经原银监会批准违规开展员工股权激励计划；(2)未经原银监会批准违规实施2015年配股工作；(3)安排企业代内部员工间接持有银行股份；(4)员工股权激励计划实施期间，员工自持部分和股权池部分的入股资金均为非自有资金；(5)变更持有资本总额或股份总额5%以上的股东未报原银监会批准；(6)变更持有股份总额1%以上5%以下的股东未向原银监会报告；(7)银行部分高管违规在其他经济组织兼职；(8)董、监事薪酬事项未经股东大会决定；(9)未按规定披露高管人员薪酬信息；(10)提供虚假统计报表；(11)理财资金投资非标准化债权资产余额超比例；(12)未向理财产品

---

① 参见李娟：《我国商业银行内部控制与操作风险、合规风险管理的关系研究》，载《金融纵横》2014年第4期。

投资人充分披露投资非标准化债权资产信息;(13)单一集团客户授信集中度超过监管规定比例;(14)通过投资非标准化债权资产方式,非真实转让多家分行不良信贷资产;(15)违反国家规定从事投资活动;(16)内控管理存在严重漏洞;(17)违规对非保本浮动收益理财产品出具担保函。

2018年1月18日,浦发银行成都分行因违规被处以46,175万元罚款,主要是因为浦发银行内部存在以下违法违规行为:(1)内部控制严重失效,严重违反审慎经营规则;(2)未提供或未及时提供检查资料,不积极配合监管部门现场检查,对现场检查的顺利开展形成阻碍;(3)授信管理严重违规,严重违反审银行慎经营规则;(4)违规办理信贷业务,严重违反审慎经营规则;(5)违规办理同业投资、理财业务,严重违反审慎经营规则;(6)违规办理商业承兑汇票业务,严重违反审慎经营规则;(7)违规办理信用证业务,严重违反审慎经营规则;(8)违规办理银行承兑汇票业务,严重违反审慎经营规则;(9)违规利用保理公司进行资金空转,严重违反审慎经营规则。

处罚事由主要体现在业务方式、业务流程和监管配合三个层面。从违法违规事由来看,值得关注的点比较多,主要体现在业务方式违规、业务流程不合规、监管配合差三个方面。(1)从业务方面来看,主要包括票据业务和保理业务的贸易背景真实性、流贷资金用途违规、同业与理财业务不合规等。(2)从业务流程来看,主要有内控管理失效、劳务派遣管理不到位、押品评估费用管理不到位、会计核算基础薄弱、员工股权激励计划不合规、员工内部持股、高管任职和薪酬等。(3)从监管配合方面来看,主要体现在未报告风险信息和突发事件、监管数据不真实、不配合现场检查等。

四、网络平台通常会涉及数据合规安全而面临巨额罚款

大型的网络平台近年来因频繁违规被处罚,以滴滴公司为例,滴滴公司成立于2013年1月,相关境内业务线主要包括网约车、顺风车、两轮车、造车等,相关产品包括滴滴出行App、滴滴车主App、滴滴顺风车App、滴滴企业版App等41款App。

2021年7月,为防范国家数据安全风险,维护国家安全,保障公共利益,依据《国家安全法》《网络安全法》,网络安全审查办公室按照《网络安全审查办法》对滴滴公司实施网络安全审查。

根据网络安全审查结论及发现的问题和线索,国家互联网信息办公室依法对滴滴公司涉嫌违法行为进行立案调查。经查明,滴滴公司共存在 16 项违法事实,归纳起来主要是 8 个方面。一是违法收集用户手机相册中的截图信息 1196.39 万条;二是过度收集用户剪切板信息、应用列表信息 83.23 亿条;三是过度收集乘客人脸识别信息 1.07 亿条、年龄段信息 5350.92 万条、职业信息 1633.56 万条、亲情关系信息 138.29 万条、"家"和"公司"打车地址信息 1.53 亿条;四是过度收集乘客评价代驾服务时、App 后台运行时、手机连接记录仪设备时的精准位置(经纬度)信息 1.67 亿条;五是过度收集司机学历信息 14.29 万条,以明文形式存储司机身份证号信息 5780.26 万条;六是在未明确告知乘客情况下分析乘客出行意图信息 539.76 亿条、常驻城市信息 15.38 亿条、异地商务或异地旅游信息 3.04 亿条;七是在乘客使用顺风车服务时频繁索取无关的"电话权限";八是未准确、清晰说明用户设备信息等 19 项个人信息处理目的。

有关部门认定,滴滴公司违法违规行为情节严重,结合网络安全审查情况,应当予以从严从重处罚。一是从违法行为的性质看,滴滴公司未按照相关法律法规规定和监管部门要求,履行网络安全、数据安全、个人信息保护义务,置国家网络安全、数据安全于不顾,给国家网络安全、数据安全带来严重的风险隐患,且在监管部门责令改正的情况下,仍未进行全面深入整改,性质极为恶劣。二是从违法行为的持续时间看,滴滴公司相关违法行为最早开始于 2015 年 6 月,持续至今,时间长达 7 年,持续违反 2017 年 6 月实施的《网络安全法》、2021 年 9 月实施的《数据安全法》和 2021 年 11 月实施的《个人信息保护法》。三是从违法行为的危害看,滴滴公司通过违法手段收集用户剪切板信息、相册中的截图信息、亲情关系信息等个人信息,严重侵犯用户隐私,严重侵害用户个人信息权益。四是从违法处理个人信息的数量看,滴滴公司违法处理个人信息达 647.09 亿条,数量巨大,其中包括人脸识别信息、精准位置信息、身份证号等多类敏感个人信息。五是从违法处理个人信息的情形看,滴滴公司违法行为涉及多个 App,涵盖过度收集个人信息、强制收集敏感个人信息、App 频繁索权、未尽个人信息处理告知义务、未尽网络安全数据安全保护义务等多种情形。

最终滴滴公司被处以 80.26 亿元的巨额罚款,公司的董事长、总裁对违法行为负主管责任,各被处以 100 万元罚款。

近年来,国家不断加大对网络安全、数据安全、个人信息的保护力度,先后颁布了《网络安全法》《数据安全法》《个人信息保护法》《关键信息基础设施安全保护条例》《网络安全审查办法》《数据出境安全评估办法》等法律法规。因而数据合规势在必行。

第三节　国际制裁风险探析

国际制裁风险主要指的是包括联合国、世界银行、货币基金组织在内的一些国际组织及东道主国制定的规则，对在国际贸易中常出现的如腐败、欺诈、妨碍调查等违法违规行为等进行制裁。同时，该类制裁的措施往往是非常严厉的，被制裁者所面临的可能是巨额罚款，也有可能是资格取消，更有可能承担“严刑峻罚”，最终结果是导致被制裁者可能丧失在国际舞台上获得的机会。例如，目前不同的组织及国家制定的多元法律法规，其中包括联合国制定的《全球契约》以及《联合国反腐败公约》，OECD 理事会制定并颁布的《关于进一步打击国际商业交往中贿赂外国官员的建议》，同时以西方发达国家为主的 33 个国家在维也纳签署的规制常规武器和两用物项的出口管制多边法律体系即《瓦森纳协定》等协议。国际制裁风险最主要包括两类，一类为国际组织的制裁；另一类为东道主国的制裁。

一、国际组织的制裁

目前比较典型的国际组织就是大家经常看到发出制裁的世界银行，世界银行作为国际金融组织，专门制定了《世界银行集团诚信合规指引》，对企业在具体经济案件中存在的五类行为——腐败行为、欺诈行为、共谋行为、胁迫行为和妨碍调查行为进行调查并处罚。当前世界银行集团采取的程序规则主要是依据《银行程序：银行资助项目的制裁程序和解决方案》（Bank Procedures：Sanctions Proceedings and Settlements in Bank Financed Projects）而作出的。该程序文件中详细规定了世界银行的各种制裁行为和操作，主要包括制裁诉讼程序的临时暂停、启动制裁诉讼程序的过程、提交给制裁委员会的参考文件、听证程序的启动、证据、制裁委员会的判决、制裁的方式、制裁的发布和执行等、披露、调节、执行。根据企业违规的严重程度及其配合调查的情况，世界银行的制裁可分为“发出惩戒信”（letter of reprimand）、恢复原状及采取补救措施（restitution and other remedies)、附条件的免予取消资格(conditional non-debarment)、附解除条件的取消资格(debarment with conditional release)、取消资格(debarment)以及永久取消资格(permanent debarment)六种。[①] 其中最为严重的制裁方式为取消资格,这项制裁不仅意味着被制裁方在一定期限内或永久地不得中标世界银行资助项目合同,或从中受益,且不得成为世界银行资助项目的分包商、供应商、制造商、服务商、顾问,也就是获利权被剥夺和参与权被剥夺。[②] 例如,在较为早期的时候发生的案例:"菲律宾国家道路改善与管理"项目由世界银行负责融资兴建,在具体的处理过程中采取了国际招标作业。然而在该项目的投标过程中,参与投标的多家公司价格非常接近,而且标价较标底而言高出了许多。世界银行经综合的调查后认定,参与投标的数家企业存在串通投标的现象,造成了不公平竞争,构成招标规则中禁止的"欺诈行为"。因而 2009 年 1 月,世界银行作出公开裁定,对包括四家中国公司在内的 7 家公司涉嫌违标行为发出禁止令制裁,即禁止这些公司参与世界银行融资的其他项目。其中,中国交通建设股份有限公司被禁长达 8 年,中国武夷实业股份有限公司和中国建筑股份有限公司均被禁 6 年,中国地质工程集团公司被禁 5 年。而对于菲律宾 E. C. DE Luna 建筑公司及其母公司 Eduardode Luna 被永久禁止参与世行资助的投标活动,另一家菲律宾建筑公司被禁 4 年。其实就企业而言一旦被列入世界银行的"黑名单",就犹如在世界市场范围内被贴上了有色标签。因为被禁期间,企业不能参加建设任何有世界银行出资的项目,而东南亚、非洲、拉美等发展中地区有大量的世界银行贷款项目,则企业在这些地区的发展将受到严重影响。

二、东道国的制裁——美国

美国作为经济较为发达的国家,也是较早制定各种法律法规对海外国家实施制裁的国家。例如,2010 年美国出台的《多德—弗兰克法案》,从多个层面扩大了监管机构的权力,加强了对银行的风险管控,主要措施包括提高银行资本要求、流动性及压力测试要求,设立消费者金融保护局,采用"沃尔克规则"禁止银行从事自营交易等。除此之外美国还颁布了《国际武器交易条例》《出口管理法

① 参见陈瑞华:《湖南建工的合规体系》,载《中国律师》2019 年第 11 期。

② See World Bank Group, *Bank Procedures: Sanctions Proceedings and Settlements in Bank Financed Projects*, 2011.

案》《出口管理条例》《国际紧急经济权利法》《海外反腐败法》《境外账户纳税合规法案》等出口管制法规，只要违反上述法律法规的规定，相关企业包括直接的责任人也将受到非常严厉的制裁，制裁内容包括民事罚款、出口权利之丧失以及较为严重的刑事责任，其中包括对个人处以长期监禁。自 2011 年以来，因为不符合美国的现金分红、市值、流通性、股价等要求，在美国上市的多家公司被停牌、退市。

其中被处罚的典型案例就涉及我国的中兴公司。2012 年，美国政府就对中兴通讯立案调查。2016 年，美国商务部认定中兴通讯"违反美国出口管制法规"，具体而言包括三项指控：第一，串谋非法出口；第二，阻挠司法；第三，向联邦调查人员作出虚假陈述。并据此科以中兴通讯约 8.9 亿美元的刑事和民事罚金，且对中兴通讯采取限制出口措施即美国商务部作出了禁止美国公司对中兴通讯出口电信零部件商品的禁令。而根据双方于 2017 年 3 月达成的和解协议以及 2018 年 6 月达成的和解协议，美国商务部 BIS 对中兴通讯的罚款累计 22.9 亿元美元，相当于中兴通讯 2017 年净利润的 3 倍多。同时，向中兴通讯作出了派驻为期 10 年的助理合规官的要求。

三、东道国的制裁——英国

英国方面，2010 年 7 月通过了反腐力度创全球新高的《反贿赂法》，将与贿赂有关的罪名分为三类：一般贿赂犯罪（包括受贿罪与行贿罪）、贿赂外国公职人员罪、商业组织防止贿赂失职罪。一旦违反上述规定，量刑的范围就会根据不同的程序来确定，适用简易程序的处罚较轻，往往仅处罚金；适用公诉程序的处罚较重，往往处监禁。就一般贿赂犯罪而言，经简易程序定罪的，处不超过 12 个月的监禁，同时可以并处罚金；经公诉定罪的，处不超过 10 年的监禁，同时可以并处罚金。而对于预防商业机构贿赂失职罪，只规定了经公诉定罪，并可处罚金。

第四节　合规的价值与意义

企业合规的目的是多元的，具体而言主要有以下几个层面。

一是以公权力介入企业内部的经济活动，使其遵纪守法，换取企业在经营行为引起危害结果时，可以从宽处理的优遇，从而达到事前预防企业犯罪的效果。20 世纪 80 年代，美国在《联邦量刑指南》中建立了合规量刑激励政策，即如果一个企业具有完备的刑事合规风险防控机制并得到有效实行，则将会大幅减少针对该企业违规行为的罚款；如果企业还主动向司法机关提供违法信息并积极配合调查，则将会进一步降低罚款金额，甚至低于企业因违法行为所获得的利润。西方国家在合规激励机制中还建立了暂缓起诉协议制度，与目前我国检察机关推行的刑事合规制度试点有相通之处。该制度的做法是，在企业涉嫌刑事犯罪后，给企业一定的期限，在该期限内，企业可以选择缴纳巨额罚款以期减轻处罚或选择开展类似我国的附条件不起诉的考察。考察监督机关为检察机关，考察目标在于监督企业建立完善有效的刑事合规风险防控机制，若考察期内企业达到了上述考察目标，则检察机关可决定不起诉。这部分内容会在下面的文章中进行详细的阐述。

二是在企业活动中出现违法犯罪时，将守法企业和违法员工的行为切割，从而达到保全企业，惩罚个人，将企业特别是大型企业因为犯罪受罚而产生的社会震荡效果降到最低。

三是从长远的角度来看，能够维护企业的良好形象，实现企业长治久安的良性发展，具体而言，合规能够直接或间接地提升公司声誉和品牌价值，因而使公司在业务拓展和创新上能够获得更多的机会。

第二章　企业合规制度的起源与发展

第一节　起源国美国之发展史

一、企业合规制度的初起

企业合规的概念最早源于美国,美国作为经济较为发达的国家,在 1890 年即制定了《反托拉斯法》,这是美国历史上第一个授权联邦政府控制、干预经济的法案。该法因由参议员约翰·谢尔曼提出而得名,正式名称是《保护贸易及商业免受非法限制及垄断法案》。该法涉及的主要内容:凡以托拉斯形式订立契约、实行合并或阴谋限制贸易的行为,均属违法,旨在垄断州际商业和贸易的任何一部分的垄断或试图垄断、联合或共谋犯罪。违反该法的个人或组织将受到民事的或刑事的制裁。合规管理的理念及制度也随着美国防止违反《反托拉斯法》的政策实施进程而得到了普及。随着因垄断而遭受起诉的企业及企业高管越来越多,在后期出台及修改的新法中美国增加了关于合规的制度。其中包括比较知名的"通用电气公司案件",从 1946 年开始该公司就实施了关于《反托拉斯法》的合规管理制度。例如,该公司要求所有公司职员都必须在《反托拉斯法》的宣言书上签字,将其作为企业成员的义务,该公司还将活动制度与方式书面化,逐渐为其他的企业所知,并且通用电气还以进行了必要且适当的合规管理为由进行无罪辩护。[①] 最终,通用电气公司没能够说服任何人,法官不认为其已经采取了有效的合规计划。尽管通用电气没能进行有效的合规抗辩,但这一系列的判决刺激了企业界实施有效的合规计划。[②]

---

① 参见李本灿等编译:《合规与刑法:全球视野的考察》,中国政法大学出版社 2018 年版,第 6 页。

② See Richard A. Whiting, *Antitrust and the Corporate Executive Ⅱ*, Virginia Law Review, Vol. 48, 1962, p. 3.

二、企业合规制度的发展期

1972年,“水门事件”爆发,其揭露了在总统选举中,多家企业及其成员在尼克松总统竞选中向尼克松的筹款组织“总统竞选连任委员会的政治捐款和经费”进行违规捐款。随着调查的展开,“水门事件”一共导致69位政府官员被起诉,48人被定罪。其中的主要人物包括约翰·纽顿·米歇尔,联邦司法部长,伪证罪名成立,被判有期徒刑1年至4年,服刑19个月。理查德·克莱恩邓斯特,美国前司法部长,因“拒绝回答问题”入狱服刑1个月。

而随着贿赂行为的愈演愈烈,美国司法部网站披露的资料显示:1977年,美国证券交易委员会在一份报告中披露,400多家公司在海外存在非法的或有问题的交易。这些公司承认自己曾经向外国政府官员、政客和政治团体支付了高达30亿美元的巨款。款项用途从行贿高官以达到非法目的到支付以保证基本办公的所谓“方便费用”不一。所以,美国于1977年出台了著名的《反海外腐败法》(Foreign Corrupt Practices Act, FCPA),这部法规对合规制度而言具有里程碑意义。此部法规后来也经过了1988年、1994年、1998年三次修改。

《反海外腐败法》禁止支付、提供、承诺支付或授权第三方支付或提供金钱或任何有价值的事物,该法规针对的行为对象为外国官员、政党、党务工作者或者任何外国政府职位候选人,针对任何公职人员的贿赂,无论职务的高低和立场。《反海外腐败法》的重点在于行贿目的,而不是具体行贿行为的内容,例如,公务接待、提供或者承诺付款等。一旦企业被认定为行为违规,其可能面临处罚。针对性质的严重程度,首先,其有可能会被处以刑事责任,即对犯罪的公司和其他商业实体,可处以最高200万美元的罚金;自然人则会被处以最高10万美元罚金和5年以下监禁。而且,根据选择性罚款法的规定,罚金的数额可能会高出更多。实际罚金可能会是行贿所图谋利益的2倍。其次,有可能承担民事处罚,美国司法部长或者美国证券交易委员会(SEC)可以对行贿者提起民事诉讼,要求最高1万美元的罚款。同时,在SEC提起的诉讼中,法院还可以判决追加罚款,一般是违法所得总额;如果违法情况严重时限额为对自然人处以5000~100,000美元的罚款,对企业处以5万~50万美元的罚款。同时,还有可能面临其他处罚,例如,禁止参与与联邦的交易活动、剥夺出口权、禁止进行股票交易等处罚。

当然，该法规也规定了一些抗辩的事由，其明确规定了不算违法的行为即为加速"日常政府行为"而支付"方便费用"的行为不算违法。具体的日常政府行为包括：取得许可、执照或其他官方证件；处理政府文件；提供警察保护；邮件接送；与履行合同有关的列表检查、电信服务；水电服务；装卸货物；保鲜；越境运输等。同时其还规定了一些法定的积极抗辩理由。这些理由包括：(1)该行为在外国是由成文法律规定为合法的。(2)该行为的产生是为了宣传展示产品或者为了履行与该外国政府之间的合同。

其间发生的比较典型的案例：(1)佰特公司(Baxter International Inc)案：该公司由于与以色列交易，被阿拉伯国家列入联合抵制清单，他们遂行贿欧洲及中东的中间人，希望能将自己该名单中排除。被美国司法当局判处6500万美元罚款。(2)国际商业机器公司(IBM)案：国际商业机器公司在2004年至2009年向中国政府官员行贿。SEC起诉IBM有现金贿赂的行为。SEC的指控称，IBM驻中国办事处的100多名员工和2名高管，通过在旅行社设立秘密资金账号为中国政府相关官员出国旅游埋单。根据2011年3月18日提交的法庭文件，IBM已经同意支付1000万美元，以和解的方式解决对其的一项民事指控，该指控称其为了获得计算机设备合同而持续进行商业贿赂行为。

三、企业合规制度的成熟期

1986年，美国发布了《环境审计政策声明》，将企业环保作为合规工作要点。同年，美国军火企业联合起草了《国防工业的商业伦理与企业活动精神》，将自觉履行合规管理制度作为企业自律的要求。

1988年，美国通过《内幕交易与证券欺诈取缔法》，用于加强在证券金融领域的合规管理。在该法案中即新增了公司的合规制度，是指企业内部防止未公开信息遭到泄露、扩散的措施。具体包含以下几个要点：第一，存在信息传播的限制措施；第二，建立规范职员行为的规章与指南；第三，将保存重要信息的部门与其他部门物理隔离。[①] 其中涉及的典型案件就是艾凡·博斯基等人套利投资者案，

---

① 参见李本灿等编译：《合规与刑法：全球视野的考察》，中国政法大学出版社2018年版，第11页。

他们暗中操作获取筹措企业兼并所需资金的过程中透露出的未公开信息,在恰当的时机通过购买并购企业的股票牟利,在此案件中除了4名被告人以外,还有两家证券公司也遭到了起诉,后以达成合意的方式,法庭仅对起诉书中的部分事实处以大额罚金。

1991年发布的美国《联邦量刑指南》,规定企业正确实施了合规管理制度的前提下,不仅可以从宽处罚即减免罚金,在相同的条件下,实施了企业合规管理的主体相较于未实施的企业须缴纳的罚金会大幅下降;同时,通过实施合规制度还能对一般的犯罪行为起到预防和发现的作用,且实施合规政策通常可以换取不起诉或者暂缓起诉的结果。预防和侦查违法行为的有效计划的标志是,该组织在尽力调查以预防和侦查其员工和其他代理人的犯罪行为方面进行了尽职调查。尽职调查至少要求该组织必须采取以下措施:(1)该组织必须建立合规标准和程序,item员工和其他代理商应遵循这些合规标准和程序,以合理地减少犯罪行为的可能性。(2)组织高层人员中的特定人员必须被赋予总体责任,以监督对此类标准和程序的遵守情况。(3)该组织必须采取适当的谨慎措施,不要将实质性的自由裁量权委托给该组织人事或应该通过尽职调查而知道有从事非法活动的个人。(4)组织必须采取措施,以与所有员工和其他代理商有效地交流其标准和程序,例如,要求参加培训计划或散发以实际方式解释要求的出版物。(5)组织必须采取合理的步骤来实现其标准的遵守,例如,利用合理设计的监视和审核系统来检测其雇员和其他代理人的犯罪行为,并建立和公布报告系统,以便员工和其他代理人可以报告组织内其他人的犯罪行为,而不必担心受到报复。该法认定合规制度是否得到正确应用,有循序渐进的7个标准:①制定了能降低犯罪率的工作规范与操作程序。②上级组织成员中有一特定成员监督工作规范与操作程序的执行,并对全体组织成员负责。③随时注意不将实质上的裁量权赋予被认为存在违法活动倾向的管理者。④将工作规范与操作程序用适当的手段有效地传达给受雇佣者或代理人(如智开说明会、发布解释说明册)。⑤建立健全保障工作规范与操作程序实施效果的机制(如使用监督机制、设立举报制度)。⑥始终如一地执行包括惩戒制度在内的工作规范与操作程序。⑦发现犯罪行为时对工作规范与操作程序进行必要的修正，以预防未来的犯罪。①

美国司法部反垄断局于2019年7月23日发布的《新合规指南：对公司合规项目的评估》则强调，对违反《谢尔曼法》上的价格串通、投标串通、市场集中等类型的犯罪，如果公司能证明确已建立了系统性的合规制度，可以作为不予起诉的理由。②

第二节　其他国家及地域的发展

一、英国

英国颁布的《2010年反贿赂法》是目前被普遍认为是世界上最为严厉的反贿赂法之一。虽然只有短短20个条款，但其在立法体例上开创了一体化的贿赂犯罪治理立法模式，除涉及贿赂犯罪的一般规定外，还包含追诉程序、管辖范围、预防措施等方面的内容。从英国《2010年反贿赂法》的内容来看，其规定主要涉及一般贿赂犯罪和预防商业机构贿赂失职犯罪两个方面，其中一般贿赂犯罪包括行贿罪、受贿罪、贿赂外国公职人员罪三个具体罪名，而预防商业机构贿赂失职犯罪项下则只包含预防商业机构贿赂失职罪一个具体罪名。其规定的商业组织不履行预防贿赂义务罪，将合规计划规定为该罪的构成要件内容，即"如果商业组织能够证明本身存在防止与之相关的个人实施贿赂行为的适当程序，则构成辩护理由，免于承担不履行贿赂义务的刑事责任"。③ 商业组织不履行预防贿赂义务罪实行的是严格责任，即原则上只要企业本身或者有关员工实施了此行为都直接推定企业构成了这一犯罪，需要追究其刑事责任，除非企业能证明自己

---

① Id. §8A1.2 comment.3(k)(1)－(7).《联邦量刑指南》认定合规管理制度是否得到正确应用的7个标准的详细资料： Groskaufmanis, supra note 2, §5.04A; Greory J. Wallance, *Corporate Compliance Programs under the Organizational Sentencing Guidelines*, in Corporate Compliance After Ca remark 171, 177－191 (Carole L. Basra et al. co-chaired 1997); Venice R. Palmer, *Initiating A Corporate Compliance Program*, in Corporate Compliance: Ca remark and the Globalization of Good Corporate Conduct 225, 227－234 (Carole L. Basra et al. co-chaired 1998)。

② 参见赵万一：《合规制度的公司法设计及其实现路径》，载《中国法学》2020年第2期。

③ 周振杰：《英国刑法中的商业组织不履行预防贿赂义务罪研究》，载赵秉志主编：《刑法论丛》(第31卷)，法律出版社2012年版，第334页。

尽到了注意义务,也就是说其实施了企业的内部合规。从一定程度上讲有效地实施"合规计划"成为刑法意义上的法定义务,未有效履行将承担刑事责任。因而也可以理解为合规成为出罪的理由之一。也正是基于该法,英国南华克刑事法庭于2016年作出了"商业组织不履行预防贿赂义务罪"的首例有罪判决。[①]

二、法国

受英美立法的影响,法国国会通过了《关于提高透明度、反腐败以及促进经济生活现代化的2016-1691号法案》,又称为《萨宾第二法案》,该法案首次确立了强制合规制度,要求符合条件的企业承担建立合规机制的义务,并对未建立合规机制的公司确立了法律责任。[②] 法国发展较晚的原因和其刑事归责制度有密不可分的联系,之前法国对法人的归责原则主要是"代表责任理论",即法人中能够代表法人的高级管理人员,其意思与行为可以等同于法人的意思与行为,因而将高级管理人员的责任归责于法人。根据代表责任理论,其将自然人作为媒介,只有在能够对自然人的犯罪进行定罪的情况下,才能追究法人的刑事责任。随着其规则原则的发展与突破,合规制度也渐渐在法国的土地上生根发芽。

《萨宾第二法案》设定的刑事合规制度内容包括:[③]

第一,企业合规计划的要素。企业的反腐败合规计划应当包括以下要素:(1)设定一个禁止行为守则——哪些行为属于禁止行为应当作出明确规定;(2)设置内部举报系统——当违规行为出现的时候内部反应渠道应当是畅通的;(3)设置旨在根据业务线条以及业务所在地的不同而进行风险识别的风险地图系统(risks mapping);(4)设置根据风险地图评估客户、一级以及中间供应商的程序;(5)通过内部或外部方式进行财务控制,确保财务账簿没有被用以掩饰贿赂行为;(6)对最可能暴露在贿赂风险之下的管理人员和职工进行培训;(7)设定对违反行为守则员工的惩戒措施;(8)设置对已经实施措施的评估和内部控制系统。

---

① 参见周振杰、赖祎婧:《合规计划有效性的具体判断:以英国SG案为例》,载《法律适用(司法案例)》2018年第14期。

② 参见陈瑞华:《法国〈萨宾第二法案〉与刑事合规问题》,载《中国律师》2019年第5期。

③ See Alexander Bailly & Xavier Haranger, *Sapin Ⅱ: The New French Anticorruption System*, available at https://www.lexology.com/library/detail.aspx?g=27c54ff0-f764-4bb6-a11a-9691cdc3f48f, last visited Feb. 1, 2021.

第二,适用范围。合规计划适用于以下企业:(1)拥有500名员工,或者归属于某集团公司,而该集团公司的母公司在法国注册设立且员工人数在500名以上;(2)营业额或合并营业总额超过1亿欧元。

第三,责任问题。如果符合条件的公司没有履行建构合规计划的义务,则企业可能遭受最高100万欧元的行政罚款(administrative penalties),负有责任的高管可能受到最高20万欧元的行政罚款。如果公司内已经发生了贿赂行为,公司可能被强制要求建立合规计划(mandatory compliance),并在反腐局(AFA)的监督之下,需在5年之内完成合规计划。如果公司不履行强制性的合规计划建构义务,或者阻碍该义务的履行,将构成刑事犯罪,负责的公司法定代表人或经理可能被判处最高2年监禁刑以及最高5万欧元罚金刑,公司则可能在犯罪行为所带来的利益限度内承担罚金刑。

第四,企业缓起诉制度。基于公共利益考虑,经企业同意,检察官可以决定采取缓起诉措施,同时与企业达成"公共利益司法协议"。作为附带的条件就是要求企业建立或完善合规计划,预防类似行为再次发生。

第三节　国际组织关于合规的发展

2010年,亚太经合组织(APEC)颁布《经合组织内控、道德与合规最佳行为指南》,要求企业制定明确的政策来禁止海外贿赂,制定针对所有员工的合规执行体系、相关交流和培训机制、完善的举报制度等。

2010年,世界银行与亚洲开发银行等达成联合取消资格协议。同年,《世界银行集团诚信合规指南》(Summary of World Bank Group Integrity Compliance Guidelines)正式生效,提出企业制定并实施符合要求的合规诚信体系是或有条件解除取消资格制裁、提前解除取消资格制裁的主要条件。这一文件是世界银行集团合规体系中最重要的文件,它不仅是合规的一份综合指导性指南,也是世界银行解除除名制裁的主要条件。受世界银行制裁的主体范围非常广泛,参与世界银行项目的公司及其代理人都会受制于其制裁体系,并非只有"承接项目的人"才会受到制裁。该文件主要分为11个部分来解释世界银行诚信合规体系的要求:第一部分为禁止不当行为,对在行为守则或类似文件或通信中明文规定和明确禁止的不当行为进行禁止,这是首要条件;第二部分为责任,规定了领导层、个人责任和合规部门职责;第三部分为合规计划启动、风险评估和审查;第四部分为内部政策,包括对员工的尽职调查、限制前政府官员的参与、各种娱乐费用的支出、政治捐款、慈善捐助和赞助、好处费、记录保存、欺诈和串通等;第五部分为商业伙伴,规定对公司有影响力的商业伙伴需鼓励其对合规计划进行同等承诺;第六部分是内部控制,包括对公司内部的财务控制、不当行为下合同义务规定、建立决策流程;第七部分为培训与沟通,对象是各级员工;第八部分为奖励制度,包括积极的奖励措施和纪律处分措施;第九部分为举报制度,包括报告的义务、提供咨询的义务、完善举报的渠道、定期认证;第十部分为纠正不当行为,包括不当时启动调查程序、相关的纠正措施;第十一部分为集体行动,建立完善合规计划的实体帮助有需要的其他实体制订计划。[①]

2014 年,国际标准化组织发布实施了 ISO 19600《合规管理体系指南》,将合规管理分为建立和改进两部分,包括确定合规范围、建立合规方针、评估合规风险、制订应对计划、实施和控制、评估和报告、持续改进等阶段,为所有规模和类型的企业建立有效的合规管理体系提出了指导性建议。

同年,亚太经合组织通过了《北京反腐败宣言》《亚太经合组织预防贿赂和反贿赂法律执行准则》《亚太经合组织有效和自愿的公司合规项目基本要素》,主要针对反贿赂合规。

第四节 合规制度的共性

目前来看国际组织及域外大多数国家都制定了自己的合规制度,虽然在细节上各有不同,因为基于风险制订的有效合规计划会因各种因素而异,包括公司的规模和复杂程度,产品和服务,客户和交易对手方以及地理位置等。但是一个完整、有效的合规计划通常包含五大体系:一是商业行为准则;二是合规组织体系;三是防范体系;四是监控体系;五是应对体系。[②] 具体而言:(1)商业行为准

① See World Bank Group, *Summary of World Bank Group Integrity Compliance Guidelines*, 2010.

② 参见周振杰、赖祎婧:《合规计划有效性的具体判断:以英国 SG 案为例》,载《法律适用(司法案例)》2018 年第 14 期。

则：主要指的是必须通过法律法规等明确规定哪些行为属于企业运营中禁止发生的行为，让企业具有一定的可预期性。（2）合规的组织体系：首先要求从企业内部设计规范的具有可操作性的组织体系、部门架构；其次需要明确不同的部门、不同的人员职责范围。而在合规组织体系中，高级管理层往往会成为一个关键性的因素，因为高级管理人员乐意确保其合规部门具有必要的权限和自主权，并在合规负责人员和高级管理人员之间建立直接的汇报关系，高级管理人员确保该合规部门获得与公司整体风险状况相称的充足资源。（3）防范体系：主要包括企业内部的风险评估机制，即在设立合规计划时就需要作充分的尽职调查，事先作重点风险的识别与评估，并针对评估状况作出可识别的风险防范体系。制裁合规中的风险是潜在的威胁因素，这些因素如果被忽略便会导致违反制裁的行为。这意味着有效的风险评估包括对以下方面的评估：①客户、供应链、中间商和交易对手方；②公司提供的产品和服务；③公司及其客户、供应链、中间商和交易对手方的地理位置。（4）监控体系：主要指在日常的运营中需要制作常规化的审计机制，对重点领域应当作出重点防范。（5）应对体系：主要指建立完善的激励和报告制度，尤其是报告机制，对违规行为企业内部要及时披露并进行惩戒，切不可想着内部掩饰。

第三章　我国关于企业合规的发展进程

随着我国经济的发展,如何实现企业快速、平稳的发展也是我们必须考量的问题,如何应对企业在发展中遇到的刑事风险、行政风险以及国际制裁风险,我国也在积极地探寻适合我国实践状况的合规制度。

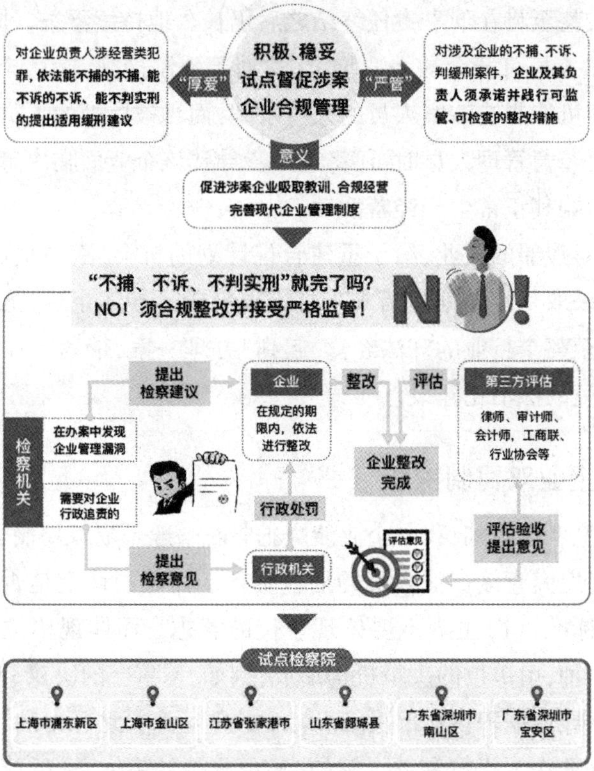

图 3－1　督促涉案企业合规管理[①]

① 图片源自中华人民共和国最高人民检察院官网。

第一节 刑事合规领域的探索与发展

一、刑事风险严重性分析

刑事风险是企业合规中遇到的最为严重的风险，企业在经营管理中一旦触发刑事风险，将威胁相应刑事责任主体的财产权、参与某些社会事务的资格、人身自由乃至生命健康，这是民事风险、行政风险导致的责任后果所不可比拟的，是任何企业和个人都难以承受的。此外，业界的负面评价和社会公众的负面舆论亦将对涉案企业及其人员造成不利影响，这种影响不仅存在于其承担刑事责任的期间之内，甚至将在刑事责任终结之后仍长久地持续下去。同时，在刑事诉讼程序中，涉案人员可能会被采取拘留、逮捕等强制措施，这意味着刑事诉讼程序一旦启动，即可能影响涉案人员的人身权利，而当被羁押的人员涉及企业的实际控制人、主要经营管理人员时，还将进一步导致该企业面临决策人员缺位的情形，这无疑将影响其正常生产经营活动。

检察机关对涉罪的企业，给予重建合规计划的机会，激励企业合规整改，经过考察有效地采取从宽的处理措施。这不仅挽救了涉案企业，更为重要的是带动关联企业甚至整个行业的守法经营，起到“办理一案，带动一片”的效果，有利于整体营商环境的法治化建设。

二、我国企业双罚制探析

在上文中笔者也提到，我国企业涉嫌犯罪时一般采取双罚制，即既要追究企业的责任，又要追究直接责任人员的刑事责任。而我国认定是否构成单位犯罪主要遵循以下标准：(1)主观上要体现单位的意志。而体现单位整体意志的方式有两种：第一种，由单位的决策机构形成，例如，董事会的决议、股东会的决议；第二种，单位领导依据职权作出决策。(2)客观上要求此行为是为单位(全体成员)谋取利益而非个人谋取利益。例如，某企业领导集体商议行贿某个官员，以便解决董事长孩子读书择校问题，此案件属于个人的犯罪不属于单位犯罪。需要注意的是，如果单位成立时的主要目的就是犯罪或者单位成立后的主要活动就是犯罪，则应当认定为自然人犯罪。例如，张三与李四注册成立××洗脚公司,目的就是组织卖淫,则应当认定为单位犯罪,这也被理论界称为“刺破单位面纱”,在此种情形下公司只是犯罪的一层“马甲”,区分时需要把握以下关键点:只要成立单位的目的是犯罪,主要活动也是犯罪,则认定为自然人之犯罪。

从主体层面需要注意的是一般需要单位具有法人资格,因而一般的公司都可以构成单位犯罪的主体,除了母公司和子公司以外,分公司也可以构成犯罪的主体,只需构成以下要件即可:(1)以分公司自己的名义犯罪;(2)违法所得归分公司所有。但是,需要注意的是合伙企业一般不得成为单位犯罪的主体,其不具有法人资格。

为了方便实务工作者办案参考,笔者特将目前我国的单位犯罪作了总结。

(一)双罚制单位犯罪罪名

《中华人民共和国刑法》			
第二章　危害公共安全罪			
第一百二十条之一	帮助恐怖活动罪	第一百二十五条	非法制造、买卖、运输、邮寄、储存枪支、弹药、爆炸物罪,非法制造、买卖、运输、储存危险物质罪
第一百二十六条	违规制造、销售枪支罪	第一百二十八条第二款	非法出租、出借枪支罪
第三章　破坏社会主义市场经济秩序罪			
第一节　生产、销售伪劣商品罪			
第一百四十条	生产、销售伪劣产品罪	第一百四十一条	生产、销售、提供假药罪
第一百四十二条	生产、销售、提供劣药罪	第一百四十三条	生产、销售不符合安全标准的食品罪
第一百四十四条	生产、销售有毒、有害食品罪	第一百四十五条	生产、销售不符合标准的医用器材罪
第一百四十六条	生产、销售不符合安全标准的产品罪	第一百四十七条	生产、销售伪劣农药、兽药、化肥、种子罪
第一百四十八条	生产、销售不符合卫生标准的化妆品罪	第一百五十条	单位犯本节规定之罪的处理

续表

第二节　走私罪			
第一百五十一条	走私武器、弹药罪，走私核材料罪，走私假币罪，走私文物罪，走私贵重金属罪，走私珍贵动物、珍贵动物制品罪，走私国家禁止进出口的货物、物品罪	第一百五十二条	走私淫秽物品罪，走私废物罪
第一百五十三条	走私普通货物、物品罪		
第三节　妨害对公司、企业的管理秩序罪			
第一百五十八条	虚报注册资本罪	第一百五十九条	虚假出资、抽逃出资罪
第一百六十条	欺诈发行证券罪	第一百六十二条之一	隐匿、故意销毁会计凭证、会计帐簿、财务会计报告罪
第一百六十四条	对非国家工作人员行贿罪，对外国公职人员、国际公共组织官员行贿罪	第一百六十九条之一	背信损害上市公司利益罪
第四节　破坏金融管理秩序罪			
第一百七十四条	擅自设立金融机构罪，伪造、变造、转让金融机构经营许可证、批准文件罪	第一百七十五条	高利转贷罪
第一百七十五条之一	骗取贷款、票据承兑、金融票证罪	第一百七十六条	非法吸收公众存款罪
第一百七十七条	伪造、变造金融票证罪	第一百七十八条	伪造、变造国家有价证券罪，伪造、变造股票、公司、企业债券罪
第一百七十九条	擅自发行股票、公司、企业债券罪	第一百八十条	内幕交易、泄露内幕信息罪
第一百八十一条	编造并传播证券、期货交易虚假信息罪，诱骗投资者买卖证券、期货合约罪	第一百八十二条	操纵证券、期货市场罪

续表

第一百八十五条之一	背信运用受托财产罪	第一百八十六条	违法发放贷款罪
第一百八十七条	吸收客户资金不入帐罪	第一百八十八条	违规出具金融票证罪
第一百八十九条	对违法票据承兑、付款、保证罪	第一百九十条	逃汇罪
第一百九十一条	洗钱罪		
第五节　金融诈骗罪			
第一百九十二条	集资诈骗罪	第一百九十四条	票据诈骗罪,金融凭证诈骗罪
第一百九十五条	信用证诈骗罪	第一百九十八条	保险诈骗罪
第二百条	单位犯金融诈骗罪的处罚规定		
第六节　危害税收征管罪			
第二百零一条	逃税罪	第二百零三条	逃避追缴欠税罪
第二百零四条	骗取出口退税罪	第二百零五条	虚开增值税专用发票、用于骗取出口退税、抵扣税款发票罪
第二百零五条之一	虚开发票罪	第二百零六条	伪造、出售伪造的增值税专用发票罪
第二百零七条	非法出售增值税专用发票罪	第二百零八条	非法购买增值税专用发票、购买伪造的增值税专用发票罪
第二百零九条	非法制造、出售非法制造的用于骗取出口退税、抵扣税款发票罪,非法制造、出售非法制造的发票罪,非法出售用于骗取出口退税、抵扣税款发票罪,非法出售发票罪	第二百一十条之一	持有伪造的发票罪
第二百一十一条	单位犯危害税收征管罪的处罚规定		

续表

第七节　侵犯知识产权罪			
第二百一十三条	假冒注册商标罪	第二百一十四条	销售假冒注册商标的商品罪
第二百一十五条	非法制造、销售非法制造的注册商标标识罪	第二百一十六条	假冒专利罪
第二百一十七条	侵犯著作权罪	第二百一十八条	销售侵权复制品罪
第二百一十九条	侵犯商业秘密罪	第二百二十条	单位犯侵犯知识产权罪的处罚规定
第八节　扰乱市场秩序罪			
第二百二十一条	损害商业信誉、商品声誉罪	第二百二十二条	虚假广告罪
第二百二十三条	串通投标罪	第二百二十四条	合同诈骗罪
第二百二十四条之一	组织、领导传销活动罪	第二百二十五条	非法经营罪
第二百二十六条	强迫交易罪	第二百二十七条	伪造、倒卖伪造的有价票证罪，倒卖车票、船票罪
第二百二十八条	非法转让、倒卖土地使用权罪	第二百二十九条	提供虚假证明文件罪，出具证明文件重大失实罪
第二百三十条	逃避商检罪	第二百三十一条	单位犯扰乱市场秩序罪的处罚规定
第四章　侵犯公民人身权利、民主权利罪			
第二百四十四条	强迫劳动罪	第二百五十三条之一	侵犯公民个人信息罪
第二百六十条之一	虐待被监护、看护人罪		
第五章　侵犯财产罪			
第二百七十六条之一	拒不支付劳动报酬罪		

续表

第六章　妨害社会管理秩序罪			
第一节　扰乱公共秩序罪			
第二百八十一条	非法生产、买卖警用装备罪	第二百八十三条	非法生产、销售专用间谍器材、窃听、窃照专用器材罪
第二百八十五条	非法侵入计算机信息系统罪,非法获取计算机信息系统数据、非法控制计算机信息系统罪,提供侵入、非法控制计算机信息系统程序、工具罪	第二百八十六条	破坏计算机信息系统罪
第二百八十六条之一	拒不履行信息网络安全管理义务罪	第二百八十七条之一	非法利用信息网络罪
第二百八十七条之二	帮助信息网络犯罪活动罪	第二百八十八条	扰乱无线电通讯管理秩序罪
第二节　妨害司法罪			
第三百零七条之一	虚假诉讼罪	第三百零八条之一	披露、报道不应公开的案件信息罪
第三百一十二条	掩饰、隐瞒犯罪所得、犯罪所得收益罪	第三百一十三条	拒不执行判决、裁定罪
第三节　妨害国(边)境管理罪			
第三百一十九条	骗取出境证件罪		
第四节　妨害文物管理罪			
第三百二十五条	非法向外国人出售、赠送珍贵文物罪	第三百二十六条	倒卖文物罪
第三百二十七条	非法出售、私赠文物藏品罪		
第五节　危害公共卫生罪			
第三百三十条	妨害传染病防治罪	第三百三十二条	妨害国境卫生检疫罪
第三百三十四条	采集、供应血液、制作、供应血液制品事故罪	第三百三十七条	妨害动植物防疫、检疫罪

续表

第六节　破坏环境资源保护罪			
第三百三十八条	污染环境罪	第三百三十九条	非法处置进口的固体废物罪，擅自进口固体废物罪
第三百四十条	非法捕捞水产品罪	第三百四十一条	危害珍贵、濒危野生动物罪，非法狩猎罪，非法猎捕、收购、运输、出售陆生野生动物罪
第三百四十二条	非法占用农用地罪	第三百四十三条	非法采矿罪，破坏性采矿罪
第三百四十四条	危害国家重点保护植物罪	第三百四十五条	盗伐林木罪，滥伐林木罪，非法收购、运输盗伐、滥伐的林木罪
第三百四十六条	单位犯破坏环境资源罪的处罚规定		
第七节　走私、贩卖、运输、制造毒品罪			
第三百四十七条	走私、贩卖、运输、制造毒品罪	第三百五十条	非法生产、买卖、运输制毒物品、走私制毒物品罪
第三百五十五条	非法提供麻醉药品、精神药品罪		
第九节　制作、贩卖、传播淫秽物品罪			
第三百六十三条	制作、复制、出版、贩卖、传播淫秽物品牟利罪，为他人提供书号出版淫秽书刊罪	第三百六十四条	传播淫秽物品罪，组织播放淫秽音像制品罪
第三百六十五条	组织淫秽表演罪	第三百六十六条	单位犯本节规定之罪的处罚

续表

第七章　危害国防利益罪			
第三百七十条	故意提供不合格武器装备、军事设施罪	第三百七十五条	非法生产、买卖武装部队制式服装罪，伪造、盗窃、买卖、非法提供、非法使用武装部队专用标志罪
第三百八十条	战时拒绝、故意延误军事订货罪		
第八章　贪污贿赂罪			
第三百八十七条	单位受贿罪	第三百九十条之一	对有影响力的人行贿罪
第三百九十一条	对单位行贿罪	第三百九十三条	单位行贿罪
《全国人民代表大会常务委员会关于惩治骗购外汇、逃汇和非法买卖外汇犯罪的决定》			
第一条	骗购外汇罪		

（二）单罚制单位犯罪罪名

《中华人民共和国刑法》			
第一章　危害国家安全罪			
第一百零七条	资助危害国家安全犯罪活动罪		
第二章　危害公共安全罪			
第一百三十五条	重大劳动安全事故罪	第一百三十五条之一	大型群众性活动重大安全事故罪
第一百三十七条	工程重大安全事故罪	第一百三十八条	教育设施重大安全事故罪
第一百三十九条	消防责任事故罪		
第三章　破坏社会主义市场经济秩序罪			
第三节　妨害对公司、企业的管理秩序罪			
第一百六十一条	违规披露、不披露重要信息罪	第一百六十二条	妨害清算罪

续表

第一百六十二条之二	虚假破产罪		
第四节　破坏金融管理秩序罪			
第一百八十五条之一	违法运用资金罪		
第四章　侵犯公民人身权利、民主权利罪			
第二百四十四条之一	雇用童工从事危重劳动罪	第二百五十条	出版歧视、侮辱少数民族作品罪
第五章　侵犯财产罪			
第二百七十三条	挪用特定款物罪		
第八章　贪污贿赂罪			
第三百九十六条	私分国有资产罪，私分罚没财物罪		
第九章　渎职罪			
第四百零三条	滥用管理公司、证券职权罪		

三、我国合规制度的落地与推行

(一)刑事合规制度试点

自2020年3月起，最高人民检察院在上海浦东、金山，江苏张家港，山东郯城，广东深圳南山、宝安6家基层检察院开展企业合规改革第一期试点工作，铺开了对企业刑事合规制度的试验和探讨。试点检察院对民营企业负责人涉经营类犯罪，依法能不捕的不捕、能不诉的不诉、能不判实刑的提出适用缓刑的量刑建议。同时，探索督促涉案企业合规管理，促进"严管"制度化，防范"厚爱"被滥用。

为进一步充分发挥检察职能，做好对涉案企业负责人依法不捕、不诉、不判实刑的"后半篇文章"，并为下一步出台立法积累实践经验，最高人民检察院于2021年4月发布了《关于开展企业合规改革试点工作方案》(以下简称《工作方案》)，正式启动第二期企业合规改革试点工作。涉及北京、辽宁、上海、江苏、浙江、福建、山东、湖北、湖南、广东10个省(市)。《工作方案》指出，开展企业合规改革试点工作，是指检察机关对于办理的涉企刑事案件，在依法作出不批准逮捕、不起诉决定或者根据认罪认罚从宽制度提出轻缓量刑建议等的同时，针对企业涉嫌具体犯罪，结合办案实际，督促涉案企业作出合规承诺并积极整改落实，促进企业合规守法经营，减少和预防企业犯罪，实现司法办案政治效果、法律效果、社会效果的有机统一。

《工作方案》要求，开展企业合规改革试点要与依法适用认罪认罚从宽制度和检察建议、依法清理"挂案"(所谓"挂案"，就是民营企业或民营企业家涉嫌犯罪，公安机关立案后，在不同诉讼阶段长期不处理、没有结论的案件)、依法适用不起诉结合起来。对涉企案件，在依法贯彻相关检察政策的同时，督促企业建立合规制度，履行合规承诺；提出企业合规建设意见和建议，包括整改方向和意见，并促进"挂案"清理工作，依法平等保护企业合法权益；对符合《刑事诉讼法》规定的不起诉案件，做到应听证尽听证。

《工作方案》明确，各试点单位应当结合本地实际，探索建立企业合规第三方监管机制。通过第三方监管，监督、促进企业践行合规承诺。检察机关要定期检查合规建设情况，并根据案件具体情况依法作出相应处理。

(二)建立涉案企业合规第三方监督评估机制的指导意见

通过对合规试点工作的总结和研究，为了进一步探索建立企业合规管理机制，最高人民检察院于2021年6月3日发布了《关于建立涉案企业合规第三方监督评估机制的指导意见(试行)》(以下简称《指导意见》)。该意见主要包括以下几个层面的内容。

1.第三方监督评估机制介入

在特定案件中，侦查机关对某一企业启动刑事诉讼程序之后，由检察院决定或涉案企业或个人申请对企业进行合规整改，并在特定考察期内达到第三方监督评估机制的考核要求，检察院可以对涉案企业或个人作出不予起诉、不批准逮捕、减轻量刑建议等决定，从而减轻企业或个人的刑事责任。

2.第三方监督评估机制的受案范围

首先，使用罪名主要包括经济犯罪、职务犯罪，既包括公司、企业等实施的单位犯罪案件，也包括公司、企业实际控制人、经营管理人员、关键技术人员等实施的与生产经营活动密切相关的犯罪案件,同时并未排除其他与生产经营相关的罪名。

其次,适用对象:企业和个人,但针对个人适用的条件限定为与企业生产经营直接相关的犯罪。

同时,适用的前提条件:(1)涉案企业、个人认罪认罚;(2)涉案企业能够正常生产经营,承诺建立或者完善企业合规制度,具备启动第三方机制的基本条件;(3)涉案企业自愿适用第三方机制。

而适用的禁止条件:(1)个人为进行违法犯罪活动而设立公司、企业的;(2)公司、企业设立后以实施犯罪为主要活动的;(3)公司、企业人员盗用单位名义实施犯罪的;(4)涉嫌危害国家安全犯罪、恐怖活动犯罪的;(5)其他不宜适用的情形。

通过上述条件可以看出,适用第三方机制的条件中包括认罪认罚,但是对于适用该机制的企业或个人所涉的犯罪可能判处的具体刑期范围,《指导意见》中并没有作出限定。

3. 第三方监督评估机制的启动和运行

(1)启动

涉案企业、个人有权申请适用,由检察院决定。《指导意见》明确规定除检察院有权启动外,涉案企业、个人及其辩护人、诉讼代理人或者其他相关单位、人员,有权主动向检察院申请适用刑事合规相关制度,检察院应当受理并审查是否符合适用条件。检察院经审查认为符合适用条件的,可以商请本地区第三方机制管委会(指由多个部门组成的管理委员会,以下简称管委会)启动刑事合规机制。可以看出,启动该制度的决定权目前掌握在检察院手中,对于符合适用条件的申请,检察院也有根据实际情况决定不启动的权力。因此,对于启动合规机制的申请,申请人及其代理人需要综合案件性质、刑事合规的初步方案以及评估分析等,做足进行充足说理和证据材料的全面准备,才有机会在最大限度上说服检察院启动合规机制进行合规整改。

(2)第三方监督评估机制的组成

第三方监督评估机制启动后,管委会应当根据案件具体情况以及涉案企业类型,从专业人员名录库中分类随机抽取人员组成第三方监督评估机制,并向社会公示。第三方监督评估机制组成人员名单应当报送负责办理案件的人民检察院备案。但是需要注意的是，人民检察院或者涉案企业、个人、其他相关单位、人员对选任的第三方监督评估机制组成人员提出异议的，第三方监督评估机制管委会应当调查核实并视情况作出调整。

(3)合规整改计划的制订

合规整改主要是由第三方监督评估机制提出要求，然后由涉案企业作出具体的可操作的整改计划，最后由第三方监督评估机制针对计划提出完善意见并确定考察期限。

涉案企业提交的合规计划内容应当包含以下方面：第一，要围绕与企业涉嫌犯罪有密切联系的企业内部治理结构、规章制度、人员管理等方面存在的问题，制定可行的合规管理规范；第二，需要构建有效的合规组织体系；第三，要健全合规风险防范报告机制，弥补企业制度建设和监督管理漏洞，防止再次发生相同或者类似的违法犯罪。

(4)合规整改计划的实施

在合规整改考察期内，第三方监督评估机制可随机检查和评估整改计划的实施情况，并实时向检察院更新整改进程，同时可以要求涉案企业定期书面报告合规计划的执行情况，同时抄送负责办理案件的人民检察院。在考察过程中，若第三方监督评估机制发现企业或人员有漏罪或新罪，将立即中止刑事合规制度，并向检察院报告该情况。

鉴于此情况，涉案企业应该尽量在启动刑事合规制度之前，就对其所涉全部刑事合规风险进行深度梳理、审查和整改，并及时将相关情况报告受理案件的检察院。

(5)合规整改计划的考核

考察期届满后，第三方监督评估机制会对合规整改计划的完成情况进行全面审查及考核，制作第三方监督评估机制考察报告，并将该报告与企业在考察期内提交的合规整改计划、书面报告等材料提交至检察院。这些材料将会成为检察院作为依法作出批准或者不批准逮捕、起诉或者不起诉以及是否变更强制措施等决定，提出量刑建议或者检察建议、检察意见的重要参考。

按照规定，目前的考核结果主要有以下几种。

第一，合格。人民检察院对于拟作不批准逮捕、不起诉、变更强制措施等决定的涉企犯罪案件，可以根据《人民检察院审查案件听证工作规定》召开听证会，并邀请第三方监督评估机制组成人员到会发表意见。检察院对涉案企业作出不起诉决定，但认为需要给予行政处罚、处分或者没收其违法所得的，应当结合合规材料，依法向有关主管机关提出检察意见。由于我国刑法中对单位的刑事处罚仅包括罚金，故此处为刑事责任向行政责任转移的规定。

第二，不合格。检察院发现涉案企业在预防违法犯罪方面制度不健全、不落实，管理不完善，存在违法犯罪隐患，需要及时消除的，可以结合合规材料，向涉案企业提出检察建议。故对第一次考核不通过的企业，检察院还给了一次通过检察建议进行整改的机会，但该处仅为"可以"，所以对于考核期内形成的合规，一定要做到健全、完善、落实到位。

第三，发现其他违法违规情形。人民检察院通过第三方机制，发现涉案企业或其人员存在其他违法违规情形的，应当依法将案件线索移送有关主管机关、公安机关或者纪检监察机关处理。

需要特别注意的是，检察院对企业合规整改计划完成情况的审查形式为书面审，只有在其拟作出不批捕、不起诉、变更强制措施决定时，才可以召开听证会。而对于决定批捕、起诉、不变更强制措施的情况，并没有给涉案企业及个人予以说明的机会。因此，公司提交的相关书面报告，对于后期是否能够减轻或免除刑事责任具有重要影响。

（三）《指导意见》的实践指导意义

1. 明确了不起诉与合规的逻辑关系

对于第一阶段的企业合规改革试点工作，是指检察机关对于办理的涉企刑事案件，在依法作出不批准逮捕、不起诉决定或者根据认罪认罚从宽制度提出轻缓量刑建议等的同时，针对企业涉嫌具体犯罪，结合办案实际，督促涉案企业作出合规承诺并积极整改落实，促进企业合规守法经营，减少和预防企业犯罪，实现司法办案政治效果、法律效果、社会效果的有机统一。

若根据改革试点的意义来说，案件首先要符合不批捕、不起诉的条件，检察院才会同时督促企业进行合规建设，此处的法律逻辑是企业因为可以不起诉，才有资格做合规。但若企业已经得到不逮捕、不起诉的决定，还有什么动力作出合规整改呢？而对于已经逮捕和起诉的，再整改也没有从轻量刑的可能，导致涉案企业的合规整改缺乏实际意义。

而《指导意见》的出台，修正了《工作方案》中倒置的逻辑关系，明确因为涉案企业作出合规整改,检察院才会对案件作出不逮捕、不起诉、量刑意见等从宽处罚的决定。这给涉刑企业合规整改以减轻刑事责任提供了巨大动力,也给所有企业的合规经营提供了重要参考。

2. 赋予涉案企业及个人申请适用刑事合规制度的权利

在《指导意见》颁布前,大多数地方试点检察院制作的规范性文件,均只赋予检察院单方启动刑事合规机制的权力,并未规定涉案企业或个人申请适用相关制度的渠道。例如,辽宁省发布的《关于建立涉罪企业合规考察制度的意见》(以下简称《辽宁意见》)第 8 项、《岱山县人民检察院涉企案件刑事合规办理规程(试行)》(以下简称《岱山规程》)第 2 条,均只规定只有检察院可以启动该机制。这种"垄断式"的规定,无疑让刑事合规制度的适用范围和效率大打折扣。

但《指导意见》第 10 条明确规定,涉案企业、个人及其辩护人、诉讼代理人均可向检察院申请适用该制度,这无疑给涉刑企业和个人提供了更多机会。如前所述,是否能实现减轻结果,还是取决于申请理由是否足以打动检察院。

3. 不只适用于轻罪

《指导意见》制定之前,各地方试点的相关规范性文件,多数将刑事合规制度的适用范围限定在可能判处较轻刑罚的案件,即可能判处 3 年以下有期徒刑的或者法益侵害不大易于修复的案件。而对可能判处 10 年以上有期徒刑的案件,均直接排除了对刑事合规制度的适用。例如,《辽宁意见》、深圳市龙华区人民检察院发布的《关于对涉民营经济刑事案件实行法益修复考察期的意见(试行)》等均有类似规定。

经济犯罪常以犯罪金额决定刑罚尺度,规模较大的企业如果出现刑事违法的情况,金额必然较高,可能面临的刑期也很容易高于 3 年。考虑到大型企业对于国家税收、地方经济、就业保障方面的作用,如果将这些企业排除在该制度范围之外,无论是从司法平等还是从社会稳定角度考虑,都有失偏颇。

刑事合规制度本身存在的意义,并非仅对轻罪不起诉,而是督促所有公司合规经营。为了实现该目的,必须将该制度平等适用于所有类型的企业。《指导意见》便在此问题上作出了相对更合理的规定,不仅未将可能刑期作为限制条件,亦规定了合规考核的结果包括不逮捕、不起诉,还包括作出"量刑建议"。这意味着对涉重刑的企业,也可以适用刑事合规制度,只是检察院作出的决定不是不逮捕或不起诉,而是减轻量刑建议。这一规定相对于此前的地方规定,明显更公平和合理。

四、企业合规实践案例探索

2021 年 12 月,最高人民检察院公布了第二批典型案例。

(一)上海 J 公司、朱某某假冒注册商标案——依托长三角一体化协作平台,对涉案企业异地适用第三方监督评估机制

基本案情

上海市 J 智能电器有限公司(以下简称 J 公司)注册成立于 2016 年 1 月,住所地位于浙江省嘉兴市秀洲区,公司以生产智能家居电器为主,拥有专利数百件,有效注册商标 3 件,近年来先后被评定为浙江省科技型中小企业、国家高新技术企业。公司有员工 2000 余人,年纳税总额 1 亿余元,被不起诉人朱某某系该公司股东及实际控制人。

2018 年 8 月,上海 T 智能科技有限公司(以下简称 T 公司)与 J 公司洽谈委托代加工事宜,约定由 J 公司为 T 公司代为加工智能垃圾桶,后因试产样品未达质量标准,且无法按时交货等原因,双方于 2018 年 12 月终止合作。为了挽回前期投资损失,2018 年 12 月至 2019 年 11 月,朱某某在未获得商标权利人 T 公司许可的情况下,组织公司员工生产假冒 T 公司注册商标的智能垃圾桶、垃圾盒,并对外销售获利,涉案金额达 560 万余元。2020 年 9 月 11 日,朱某某主动投案后被取保候审。案发后,J 公司认罪认罚,赔偿权利人 700 万元并取得谅解。2020 年 12 月 14 日,上海市公安局浦东分局以犯罪嫌疑单位 J 公司、犯罪嫌疑人朱某某涉嫌假冒注册商标罪移送至浦东新区人民检察院审查起诉。

企业合规整改情况及效果

一是认真审查,对符合适用条件的企业开展合规试点。浦东新区人民检察院经审查认为,J 公司是一家高新技术企业,但公司管理层及员工法律意识淡薄,尤其对涉及商业秘密、专利权、商标权等民事侵权及刑事犯罪认识淡薄,在合同审核、财务审批、采购销售等环节均存在管理不善的问题。鉴于 J 公司具有良

好发展前景,犯罪嫌疑人朱某某有自首情节,并认罪认罚赔偿了T公司的损失,且该公司有合规建设意愿,具备启动第三方机制的基本条件,考虑其注册地、生产经营地和犯罪地分离的情况,有必要启动跨区域合规考察。

二是三级联动,开启跨区域合规第三方机制"绿色通道"。2021年4月,浦东新区人民检察院根据沪浙苏皖四地检察院联合制定的《长三角区域检察协作工作办法》,向上海市人民检察院申请启动长三角跨区域协作机制,委托企业所在地的浙江省嘉兴市人民检察院、秀洲区人民检察院协助开展企业合规社会调查及第三方监督考察。两地检察机关签订《第三方监督评估委托函》,明确委托事项及各方职责,确立了"委托方发起""受托方协助""第三方执行"的合规考察异地协作模式,由秀洲区人民检察院根据最高人民检察院等九部门联合下发的《关于建立涉案企业合规第三方监督评估机制的指导意见》成立第三方监督评估组织。随后,秀洲区人民检察院成立了由律师、区市场监督管理局、区科技局熟悉知识产权工作的专业人员组成的第三方监督评估组织,并邀请人大代表、政协委员对涉案企业同步开展监督考察。

三是有的放矢,确保合规计划"治标更治本"。浦东新区人民检察院结合办案中发现的经营管理不善情况,向J公司制发《合规风险告知书》,从合规风险排查、合规制度建设、合规运行体系及合规文化养成等方面提出整改建议,引导J公司作出合规承诺。第三方监督评估机制结合风险告知内容指导企业制订合规计划,明确合规计划的政策性和程序性规定,从责任分配、培训方案到奖惩制度,确保合规计划的针对性和实效性。同时,督促企业对合规计划涉及的组织体系、政策体系、程序体系和风险防控体系等主题进行分解,保证计划的可行性和有效性。J公司制定了包括制定合规章程、健全基层党组织、建立合规组织体系、制定知识产权专项合规政策体系、打造合规程序体系、提升企业合规意识等方面的递进式合规计划,并严格按照时间表扎实推进。

四是找准定位,动态衔接实现异地监管"客观有效"。监督考察期间,第三方监督评估机制通过问询谈话、走访调查,深入了解案件背景,帮助企业梳理合规、风控方面的管理漏洞,督促制定专项整改措施。根据第三方监督评估机制建议,J公司成立合规工作领导小组,修改公司章程,强化管理职责,先后制定知识产权管理、合同审批、保密管理、员工培训、风险控制等多项合规专项制度,设立合规专岗,实行管理、销售分离,建立合规举报途径,连续开展刑事合规、民事合规及知识产权保护专项培训,外聘合规专业团队定期对企业进行法律风险全面体检,并且每半个月提交一次阶段性书面报告。第三方监督评估机制通过书面审查、实地走访、听取汇报等形式,对合规阶段性成效进行监督检查。同时,浦东新区人民检察院为确保异地合规监管的有效性,制作了《企业合规监督考察反馈意见表》,实时动态跟进监督评估进度,对第三方监督评估机制成员组成、合规计划执行、企业定期书面报告、申诉控告处理等提出意见建议。

五是充分评估,确保监督考察及处理结果"公平公正"。考察期限届满,第三方监督评估机制评估认为,经过合规管理,J 公司提升合规意识,完善组织架构,设立合规专岗,开展专项检查,建立制度指引,强化流程管理,健全风控机制,加强学习培训,完成了从合规组织体系建立到合规政策制定,从合规程序完善到合规文化建设等一系列整改,评定 J 公司合规整改合格。浦东新区人民检察院联合嘉兴市人民检察院、秀洲区人民检察院通过听取汇报、现场验收、公开评议等方式对监督考察结果的客观性充分论证。2021 年 9 月 10 日,浦东新区人民检察院邀请人民监督员、侦查机关、异地检察机关代表等进行公开听证。经评议,参与听证各方一致同意对涉案企业及个人作出不起诉决定。

典型意义

积极探索,为企业合规异地适用第三方机制开拓实践思路。针对涉案企业注册地、生产经营地和犯罪地分离的情况,上海、浙江检察机关依托长三角区域检察协作平台,通过个案办理探索建立企业合规异地协作工作机制,确立了"委托方发起""受托方协助""第三方执行"的合规考察异地协作模式,合力破解异地社会调查、监督考察、行刑衔接等难题,降低司法办案成本,提升办案质效,为推动区域行业现代化治理提供了实践样本。

有序推进,切实防止社会调查"一托了之"。本案中,检察机关采取层层递进的工作方式,确保社会调查重点明确、调查结果全面客观。一是事前细化调查提纲。重点围绕涉案企业社会贡献度、企业发展前景、社会综合评价等开展协助调查,一并考察企业家的一贯表现,确保社会调查结果全面客观。二是事中加强沟通协调。浦东新区人民检察院多次赴浙江会商,就调查方式、调查内容及相关要求达成共识,形成办案合力。秀洲区人民检察院协调区市场监管、人社、税务、科技、工商联及行业协会,对涉案公司及个人开展全面调查。三是事后进行专项研讨。检察机关深入审查全部协查材料,研究认为涉案企业符合企业合规改革试点适用条件,并层报上级机关审核备案。

完善机制,提升监督评估实际效果。本案中,秀洲区人民检察院联合当地13个部门出台规范性文件,探索构建企业合规"双组六机制"工作模式。"双组"即检察机关牵头成立"合规监管考察组"和"合规指导组"两个工作组;"六机制"即联席会议、合规培育、提前介入、会商通报、指导帮扶、审查监管六个协作机制。合规考察中,由合规监管考察组和合规指导组共同研究形成专业意见,并邀请人大代表、政协委员全程参与,提高监管考察的透明度和公信力。

标本兼治,有效防治企业违法犯罪。从司法实践看,涉企经济犯罪成因复杂,许多涉及经济社会系统性、深层次矛盾问题,单靠刑事法律的"孤军作战",难以取得良好的社会治理效果。本案中,检察机关开展企业合规改革以推动源头治理为着力点,针对办案发现的企业经营管理中的突出问题,通过第三方监督评估机制对涉案企业开展扎实有效的合规整改,促进企业依法合规经营发展,对于完善制度机制、形成治理合力具有积极意义。

(二)张家港S公司、睢某某销售假冒注册商标的商品案——介入侦查认定"挂案"性质,积极引导涉案小微企业开展合规建设

基本案情

张家港市S五交化贸易有限公司(以下简称S公司)于2015年6月注册成立,注册资本为200万元,在职员工3人,睢某某系该公司法定代表人、实际控制人。

2018年11月22日,张家港市市场监督管理局对S公司进行检查时,发现该公司疑似销售假冒"SKF"商标的轴承,并在其门店及仓库内查获标注"SKF"商标的各种型号轴承27,829个,金额共计68万余元。2018年12月17日,张家港市市场监督管理局将该案移送至张家港市公安局。2019年2月14日,斯凯孚(中国)有限公司出具书面的鉴别报告,认为所查获的标有"SKF"商标的轴承产品均为侵犯该公司注册商标专用权的产品。2019年2月15日,张家港市公安局对本案立案侦查。

企业合规整改情况及效果

一是应公安机关邀请介入侦查。2021 年 5 月初，张家港市人民检察院应张家港市公安局邀请，派员介入听取案件情况。梳理在案证据，本案侦查工作的主要情况如下：第一，睢某某辩称涉案的轴承部分是从山东威海一旧货调剂市场打包购买，部分是从广州 H 公司、上海 J 公司购买，认为自己购进的都是正品。第二，公安机关经与广州 H 公司、上海 J 公司核实，上海 J 公司系授权的一级代理商，主要经营“SKF”等品牌轴承。广州 H 公司从上海 J 公司进购“SKF”轴承后进行销售，曾 3 次通过上海 J 公司直接发货给 S 公司，共计 54 万元。同时，公安机关对山东威海的旧货调剂市场进行了现场调查，发现该市场确实是二手交易市场，无法追溯货品源头。第三，斯凯孚（中国）有限公司出具书面鉴别报告时，未对查获的轴承及包装的真伪进行现场勘查，仅根据清点明细材料出具了鉴别说明和比对示例，且不愿再重新鉴定。此外，该案立案距今已超过 2 年，属“挂案”状态。

二是及时启动社会调查。检察机关向 S 公司、睢某某告知企业合规相关政策后，该公司分别向检察机关、公安机关递交了《提请开展刑事合规监督考察的申请书》。随后承办检察官走访企业和市场监督管理局、税务局等行政部门，实地查看公司经营现状、指导填写合规承诺、撰写调查报告。走访调查了解到，该公司系已实际经营 6 年的小微民营企业，因涉嫌犯罪被立案，一定程度上影响经营，资金周转困难，公司面临危机。该公司规章制度不健全，内部管理不完善，尤其是企业采购程序不规范，对供货商资质和货品来源审查不严，单据留存不全，还曾因接受虚开的增值税发票被税务机关行政处罚。检察机关经综合考虑，鉴于 S 公司有整改行为和较强的合规愿望，认为可以开展企业合规监督考察。

三是深入会商达成共识。检察机关认为，该案证明 S 公司及睢某某犯罪故意的证据不确实、不充分，公安机关也难以再查明轴承及包装的来源是否合法，案件久拖不决已处于“挂案”状态，亟待清理。检察机关与公安机关共同分析了相关情况，并就该案下一步处理进行会商，双方就企业合规、“挂案”清理工作达成共识。公安机关明确表示，如该公司通过企业合规监督考察时还没有新的证据进展，将作出撤案处理。

四是扎实推进合规考察。经向上级检察机关请示并向张家港市企业合规监管委员会报告后，张家港市人民检察院联合公安机关对S公司启动合规监督考察程序，确定6个月的整改考察期。同时，张家港市企业合规监管委员会根据第三方监督评估机制，从第三方监管人员库中随机抽取组建监督评估小组，跟踪S公司整改、评估合规计划落实情况。按照合规计划，S公司梳理企业风险点，制定《财务管理合规建设制度》《发票制发流程》《货物销售采购流程》等内部制度，并形成规范的公司合同模板。在税务方面，公司从以往直接与代账会计单线联系，转变为与会计所在单位签订合同，对财务人员应尽责任、单位管理职责进行书面约定。在知识产权方面，公司明确渠道商应提供品牌授权证明并备案，每笔发货都注明产品明细，做到采购来路明晰、底数清晰。合规整改期间，检察机关会同第三方监督评估小组，每月通过座谈会议、电话联系、查阅资料、实地检查等方式，特别是通过"不打招呼"的随机方式，检查企业合规建设情况。同时，检察机关还向公安机关通报企业合规建设进展情况，邀请参与合规检查，并认真吸收公安机关对合规制度完善提出的意见。2021年8月5日，鉴于该公司员工数少、业务单一、合规建设相对简易的情况，第三方监督评估小组提出缩短合规监督考察期限的建议。检察机关听取市场监督管理部门、税务部门意见后，决定将合规监督考察期限缩短至3个月。2021年8月16日至18日，第三方监督评估小组对该公司合规有效性进行评估，出具了合规建设合格有效的评估报告。

五是参考考察结果作出处理。2021年8月20日，张家港市人民检察院组织公开听证，综合考虑企业合规整改效果，就是否建议公安机关撤销案件听取意见，听证与会人员一致同意检察机关制发相关检察建议。当日，检察机关向公安机关发出检察建议，公安机关根据检察建议及时作出撤案处理，并移送市场监督管理部门作行政处罚。检察机关2个月后回访发现，S公司各项经营已步入正轨，因为合规建设，两家大型企业看中S公司合规资质与其建立了长期合作关系，业务预期翻几番，发展势头强劲。

典型意义

对尚未进入检察环节的涉企"挂案"进行排查，采取与企业合规改革试点结合等方式能动清理。检察机关在推进涉企"挂案"清理过程中，除依托统一业务应用系统中排除出相关数据外，还可以通过控告申诉、日常走访、服务企业平台等了解"挂案"线索。对尚未进入检察环节的案件，可采取介入侦查的形式，积极与公安机关开展个案会商。通过听取案件情况、审查在案证据、实地走访调查等工作，与公安机关共同分析是否属于“挂案”、“挂案”原因、“挂案”影响以及侦查取证方向、可行性等因素，分类施策、妥善处理。对符合合规监督考察条件的案件，积极引导涉案企业开展合规整改，促进涉企“挂案”清理，最大限度地降低“挂案”对企业生产经营的影响。

严格把握企业合规监督考察条件、标准和工作程序，规范清理涉企“挂案”。通过企业合规促进“挂案”清理，在具体操作中应该重点把握三点：一是通过走访调查，深入了解犯罪嫌疑人认罪悔罪态度、企业经营状况、社会贡献、合规意愿以及违法犯罪既往历史等情况，评估涉案企业是否符合开展合规监督考察的条件。二是加强对外沟通，向公安机关讲清企业合规政策和涉企“挂案”清理意义，争取理解和支持。三是依托第三方监督评估机制，客观公正地跟踪指导企业合规建设、评估合规有效性，以第三方监督评估结论为主要依据，听取行政机关以及公开听证等多方意见，做到“阳光”清理、规范清理。本案中，检察机关按照申请、调查、会商、考察等程序，规范推进企业合规，同时引入第三方监督评估机制对企业合规建设进行全程监督，值得肯定。

与公安机关等有关部门积极配合，多措并举合力护航民营经济健康发展。为加强民营经济平等保护，2020 年 10 月以来，最高人民检察院与公安部联合部署开展涉民营企业刑事诉讼“挂案”专项清理工作。全国检察机关、公安机关强化协作、多措并举，一大批“挂案”得到有效清理，该撤案的及时撤案，该继续侦办的尽快突破，以实际行动服务“六稳”“六保”大局，受到社会各界的广泛好评。同时，检察机关正在深入开展涉案企业合规改革试点，落实少捕慎诉慎押刑事司法政策，依法保护涉案企业和企业家人身和财产合法权益，向涉案企业提出整改意见，督促涉案企业作出合规承诺并积极整改。在日常“挂案”清理工作中，检察机关要针对涉案企业暴露出的经营管理、法律风险方面的突出问题，自觉开展企业合规工作，积极适用第三方监督评估机制，会同公安机关等有关部门综合运用经济、行政、刑事等手段，既促进涉案企业合规守法经营，也警示潜在缺乏规制约束的企业遵纪守法发展，逐步建立长效机制，实现精准监督。

五、我国刑事合规试点中面临的困境

(一)目前的合规主要集中在事后合规

根据针对企业的刑事程序启动为节点,刑事合规可以分为事前合规和事后合规。具体来讲,所谓事前合规主要是指,企业在尚未涉刑时,自发自觉启动合规建设,针对企业在经营中已经遇到风险进行调查、处理、改进,针对潜在的风险进行识别、分析、预防,二者结合所形成的治理体系可以称为事前合规建设。

而事后合规主要是指,企业涉刑后,在检察机关的主导下,对涉罪行为的纠错和对危害后果的弥补,并将合规作为检察机关对涉嫌犯罪的企业予以宽大处理的依据。从目前来看,我国正在探索和建立事后合规的激励机制,对涉嫌刑事案件的企业,只要按照要求进行合规建设和整改,就有机会争取到量刑上的宽大处理甚至是检察院的不起诉决定。实际上,事后合规是一种企业涉刑后的弥补、应对措施。一方面,在针对涉罪行为进行点对点整改的合规管理方式中,企业无法从整体治理的视角上发现管理体系中存在的深层次问题;另一方面,事后合规着眼于解决当前面临的涉刑问题,也就是最为表层的合规问题,难以系统地预防更为深层的刑事法律风险。因此,相较事后合规而言,事前合规能够实现对刑事风险的深层挖掘和全面预防,能够更为系统地发现、整改和弥补企业在经营中所遇到或者隐藏的刑事风险和漏洞。

2021 年 5 月 13 日,最高人民检察院调研组赴张家港调研企业合规改革试点工作时,张家港市人民检察院明确提出,该院已将涉案企业之前的合规体系建设情况、企业责任人合规表现等纳入是否起诉和量刑建议考量情节,探索将合规建设从企业涉嫌犯罪“事后合规”向“事前合规”推进。这也意味着,检察机关对涉案企业合规整改工作,不仅关注涉罪后的纠错整改,其同样关注涉罪前的日常合规治理机制构建、执行情况等具有预防性的合规建设。因此,无论是涉案企业还是其他企业,都需要在企业治理中构建更为基础的预防性刑事合规机制。

所以,在合规机制的推行中,我们一定要注意合规激励机制的建立并不是企业在涉刑后亡羊补牢的“保护伞”,而是对企业治理新方向的探索,帮助企业进行经营模式的改造,鼓励企业加强法治意识,增强自身治理,降低违法犯罪风险。

(二)目前对合规企业的从宽处理缺乏上位法的支撑

我国目前对涉罪企业的处理主要是如果其进行了事后的合规,可以换取从宽处罚,而具体的从宽方式主要是作出不起诉的决定。而我国传统的不起诉主要有四种:第一种为法定不起诉,主要针对《刑事诉讼法》第16条规定的不予追究刑事责任的情形;第二种为酌定不起诉,主要针对的是犯罪情节轻微,轻微至不需要判处刑罚或者免除刑罚的情形;第三种为事实不清证据不足情形之下作出的不起诉决定,也被称为存疑不起诉;第四种为附条件不起诉,其针对的主要是未成年人涉嫌犯罪,可能判处1年有期徒刑以下的刑罚,有悔罪表现,而作出的特殊不起诉。在作出不起诉决定的同时检察机关会决定考验期的时长,一般为6个月以上1年以下,在考验期之内,未成年人需要遵守一定的义务,具体义务内容主要由检察机关根据案件的具体情形作出,如果考验期满未成年犯罪嫌疑人没有违法义务,检察院机关会对其作出正式不起诉的决定,但是如果考验期内未成年犯罪嫌疑人被发现有新罪、漏罪、多次违反监督考察规定或治安管理规定、违反上述规定较为严重的,都会被依法公诉。

目前来看,我国对涉案企业作出合规整改的不起诉决定主要是限于酌定不起诉,例如,姑检刑不诉〔2020〕131号不起诉决定书——“限期内积极整改完善相关制度,建立了刑事合规程序体系,经第三方评估达到刑事合规标准”;宁雨检诉刑不诉〔2021〕Z39号不起诉决定书——“依法依规开展企业合规工作”等。从作出不起诉决定的具体情形上来看,基本针对的都是案件本身就比较轻微,并没有突破酌定不起诉的法定范围。究其原因不难发现,虽然我们在探索并且鼓励检察机关作出合规的从宽处罚,但是缺乏上位法的支撑,导致检察机关不敢突破原有的法律规则,作出一种全新的尝试,这也是上文提到的无法突破轻罪而适用重罪的根本原因。

刑事暂缓起诉制度是目前域外国家较为通行的一种从宽制度,即当企业涉嫌犯罪时,首先,企业需要承担一些直接的责任,具体而言,面对其犯罪行为,企业会被处以相应的罚款并没收其相应的违法所得,并及时向被害人赔偿由于犯罪行为而造成的损失。其次,才会对企业进行附合规的不起诉处理。具体而言,企业必须承诺在配合检察机关的调查下,制订或者完善合规的计划,接受外派合规人员的监督与审查,并定期将合规的施展情况向检察机关汇报,在综合审查的基础上,检察机关有权作出免予起诉的决定。目前实施暂缓不起诉的制度国家,除了美国，还有英国、法国、加拿大、新加坡等国家。只不过加拿大确立的暂缓起诉的罪名主要针对的是一些严重的罪名，具体包括企业涉嫌欺诈、贿赂、洗钱等严重的经济犯罪。而综观域外国家的做法，都形成了自己相对成熟的成文法在支撑司法机关的实践操作。

而我国的合规不起诉从性质上讲，更类似于附条件不起诉，即在行为发生之后检察院提出整改意见，如果涉案企业依法依规作出调整，经过综合评估审查后符合标准的，则会作出不起诉的决定。但是究其具体情形又不符合附条件不起诉规定的法定情形，所以笔者建议从上位法的角度，我们要探索设立一种全新的独立于酌定不起诉和附条件不起诉的新模式，将企业事前、事后的合规作为一种法定情形进行考察，突破轻罪的界限，设置法定的考验期，对考察合格的企业可以作出不起诉的决定，对不合格的企业依法进行公诉。

（三）目前第三方监督评估机制的专业化程度有待提升

根据《关于建立涉案企业合规第三方监督评估机制的指导意见（试行）》第6条第1款的规定，“最高人民检察院、国务院国有资产监督管理委员会、财政部、全国工商联会同司法部、生态环境部、国家税务总局、国家市场监督管理总局、中国国际贸易促进委员会等部门组建第三方机制管委会，全国工商联负责承担管委会的日常工作，国务院国有资产监督管理委员会、财政部负责承担管委会中涉及国有企业的日常工作”。目前各试点城市基本都建立本地区第三方机制专业人员名录库，组建了自己的第三方评估机制。从产生的方式上来看，基本都是由司法局、检察机关等机关进行具体人员的推荐；从人员的组成机构来看，主要有会计师、税务师、律师等人员组成。而实际上不同的企业面临的法律风险是不同的，涉及的专业领域也是不同的，例如，有可能涉及的环境污染类的案件，在这类案件中通常是需要具有环保知识的专业人员介入，而涉及知识产权类型的犯罪时则需要具备专业产权知识的主体介入，涉及金融类的犯罪必须具备金融专业知识的主体介入。也就是企业的合规本来就是要针对企业的具体情况作出区别化的风险识别，并在此基础上制定合规方案，因而对第三方监督评估主体就提出了较高的要求，也即作为第三方机制专业人员名录库应该是多元化的，针对较为高发的案件，应当吸收长期的、稳定的专业主体。当然，笔者认为多元化并非面面俱到，每个罪名都要考虑到，对那些低发却又相对专业的案件，可以实行库内及库外人员联动的方式进行，即当具体案件发生时，可以让库内的人员与临时聘请的库外人员实现联动的方式对企业进行评估、监督，这样既能保障合规的效果，又能提升诉讼的效率。

其次，除人员的构成外，对第三方库内的人员应当及时地进行培训，因为组建之初各主体都缺乏合规的经验，除在各自的领域具备相对专业的知识外，在合规领域的知识与经验都是相对空缺的，而合规是一个综合性的概念，是法律与其他领域的融合推进，所以必须通过专业的训练，形成合规的思维，提升合规的专业知识，形成较高的监督、评估水平。

第二节　行政合规的探索与分析

一、行政合规的探索与发展

相较于刑事合规制度，行政合规制度在我国的探索及发展应该是更早的。行政合规主要是指，为了实现企业的长远稳定发展，避免行政风险的发生，在行政监管过程中，企业通过建立有效合规管理体系，与政府达成行政和解协议换取宽大行政处罚。

针对前文提到的行政风险及英美法系国家对行政合规的发展，我国也积极地建设了自己的行政合规管理体制，包括在金融、保险、证券、医药等行政监管领域已经建立了强制合规机制。而这些行政合规指引主要是针对专门化的合规指引，即针对特定的领域，具体包括《商业银行合规风险管理指引》《保险公司合规管理办法》《证券公司和证券投资基金管理公司合规管理办法》《医药行业合规管理规范》等。

（一）专门化的合规指引探索

1.《商业银行合规风险管理指引》

早在2006年10月，我国便出台了《商业银行合规风险管理指引》，其主要目的是加强商业银行合规风险管理，维护商业银行安全稳健运行，避免在运营的过程中可能遭受的法律制裁、监管处罚、重大财务损失和声誉损失的风险而施行。其适用的对象主要包括在我国境内设立的中资商业银行、外资独资银行、中外合资银行和外国银行分行，以及在我国境内设立的政策性银行、金融资产管理公司、城市信用合作社、农村信用合作社、信托投资公司、企业集团财务公司、金融租赁公司、汽车金融公司、货币经纪公司、邮政储蓄机构以及经原银监会批准设立的其他金融机构。

其中第8条规定:"商业银行应建立与其经营范围、组织结构和业务规模相适应的合规风险管理体系。合规风险管理体系应包括以下基本要素:(一)合规政策;(二)合规管理部门的组织结构和资源;(三)合规风险管理计划;(四)合规风险识别和管理流程;(五)合规培训与教育制度。"就组织结构而言,其划分了单位内部不同主体需要承担的不同职责:首先,董事会和高级管理层应确定合规的基调,确立全员主动合规、合规创造价值等合规理念,具体而言,董事会要审批合规政策并监督其实施,并及时审议合规风险管理报告;其次,在董事会下设风险管理委员会、审计委员会或专门设立的合规管理委员会,直接与合规负责人对接;同时,合规负责人应全面协调商业银行合规风险的识别和管理,监督合规管理部门根据合规风险管理计划履行职责,定期向高级管理层提交合规风险评估报告,且可以强调合规负责人不得分管业务条线。而就合规风险识别和管理流程而言,商业银行发现重大违规事件应按照重大事项报告制度的规定向中国原银监会报告。

2.《保险公司合规管理办法》

2008年1月《保险公司合规管理指引》开始施行,2017年7月中国原保监会发布《保险公司合规管理办法》,而后2008年发布的《保险公司合规管理指引》被废止。

其强调合规管理是保险公司通过建立合规治理机制,制定和执行合规政策,开展合规审核、合规检查、合规风险监测、合规考核及合规培训等措施,预防、识别、评估、报告和应对合规风险的行为。在新修订的规则中其增加了三道防线的概念:第一道防线主要指保险公司各部门和业务单位履行合规管理的第一道防线职责,对其职责范围内的合规管理负有直接和第一位的责任。其负责人应当勤勉尽职做好合规管理,兼职合规人员协助负责人进行合规管理。第二道防线主要指保险公司合规管理部门履行合规管理的第二道防线职责。合规管理部门应当按照规定的职责,向公司各部门、业务单位的业务活动提供合规支持,组织、协调、监督各部门和业务单位开展合规管理各项工作。第三道防线主要指保险公司内部审计部门履行合规管理的第三道防线职责,对公司合规管理情况进行定期的独立审计。三道防线应当各司其职,协调配合,有效参与合规管理,形成合规管理的合力。其中还专门提到了合规的风险评估即报告：就评估角度而言，具体的风险类型涉及：(1)保险业务行为；(2)保险资金运用行为；(3)保险机构管理行为；(4)其他可能引发合规风险的行为。就风险的报告角度而言，保险公司应当明确合规风险报告的路线，包括保险公司保险销售从业人员、公司其他部门及其工作人员、兼职合规人员向合规管理部门、合规岗位的报告路线，各级合规管理部门或者合规岗位上报的路线，公司合规管理部门、合规岗位和合规负责人向总经理、董事会授权的专业委员会、董事会的报告路线。就考核的角度而言，其将合规管理作为公司年度考核的重要指标，对各级机构及其人员的合规职责履行情况进行考核和评价，并追究违法违规事件责任人员的责任。保险公司各级机构、部门及其人员年度考核指标中的合规权重不低于10%。

3.《证券公司和证券投资基金管理公司合规管理办法》

2004年9月16日中国证券监督管理委员会令第22号公布了《证券投资基金管理公司管理办法》(已失效)，2012年9月20日中国证券监督管理委员会修改后颁布了《证券投资基金管理公司管理办法》(已失效)。

首先，其强调了证券机构需要遵守以下基本要求：(1)对于企业基本情况的把控：充分了解客户的基本信息、财务状况、投资经验、投资目标、风险偏好、诚信记录等信息并及时更新。(2)与客户关系的处理：①合理划分客户类别和产品、服务风险等级，确保将适当的产品、服务提供给适合的客户，不得欺诈客户；②持续督促客户规范证券发行行为，动态监控客户交易活动，及时报告、依法处置重大异常行为，不得为客户违规从事证券发行、交易活动提供便利；③严格规范工作人员执业行为，督促工作人员勤勉尽责，防范其利用职务便利从事违法违规、超越权限或者其他损害客户合法权益的行为；④及时识别、妥善处理公司与客户之间、不同客户之间、公司不同业务之间的利益冲突，切实维护客户利益，公平对待客户。(3)严格监管信息的安全性：有效管理内幕信息和未公开信息，防范公司及其工作人员利用该信息买卖证券、建议他人买卖证券，或者泄露该信息。(4)及时评估风险：审慎评估公司经营管理行为对证券市场的影响，采取有效措施，防止扰乱市场秩序。(5)及时披露风险：依法履行关联交易审议程序和信息披露义务，保证关联交易的公允性，防止不正当关联交易和利益输送。

其次，其对不同的主体职责作出了较为详细的划分：(1)就董事会而言其主要承担以下职责：①审议批准合规管理的基本制度和年度合规报告；②对合规的主要负责人员进行任免及日常沟通;③评估合规管理之有效性,督促解决合规管理中存在的问题。(2)就监事会而言其主要承担以下职责:①对合规管理履职情况进行监督;②对存在重大合规风险的董事等高管提出罢免建议。(3)设立专门的合规负责人,直接对董事会负责,且其不得兼任与合规管理职责相冲突的职务,不得负责管理与合规管理职责相冲突的部门。其具体承担以下职责:①对企业内部(包括分支机构)进行合规审查,出具合规审查意见书;②发现违法违规行为及时报告,提出处理意见,并督促整改;③应当及时处理中国证监会及其派出机构和自律组织要求调查的事项,配合中国证监会及其派出机构和自律组织对证券基金经营机构进行检查和调查,跟踪和评估监管意见和监管要求的落实情况。

值得注意的是,选任合规负责人的要求较高,首先,要符合以下条件:从事证券、基金工作 10 年以上,并且通过中国证券业协会或中国证券投资基金业协会组织的合规管理人员胜任能力考试;或者从事证券、基金工作 5 年以上,并且通过法律职业资格考试;或者在证券监管机构、证券基金业自律组织任职 5 年以上。其次,应当经中国证监会相关派出机构认可后方可任职;而合规负责人任期届满前,证券基金经营机构解聘的,应当有正当理由,并在有关董事会会议召开 10 个工作日前将解聘理由书面报告中国证监会相关派出机构。同时,合规负责人不能履行职务或缺位时,应当由证券基金经营机构董事长或经营管理主要负责人代行其职务,并自决定之日起 3 个工作日内向中国证监会相关派出机构书面报告,代行职务的时间不得超过 6 个月。

(二)综合性的合规指引探索

除了上述针对专门领域发布的专门性的合规以外,我国也发布了综合性的合规文件。例如,为推动中央企业全面加强合规管理,加快提升依法合规经营管理水平,着力打造法治央企,保障企业持续健康发展,2018 年国资委发布了《中央企业合规管理指引(试行)》,经过 4 年时间的实务摸索,国资委于 2022 年 4 月开始征求意见,最新发布的《中央企业合规管理办法》也将于 2022 年 10 月 1 日起正式施行。《中央企业合规管理办法》的出台,对推动中央企业强化合规,进一步健全合规管理制度、完善合规管理体系具有重大意义。而除了国家层面发布了相关规定以外,就地方层面而言,有的城市根据自己的经济状况也制定了相应的规范,例如,苏州发布的《苏州市企业行政合规指导清单》,较为全面地规定了不同的企业需要进行相对应的合规管理。

1.《中央企业合规管理办法》

《中央企业合规管理办法》第 3 条明确指出：

合规，是指企业经营管理行为和员工履职行为符合国家法律法规、监管规定、行业准则和国际条约、规则以及公司章程、相关规章制度等要求。

合规风险，是指企业及其员工在经营管理过程中因违规行为引发法律责任、造成经济或者声誉损失以及其他负面影响的可能性。

合规管理，是指企业以有效防控合规风险为目的，以提升依法合规经营管理水平为导向，以企业经营管理行为和员工履职行为为对象，开展的包括建立合规制度、完善运行机制、培育合规文化、强化监督问责等有组织、有计划的管理活动。

与《中央企业合规管理指引（试行）》相比，最新出台的《中央企业合规管理办法》中对国企的合规管理体系的四项基本原则进行了更新。

第一项原则为坚持党的领导，要求中央企业充分发挥企业党委（党组）领导作用，落实全面依法治国战略部署有关要求，把党的领导贯穿合规管理全过程。中国特色社会主义制度的最大优势就是中国共产党领导，办好中国的事情，关键在党，做好中央企业的工作，关键在于坚持党的领导，第一项基本原则的修改，进一步加强了央企合规工作的“根”和“魂”。

第二项原则为坚持全面覆盖，所谓全面覆盖，就是将合规要求嵌入经营管理各领域各环节，贯穿决策、执行、监督全过程，落实到各部门、各单位和全体员工，实现多方联动、上下贯通。

第三项原则为坚持权责清晰，中央企业必须按照“管业务必须管合规”要求，明确业务及职能部门、合规管理部门和监督部门职责，严格落实员工合规责任，对违规行为严肃问责。与《中央企业合规管理指引（试行）》中的强化责任原则相比，更加凸显了合规工作的细化，强调了职能部门、合规管理部门和监督部门的职责并重，实现了有管理、有落实、有监督的良性合规。

第四项原则为坚持务实高效，要求建立健全符合企业实际的合规管理体系，突出对重点领域、关键环节和重要人员的管理，充分利用大数据等信息化手段，切实提高管理效能。该项原则将《中央企业合规管理指引（试行）》中的“树立协同联动”与“树立客观独立”相结合，强调了从企业实际出发，联合各方共同建立实务高效的企业合规管理体系，充分体现了企业合规工作并不是一味地“踩刹车”,而是要给企业这趟列车铺上一条能长久、平稳、高效运行的轨道。

在组织和要求上,《中央企业合规管理办法》明确要求,中央企业党委(党组)要发挥把方向、管大局、促落实的领导作用,也是坚持党的领导这一基本原则的重要体现。同时,要求中央企业应当结合实际设立首席合规官,不新增领导岗位和职数,由总法律顾问兼任,对企业主要负责人负责,领导合规管理部门组织开展相关工作,并且要求中央企业职能部门承担合规管理的主体责任,合规管理部门牵头负责本企业合规管理工作并明确了各自主要职责。

在制度建设方面,《中央企业合规管理办法》舍弃了《中央企业合规管理指引(试行)》确立的合规管理重点内容中的七大重点领域、三大重点环节和三方面重点人员的规定,给了中央企业更大的自由,可以根据实际情况去确定自身的高风险合规领域、重点环节和重点人员,更有利于企业合规工作切实有效,防止纸面合规。同时,《中央企业合规管理办法》对反垄断、反商业贿赂、生态环保、安全生产、劳动用工、税务管理、数据保护等重点领域进行提示,也针对涉外业务进行重点把控,要求中央企业对自身重点合规领域制定专项合规管理制度,并且要求中央企业应当根据法律法规、监管政策等变化情况,及时对规章制度进行修订完善,对执行落实情况进行检查。

在运行机制方面,《中央企业合规管理办法》也作出了具体要求,包括以下八大机制的建设:(1)合规风险识别评估预警机制,要求中央企业全面梳理经营管理活动中的合规风险,建立并定期更新合规风险数据库,对风险发生的可能性、影响程度、潜在后果等进行分析,对典型性、普遍性或者可能产生严重后果的风险及时预警。(2)合规审查机制,要求将合规审查作为必经程序嵌入经营管理流程中,重大决策事项的合规审查意见应当由首席合规官签字,对决策事项的合规性提出明确意见。其他业务及职能部门、合规管理部门依据职责权限完善审查标准、流程、重点等,定期对审查情况开展后评估。首席合规官在某种程度上拥有了经营管理事项的决定权,责任更加重大,对该职位的人员要求也更为严格。(3)风险报告机制,若中央企业发生合规风险,相关业务及职能部门应当及时采取应对措施,并按照规定向合规管理部门报告。若是因违规行为引发重大法律纠纷案件、重大行政处罚、刑事案件,或者被国际组织制裁等重大合规风险事件,造成或者可能造成企业重大资产损失或者严重不良影响的,应当由首席合规官牵头,合规管理部门统筹协调,相关部门协同配合,及时采取措施妥善应对,并且应当按照相关规定及时向国资委报告。(4)问题整改机制,中央企业应该通过健全规章制度、优化业务流程等,堵塞管理漏洞,提升依法合规经营管理水平。(5)违规举报机制,中央企业应当设立违规举报平台,公布举报电话、邮箱或者信箱,相关部门按照职责权限受理违规举报,并就举报问题进行调查和处理,对造成资产损失或者严重不良后果的,移交责任追究部门;对涉嫌违纪违法的,按照规定移交纪检监察等相关部门或者机构。中央企业应当对举报人的身份和举报事项严格保密,对举报属实的举报人可以给予适当奖励。任何单位和个人不得以任何形式对举报人进行打击报复。(6)追责问责机制,中央企业要明确合规中的责任范围,细化问责标准,针对问题和线索及时开展调查,按照有关规定严肃追究违规人员责任。同时,中央企业应当在问责机制下建立所属单位经营管理和员工履职违规行为记录制度,将违规行为性质、发生次数、危害程度等作为考核评价、职级评定等工作的重要依据。(7)协同机制,中央企业应当结合实际建立健全合规管理与法务管理、内部控制、风险管理等协同运作机制,加强统筹协调,避免交叉重复,提高管理效能。(8)有效性评价机制,中央企业应当定期开展合规管理体系有效性评价,针对重点业务合规管理情况适时开展专项评价,强化评价结果运用。

《中央企业合规管理办法》对《中央企业合规管理指引(试行)》中的合规管理保障进行了细化,包括合规文化、信息化建设和监督问责三个方面。

在合规文化方面,要求中央企业将合规管理纳入党委(党组)法治专题学习,推动企业领导人员强化合规意识,带头依法依规开展经营管理活动,同时需要建立常态化合规培训机制,制订年度培训计划,将合规管理作为管理人员、重点岗位人员和新入职人员培训必修内容,还要加强合规宣传教育,及时发布合规手册,组织签订合规承诺,强化全员守法诚信、合规经营意识,从而引导全体员工自觉践行合规理念,遵守合规要求,接受合规培训,对自身行为合规性负责,培育具有企业特色的合规文化。

在信息化建设方面,在务实高效基本原则的要求下,中央企业不仅要加强合规管理信息化建设,结合实际将合规制度、典型案例、合规培训、违规行为记录等纳入信息系统,还需要定期梳理业务流程,查找合规风险点,运用信息化手段将合规要求和防控措施嵌入流程,针对关键节点加强合规审查,强化过程管控。在协同层面,中央企业要将合规管理信息系统与财务、投资、采购等其他信息系统的互联互通,实现数据共用共享。同时,在大数据时代背景下,中央企业应当充分利用大数据等技术,加强对重点领域、关键节点的实时动态监测,实现合规风险即时预警、快速处置。

在监督问责方面,《中央企业合规管理办法》明确要求中央企业如若违反本办法规定或是因合规管理不到位引发违规行为的,国资委可以约谈相关企业并责成整改;造成损失或者不良影响的,国资委根据相关规定开展责任追究。同时,中央企业应当对在履职过程中因故意或者重大过失应当发现而未发现违规问题,或者发现违规问题存在失职渎职行为,给企业造成损失或者不良影响的单位和人员开展责任追究。

综上,2018 年出台的《中央企业合规管理指引(试行)》已经较为全面而系统地梳理了央企合规的基本理念及具体规则,而《中央企业合规管理办法》在此基础上,认真听取了各方意见,综合考虑了当下市场发展,在国家发展战略的大框架下,修改了合规基本原则,新增了合规管理工作保障条件的规定,明确要求企业应当在机构、人员、经费、技术等方面为合规管理工作提供必要条件,保障相关工作有序开展,更为务实。2022 年 9 月 13 日,国资委召开中央企业合规管理工作推进会,国资委党委委员、副主任翁杰明出席会议并做了重要讲话,要求中央企业要深入贯彻落实《中央企业合规管理办法》,着力抓好"五个关键"(关键人物:首席合规官;关键环节:合规审查;关键领域:重点业务领域;关键举措:风险排查;关键任务:强化子企业合规),确保"五个到位"(管理职责到位、流程管控到位、风险防范到位、问题整改到位、要求落实到位)。《中央企业合规管理办法》的出台也同时体现出国资委对央企合规管理的要求已经从指引和建议逐步提高为具有法律强制力的部门规章,是我国企业合规之路上具有重大意义的拐点。

2.《苏州市企业行政合规指导清单》

考虑到不同行业、不同规模、不同性质的企业,行政违法风险点差异较大,苏州市聚焦企业受到行政处罚的"高频"违法行为,根据违法行为出现频率、处罚程度,设定相应风险等级,最终出具了一份特殊的清单事项。该清单由 34 个市级行政执法部门和 10 个县(市、区)一线执法部门根据实际处罚案件、执法经验编制,在表述方式上突出行政指导的实操性,每个合规事项均详细阐述了常见违法行为表现、法律依据及违法责任、风险等级、合规建议、指导部门等内容,清单共计 2974 条。此次发布企业行政合规指导清单主要立足帮助企业解决"怎样是违法、违了什么法、怎么不违法”等问题。方便企业快速、简明、准确地了解和排查行政处罚风险点，熟悉与企业生产经营活动密切相关的法律法规规定，该清单从帮助企业预防行政处罚的角度出发，强化企业合规意识。

例如，对民办教育行业，苏州市教育局指定了以下行政合规指导清单（见表3－1）。

表3－1 苏州民办教育行业行政合规指导清单

行政合规事项	常见违法行为表现	法律依据及违法责任	风险等级	合规建议	指导部门
营利性民办学校决策机构应依照章程依法进行管理，加强学校财务、资产管理，依法维护受教育者权益	1. 理事会、董事会或者其他形式的决策机构怠于履行职责，未依法决策。 2. 财务、资产管理不规范。 3. 侵犯受教育者合法权益	【行政法规】《民办教育促进法实施条例》（国务院令第741号） 第28条第1款 民办学校校长依法独立行使教育教学和行政管理职权。 第63条 民办学校有下列情形之一的，依照民办教育促进法第六十二条规定给予处罚：……（十）未依法履行公示办学条件和教育质量有关材料、财务状况等信息披露义务，或者公示的材料不真实的； （十一）未按照国家统一的会计制度进行会计核算、编制财务会计报告，财务、资产管理混乱，或者违反法律、法规增加收费项目、提高收费标准的； 法律、行政法规对前款规定情形的处罚另有规定的，从其规定	★★	1. 理事会、董事会或者其他形式的决策机构依照章程依法履职。 2. 民办学校校长依法独立行使教育教学和行政管理权。 3. 民办学校应当依照《会计法》和国家统一的会计制度进行会计核算、编制财务会计报告。 4. 民办学校应当建立办学成本核算制度，合理确定收费项目和标准。 5. 学校收入应当全部纳入学校开设的银行结算账户，办学结余分配应当在年度财务结算后进行	各级教育、发改、市场监管等部门，以及行使相对集中行政执法权的综合执法部门、镇（街道）

续表

行政合规事项	常见违法行为表现	法律依据及违法责任	风险等级	合规建议	指导部门
营利性民办学校应在审批机关核定的办学规模、层次、区域招生。民办学校要定期向社会公开办学条件、教育质量等有关信息	1. 违反国家有关规定,超额、超范围招生。 2. 过分夸大学校办学质量、办学实绩,发布虚假招生广告	【法律】《民办教育促进法》 第62条　民办学校有下列行为之一的,由县级以上人民政府教育行政部门、人力资源社会保障行政部门或者其他有关部门责令限期改正,并予以警告;有违法所得的,退还所收费用后没收违法所得;情节严重的,责令停止招生、吊销办学许可证;构成犯罪的,依法追究刑事责任:……(二)擅自改变民办学校名称、层次、类别和举办者的;(三)发布虚假招生简章或者广告,骗取钱财的…… 【法律】《教育法》 第76条　学校或者其他教育机构违反国家有关规定招收学生的,由教育行政部门或者其他有关行政部门责令退回招收的学生,退还所收费用;对学校、其他教育机构给予警告,可以处违法所得五倍以下罚款;情节严重的,责令停止相关招生资格一年以上三年以下,直至撤销招生资格、吊销办学许可证;对直接负责的主管人员和其他直接责任人员,依法给予处分;构成犯罪的,依法追究刑事责任	★★★	1. 按照国家法律法规规章和当地招生政策要求开展办学招生工作。 2. 招生过程应当公平、公正、公开。 3. 学校的招生简章和广告应当报审批机关备案。 4. 学校定期向社会公开办学条件、教育质量等有关信息	各级教育行政部门(审批局或其他经赋权行使审批职能的部门),以及行使相对集中行政执法权的综合执法部门、镇(街道)

续表

行政合规事项	常见违法行为表现	法律依据及违法责任	风险等级	合规建议	指导部门
营利性民办幼儿园需取得办园许可并到市场监管部门登记后方可招生，教育内容和方法要符合幼儿教育规律，有利于幼儿身心健康	1. 未经许可、登记擅自招收幼儿。 2. 幼儿园课程、教育教学内容和方法违背幼儿身心发展规律和幼儿教育规律、损害幼儿身心健康	【规章】《幼儿园管理条例》(国家教育委员会令第4号) 第27条　违反本条例，具有下列情形之一的幼儿园，由教育行政部门视情节轻重，给予限期整顿、停止招生、停止办园的行政处罚：(一)未经登记注册，擅自招收幼儿的；(二)园舍、设施不符合国家卫生标准、安全标准，妨害幼儿身体健康或者威胁幼儿生命安全的；(三)教育内容和方法违背幼儿教育规律，损害幼儿身心健康的。 【地方性法规】《江苏省学前教育条例》 第50条　有关单位和个人未经批准擅自设立幼儿园的，由县级以上地方人民政府教育行政部门会同有关部门依法取缔；有违法所得的，没收违法所得；对直接负责的主管人员和其他直接责任人员，依法给予处分	★★★	1. 到市场监管部门登记，并取得相应的办园许可证。 2. 使用的幼儿园课程、教育教学内容和方法应符合幼儿身心发展规律和幼儿教育规律	各级教育行政部门、市场监管部门、发改委，以及行使相对集中行政执法权的综合执法部门、镇(街道)

例如，针对政府采购活动中的供应商和采购代理机构，苏州市财政局制定的企业行政合规指导清单(见表3-2)。

表3－2　苏州政府采购活动企业行政合规指导清单

序号	行政合规事项	常见违法行为表现	法律依据及违法责任	风险等级	合规建议	指导部门
1	供应商按采购文件要求提供投标文件，并保证所提供的全部资料的真实性	提供虚假材料谋取中标、成交	【法律】《政府采购法》第77条第1款第1项 提供虚假材料谋取中标、成交的，处以采购金额千分之五以上千分之十以下的罚款，并列入不良行为记录名单，在一至三年内禁止参加政府采购活动，有违法所得的，并处没收违法所得，情节严重的，由工商行政管理机关吊销营业执照。构成犯罪的，依法追究刑事责任	★★★	供应商参与政府采购活动时，对提交的相关材料应当严格把关，确保所提供材料的真实性	苏州市财政局
2	供应商本着诚实信用、公平竞争原则参与政府采购竞争	恶意串通	【法律】《政府采购法》第77条第1款第3项 与采购人、其他供应商或者采购代理机构恶意串通的，处以采购金额千分之五以上千分之十以下的罚款，并列入不良行为记录名单，在一至三年内禁止参加政府采购活动，有违法所得的，并处没收违法所得，情节严重的，由工商行政管理机关吊销营业执照。构成犯罪的，依法追究刑事责任	★★★	供应商应当本着诚实信用、公平竞争原则参与政府采购竞争，防止出现《政府采购法实施条例》第74条有关情形	苏州市财政局

续表

序号	行政合规事项	常见违法行为表现	法律依据及违法责任	风险等级	合规建议	指导部门
3	中标或者成交后按照采购文件确定的事项签订政府采购合同	中标或者成交后无正当理由拒不与采购人签订政府采购合同	【法律】《政府采购法实施条例》 第72条第1款第2项 中标或者成交后无正当理由拒不与采购人签订政府采购合同，处以采购金额千分之五以上千分之十以下的罚款，并列入不良行为记录名单，在一至三年内禁止参加政府采购活动，有违法所得的，并处没收违法所得，情节严重的，由工商行政管理机关吊销营业执照。构成犯罪的，依法追究刑事责任	★★★	供应商在参与政府采购活动时，应当充分研究采购文件各项条款，评估参与成本和相关商业风险。中标或者成交后按照采购文件确定的事项签订政府采购合同	苏州市财政局

二、实务案例探索

2019年4月23日，中国证监会依法与高盛（亚洲）有限责任公司（以下简称高盛亚洲）、北京高华证券有限责任公司（以下简称高华证券）以及高盛亚洲和高华证券的相关工作人员等9名行政和解申请人（以下简称申请人）达成行政和解协议。这一案件的和解，在行政合规领域具有里程碑式的意义，很多学者也将其称为我国行政和解第一案。

具体而言，中国证监会调查，2013年10月8日至2015年7月3日，高盛亚洲自营交易员通过在高华证券开立的高盛经纪业务账户进行交易，同时向高华证券自营交易员提供业务指导。双方于2015年5月至7月的4个交易日的部分交易时段，从事了其他相关股票及股指期货合约交易。后高盛亚洲、高华证券以及高盛亚洲和高华证券的相关工作人员等9名主体作为申请人主动向中国证监会申请和解。而中国证监会认为行政和解制度是适应资本市场快速发展需要，能够切实化解有限行政资源与行政效率之间的矛盾，可以保护投资者合法权益的重要制度安排。后此案达成了行政和解，鉴于申请人已履行行政和解协议规定的义务,交纳行政和解金人民币1.5亿元,并采取必要措施加强相关公司的内控管理,中国证监会依照规定终止对申请人有关行为的调查、审理程序。

2015年中国证监会出台了《行政和解试点实施办法》(已失效),规定案件符合下列情形的,可以适用行政和解程序:(1)中国证监会已经正式立案,且经过了必要调查程序,但案件事实或者法律关系尚难完全明确;(2)采取行政和解方式执法有利于实现监管目的,减少争议,稳定和明确市场预期,恢复市场秩序,保护投资者合法权益;(3)行政相对人愿意采取有效措施补偿因其涉嫌违法行为受到损失的投资者;(4)以行政和解方式结案不违反法律、行政法规的禁止性规定,不损害社会公共利益和他人合法权益。中国证监会派出机构负责查处的案件,试点期间不适用行政和解程序。而以下案件则不得适用行政和解:(1)行政相对人违法行为的事实清楚,证据充分,法律适用明确,依法应当给予行政处罚的;(2)行政相对人涉嫌犯罪,依法应当移送司法机关处理的;(3)中国证监会基于审慎监管原则认定不适宜行政和解的。关于行政和解协议的内容,具体而言,应当包括以下内容:(1)行政和解的事由;(2)行政相对人交纳行政和解金的数额、方式;(3)行政相对人对涉嫌违法行为进行整改以及消除、减轻涉嫌违法行为所造成危害后果的其他具体措施;(4)行政相对人履行行政和解协议的期限;(5)需要载明的其他事项。

三、行政合规领域存在的困境

(一)缺乏带有普适性的合规规范

从目前公布的合规规范来看,要么是针对特定的经营领域如保险、银行、证券等,要么是针对特定类型的企业而出台的法律规范,就上位法而言,缺乏一部带有普适性的、可操作性较强的上位法作支撑,导致试点工作很多时候于法无据,较难推行。

(二)目前的和解与合规的关联性较弱

从目前已经达成行政和解的案件来看,更多考量的是在立案调查后,被调查主体的主观态度及赔偿情况,并没有把合规作为直接的考量对象,未要求企业必须制定合规方案并积极的实施,也无对应的考察期与专门的考察主体。从一定程度上来说,考量当下的弥补性更多,而较少考量再犯的可能性及企业的长期发展。

第三节 国际合规的探索与分析

一、国际合规之法律规范的探索与分析

根据上文中的风险分析可知,我国较多企业在海外经营中被东道主国家及国际组织制裁,有的不符合上市经营要求被强制退市,有的被列入世界银行的“黑名单”,有的被处以巨额罚款。因而为了应对国际风险,我国也制定了自己的法律法规。

在 2018 年发布的《中央企业合规管理指引(试行)》第 16 条中就强调了国际合规的部分内容:“强化海外投资经营行为的合规管理:(一)深入研究投资所在国法律法规及相关国际规则,全面掌握禁止性规定,明确海外投资经营行为的红线、底线。(二)健全海外合规经营的制度、体系、流程,重视开展项目的合规论证和尽职调查,依法加强对境外机构的管控,规范经营管理行为。(三)定期排查梳理海外投资经营业务的风险状况,重点关注重大决策、重大合同、大额资金管控和境外子企业公司治理等方面存在的合规风险,妥善处理、及时报告,防止扩大蔓延。”

同年,国家发展和改革委员会同外交部、商务部、中国人民银行、国资委、外汇局、全国工商联制定发布了《企业境外经营合规管理指引》,确立了我国企业境外合规管理制度的基本架构。该法专门针对“适用于开展对外贸易、境外投资、对外承包工程等‘走出去’相关业务的中国境内企业及其境外子公司、分公司、代表机构等境外分支机构”。其对四个不同的方向提出了具体的合规要求:(1)从对外贸易层面提出了以下合规要求——企业开展对外货物和服务贸易,应确保经营活动全流程、全方位合规,全面掌握关于贸易管制、质量安全与技术标准、知识产权保护等方面的具体要求,关注业务所涉国家(地区)开展的贸易救济调查,包括反倾销、反补贴、保障措施调查等;(2)从境外投资层面提出了以下合规要求——企业开展境外投资,应确保经营活动全流程、全方位合规,全面掌握关于市场准入、贸易管制、国家安全审查、行业监管、外汇管理、反垄断、反洗

钱、反恐怖融资等方面的具体要求;(3)从对外承包工程层面提出的合规要求——企业开展对外承包工程,应确保经营活动全流程、全方位合规,全面掌握关于投标管理、合同管理、项目履约、劳工权利保护、环境保护、连带风险管理、债务管理、捐赠与赞助、反腐败、反贿赂等方面的具体要求;(4)从境外日常经营层面提出了合规要求——企业开展境外日常经营,应确保经营活动全流程、全方位合规,全面掌握关于劳工权利保护、环境保护、数据和隐私保护、知识产权保护、反腐败、反贿赂、反垄断、反洗钱、反恐怖融资、贸易管制、财务税收等方面的具体要求。

《企业境外经营合规管理指引》也明确了设立合规的专业管理机构,一般由合规委员会、合规负责人和合规管理部门组成。合规管理委员会主要负责战略层面的实务;合规负责人在有的单位也称为首席合规官,其属于企业合规管理工作具体实施的负责人和日常监督者;合规管理部门负责具体合规实务的落实与推行。

就具体合规风险的角度而言,《企业境外经营合规管理指引》确定了三部曲即识别—评估—处置。从日常的运行角度其提出了审计—改进的两步走思路。同时《企业境外经营合规管理指引》还强调合规文化本身的建设,其强调企业应将合规作为企业经营理念和社会责任的重要内容,并将合规文化传递至利益相关方,这样企业可以树立积极正面的合规形象,促进行业合规文化发展,同时营造和谐健康的境外经营环境。

在出口管制合规方面,商务部于2021年发布了《关于两用物项出口经营者建立出口管制内部合规机制的指导意见》,确立了出口管制合规的基本原则和出口管制内部合规机制的基本要素。在上述意见的指导下,商务部还发布了《两用物项出口管制内部合规指南》,确立了“良好的出口管制内部合规制度”的九个要素,包括“拟定政策声明”“建立组织机构”“全面风险评估”“确立审查程序”“制定应急措施”“开展教育培训”“完善合规审计”“保留档案资料”“编制管理手册”,并围绕着这九个基本要素,为出口经营者建立健全出口管制合规制度提供了一般性指引。[①]

---

① 参见合规与政府监管组:《正面激励引导企业合规:详解商务部出口管制合规指南》,载微信公众号“方达律师事务所”,2021年4月30日。

二、国际合规面临的困境及对策

即使我国已经在探索建设一套适合我国企业“走出去”的合规体系，但是国际经济的发展中，中国企业因行为违规而被制裁的情况较多，不仅影响了中国企业在国际上的声誉，很大程度上也影响了中国政府的国际形象。究其原因，主要存在以下几个要素。

（一）对国际法律法规缺乏深入的了解

综观目前理论界及实务界，除了一些非常重要的、具有典型意义的法律法规已经有学者进行了翻译，例如，世界银行的《世界银行诚信合规指南》、美国的《联邦量刑指南》等，但是从宏观层面目前并没有关于国际合规的法律规范及风险梳理的专业书籍及文章，导致企业走出国门的时候，对自己会面临哪些国际风险是不确定的，也就出现“摸着石头过河”的现象，只能等到碰壁被处罚时才吸取教训，开始进行内部合规。然而这种代价是非常惨痛的，也是可以避免的。

所以，笔者建议从国家层面应当鼓励专家学者加大对国际合规风险及对策的研究。既要整合东道国的情况，如美国的合规风险主要存在哪些方面，应当如何事先规避，无法实现规避时应当如何最大限度减少企业的损失；如英国通常会面临哪些合规风险，应如何规避等，又要整合国际组织的合规状况，具体到哪些主体会依据哪些法律作出哪些制裁，而这些制裁如何可以提前规避，或事后弥补。只有如此企业“走出去”的时候才能找到参照，才能使中国企业更好地加强国际合作，获得更大的合作空间，使我国的经济得到更好的发展。

例如，2021 年 12 月 22 日发生的“英特尔事件”，网友在英特尔官方网站发现，在该公司向其供应商写的一封信中有这样一段表述“我们的投资者和客户已询问英特尔是否从中国新疆地区采购产品或服务。多个国家与地区的政府已对来自新疆地区的产品实行限制。因此，英特尔需要确保我们的供应链不使用任何来自新疆地区的劳工、采购产品或服务”。在该事件发酵后，英特尔在 12 月 23 日 11 时 38 分发表了公开声明：“信中关于新疆的段落只是出于表述合规合法的初衷，并非他意或者表达立场。”此次事件是合规事件比较错误的展示，只不过东道国变成了中国而已。从“合规”二字中的“规”来看，现在许多在华经营的跨国公司都存在问题。就他们而言，更为重视的“规”在于国际标准、普遍认知的商业道德准则、国际法律法规或是特定国家的法律法规，一直忽视了一个非常重要的部分，就是相关国家和地区的"公序良俗"，与其他规范比起来，公序良俗更像是一个软性的规定，但是这往往是决定企业在该地区业务成败的关键。

虽然英特尔此举可能在国际通行或者资本世界通行的合规评价下是合格的合规管理规定，但是它忽视了中国的公序良俗、伤害了中国人民的感情，会对其在华经营造成很大的影响。这个案例也警醒我们，将合规本土化是一件非常重要的问题，只有充分地研究东道国的法律法规、惯例习俗，才能充分地保障企业走的长远。

（二）缺乏专业的国际合规团队

目前国内的合规团队正在组建的过程中，并未发展至较为成熟的状态。而对于国际的合规团队目前还处于萌芽状态，究其原因不难发现，国际合规对合规主体提出了非常高的要求与挑战。首先，其需要跨越语言的障碍。其次，其需要在特定的领域具备专业化的知识储备，例如，金融、会计、法律、审计等，而这些专业知识与国内是存在较大差距的，不同东道国之间的规则也不同，所以要求合规团队既能实现精细化又能实现专业化。最后，要求国际合规组织要能"走出去"，走到国际舞台上，走至国外的行政机关、司法机关、国际组织前参与具体案件的沟通、谈判，实现企业的利益最大化。

笔者认为从国家层面可以加大宣传的力度，提升大众国际合规的意识，并可以在高校开设相应的专业，培养高质量的合规人才。同时，可以聘请具体领域的专家学者组织定期的专业培训，提升国际合规主体的知识及技能，打造高水平的国际合规团队。

（三）企业主观认知不足

综观目前在国际社会上合规做得比较好的企业，基本上都是曾经因为违法违规而遭受过处罚的企业，如中兴集团、湖南建工等。而大部分企业目前还没有形成专业的合规思维，甚至很多企业认为，合规只会加重企业的负担，拖慢企业发展的脚步，因而要么拒绝合规管理，要么把企业的法务与合规混为一谈，流于形式。当具体的东道国实施经济行为时，当出现违规行为已经被当地有关机关约谈，甚至是立案调查时，这些企业通常想到的不是及时披露问题、应对风险，而是采取隐瞒措施，掩盖问题，企图蒙混过关，因此企业本身往往会承担更为严重的后果。

对此,笔者建议我们应该加大宣传的力度,通过特定领域典型案例的讲解宣传进行国际合规的必要性,例如,通过中兴集团的案例讲国际反腐败的知识点,使企业首先认识到贿赂等行为的危险性,其次明白应该如何规避,并制定自己的反腐败合规方案,这种从上到下、从小到大的方式更能适应企业对于国际合规的接受程度。

第二编

实证案例与制度设计

第一章　高频罪名刑事合规分析

第一节　非法吸收公众存款罪、集资诈骗罪

一、典型案例

潘有某、潘元某非法吸收公众存款案①

案件情况

潘有某和潘元某是浙江兰溪本地人,2004 年 7 月,两人各出资 25 万元合伙注册了一家纺织有限公司,专做白坯布纺织加工,厂址就在老家村子,用注册资金买了 24 台织布机后,利用之前的老关系借来棉纱材料,厂子勉强开工了。两人想着公司厂房土地证办好后,以公司名义向银行贷款,可以解决工厂的流动资金问题,不料事情并没有想象得那样顺利,而以个人名义向银行贷的小额贷款也是杯水车薪,不得已,两人决定以公司名义向各自的亲戚、朋友借款,出具盖有公司印章的借条。这个救急措施让企业动了起来,按时给付的利息也赢得了亲戚、朋友的信任。随着公司扩大经营规模,资金需求随之增加,附近村民纷纷赶来要求投资。2018 年,受行业大环境影响,加上被骗了价值 180 万元的货物,公司经营陷入困境。

由于两个合伙人意见出现分歧,村民担心投资款没有着落便报了警。经过内部分割,退出企业的潘元某拿出 200 多万元现金,与继续办厂的潘有某一起承担起了村民们的投资清算工作,其中的 407 万元,有 55 户村民约定按 60% 的比

① 参见浙江省兰溪市人民检察院:《企业负责人涉嫌犯罪,村民为何依然信任》,载《检察日报》2021年6月1日,第6版。

例发放现金退掉债权债务关系，其余的650万元，102户村民同意由继续办厂的潘有某负责分6年归还本金。2020年5月15日，达成协议并取得债权人的一致谅解后，获知公安机关已对此立案的潘有某来到兰溪市公安局经侦大队，就公司非法吸收公众存款一事投案自首。

检察机关履职情况

2020年9月，案件移送至兰溪市人民检察院审查起诉，经调查，确认涉案公司向43人非法吸收资金共计384.07万元，除已归还的本金外，造成实际损失101.63万元。但是与其他非法吸收公众存款罪中的受害人不同的情况出现了，本案中的全部债务人均表示愿意给涉案公司一次机会，出具了书面谅解书，并纷纷表示希望企业重整旗鼓。

检察院了解情况后，办案人员于2021年3月30日到涉案企业所在地，走访了部分被害人和街道相关工作人员，经过交谈办案人员了解到，该企业事发之前一贯表现良好，老板做事也踏实，为当地经济发展作出过一定贡献，其通过民间融资的方式确实具有客观原因，实际上，大部分投资人都获得了回报，这次事件造成的实际损失并不大。

同时，办案人员还了解到，涉案企业目前运转及新产品研发情况良好，涉案人员潘有某也表达了自愿认罪认罚的意愿。综合考虑案情后，检察机关制作了检察意见书，向企业送达了规范公司财务制度、重视技术与数字化运营等5条整改意见，提出了相对不起诉的检察意见。

2021年4月26日，检察机关专门对完成整改后的企业及其负责人拟作相对不起诉召开公开听证会。

二、合规建议

本案中，兰溪市人民检察院通过走访、调查等多种手段，具体结合所了解到的企业存在的如财务制度缺失、财务管理混乱等问题，通过帮助建立健全财务管理制度，完善企业管理规章制度等合规措施，兼顾了被害人权益与企业发展，让案件法律效果与社会效果并存。

实务中，非法吸收公众存款罪是目前企业家犯罪第一高频的罪名，同时目前企业为解决资金周转问题，各类融资方式层出不穷，在当前的司法案例中，很多企业家因为法律意识淡薄,没有正确区分普通民间借贷和非法吸收公众存款这两个行为的区别和界限,一不小心跨入雷池而被追究刑事责任,并且这部分企业家的本愿其实是为了企业的存活,并没有犯罪的故意,一旦被追究刑事责任,无论是其个人还是企业都会面临巨大的打击。

随着合规思维的开展和深入,各地试点检察院已经着手研究如何将“刑事处罚”与“合规整改”并重,但是由于非法吸收公众存款罪甚至是集资诈骗罪一般具有涉案金额高、债务人(受害人)多、社会影响范围大等特点,并且目前检察机关作出不起诉决定的依据仍然在现行法律的框架下,并没有创新性地作出“合规不起诉”的决定,所以企业家或者企业一旦涉嫌非法吸收公众存款或者集资诈骗的犯罪行为,最终被作出不起诉决定的情况比较罕见。本案中兰溪市人民检察院最终作出不起诉决定的主要依据在于该案的涉案金额少,且该案中的全部债务人均表示愿意给涉案公司一次机会,出具了书面谅解书,同时涉案企业家也表达了认罪认罚、愿意配合整改的态度,如果说不起诉的决定是给企业一次重整旗鼓的机会,合规就是落实重整旗鼓的第一步。

我们发现,企业涉嫌非法吸收公众存款罪和集资诈骗罪时,想通过事后的合规整改来获得检察院的不起诉决定存在不可控性,所以企业应当将该类罪名的合规工作向前移,制订专项合规计划,用预防来代替整改,用未然来杜绝已然。

首先,作为企业的领导者,在解决企业融资问题上,应当在充分了解各种融资方式和手段的基础上,严格按照法律法规的相关规定,选择适合公司经营的融资方式,从源头降低违法犯罪风险。特别是一些经常有融资需求的企业,建议专门针对该类罪名进行系统的专项合规建设,通过定期组织企业员工参加相关合规问题的法律培训,并做好员工的合规风险提示,通过合规手册严格限定员工涉及合规事项的行为,合法合规开展融资业务。

另外,当企业有对外进行投资需求时,也应当遵守专项合规的规则依法依规开展,必要时可以委托律师事务所、会计师事务所等专业机构,充分调查被投资方的企业背景,通过合规调查有效地识别被投资方企业的融资行为是否有违法的可能,确保投资工作顺利开展,最大限度地降低投资风险。

三、主要法律、法规、规章以及非规范性法律文件梳理

正如前述合规建议中的观点,既然要将非法吸收公众存款罪与集资诈骗罪

的合规工作前移，就需要充分了解该些罪名在现行法律、法规、规章中的规定，也需要参考非规范性法律文件中的相关指导。以下是笔者检索和筛选出的重点条文，仅供参考。

1.《中华人民共和国刑法》	
第一百七十六条	非法吸收公众存款罪： 非法吸收公众存款或者变相吸收公众存款，扰乱金融秩序的，处三年以下有期徒刑或者拘役，并处或者单处罚金；数额巨大或者有其他严重情节的，处三年以上十年以下有期徒刑，并处罚金；数额特别巨大或者有其他特别严重情节的，处十年以上有期徒刑，并处罚金。 单位犯前款罪的，对单位判处罚金，并对其直接负责的主管人员和其他直接责任人员，依照前款的规定处罚。 有前两款行为，在提起公诉前积极退赃退赔，减少损害结果发生的，可以从轻或者减轻处罚。
第一百九十二条	集资诈骗罪： 以非法占有为目的，使用诈骗方法非法集资，数额较大的，处三年以上七年以下有期徒刑，并处罚金；数额巨大或者有其他严重情节的，处七年以上有期徒刑或者无期徒刑，并处罚金或者没收财产。 单位犯前款罪的，对单位判处罚金，并对其直接负责的主管人员和其他直接责任人员，依照前款的规定处罚。
2.《最高人民法院关于审理非法集资刑事案件具体应用法律若干问题的解释》（法释〔2022〕5号）	
为依法惩治非法吸收公众存款、集资诈骗等非法集资犯罪活动，根据《中华人民共和国刑法》的规定，现就审理此类刑事案件具体应用法律的若干问题解释如下：	
第一条	违反国家金融管理法律规定，向社会公众（包括单位和个人）吸收资金的行为，同时具备下列四个条件的，除刑法另有规定的以外，应当认定为刑法第一百七十六条规定的“非法吸收公众存款或者变相吸收公众存款”： （一）未经有关部门依法许可或者借用合法经营的形式吸收资金； （二）通过网络、媒体、推介会、传单、手机信息等途径向社会公开宣传； （三）承诺在一定期限内以货币、实物、股权等方式还本付息或者给付回报； （四）向社会公众即社会不特定对象吸收资金。 未向社会公开宣传，在亲友或者单位内部针对特定对象吸收资金的，不属于非法吸收或者变相吸收公众存款。

续表

第二条	实施下列行为之一,符合本解释第一条第一款规定的条件的,应当依照刑法第一百七十六条的规定,以非法吸收公众存款罪定罪处罚: (一)不具有房产销售的真实内容或者不以房产销售为主要目的,以返本销售、售后包租、约定回购、销售房产份额等方式非法吸收资金的; (二)以转让林权并代为管护等方式非法吸收资金的; (三)以代种植(养殖)、租种植(养殖)、联合种植(养殖)等方式非法吸收资金的; (四)不具有销售商品、提供服务的真实内容或者不以销售商品、提供服务为主要目的,以商品回购、寄存代售等方式非法吸收资金的; (五)不具有发行股票、债券的真实内容,以虚假转让股权、发售虚构债券等方式非法吸收资金的; (六)不具有募集基金的真实内容,以假借境外基金、发售虚构基金等方式非法吸收资金的; (七)不具有销售保险的真实内容,以假冒保险公司、伪造保险单据等方式非法吸收资金的; (八)以网络借贷、投资入股、虚拟币交易等方式非法吸收资金的; (九)以委托理财、融资租赁等方式非法吸收资金的; (十)以提供"养老服务"、投资"养老项目"、销售"老年产品"等方式非法吸收资金的; (十一)利用民间"会""社"等组织非法吸收资金的; (十二)其他非法吸收资金的行为。
第三条	非法吸收或者变相吸收公众存款,具有下列情形之一的,应当依法追究刑事责任: (一)非法吸收或者变相吸收公众存款数额在100万元以上的; (二)非法吸收或者变相吸收公众存款对象150人以上的; (三)非法吸收或者变相吸收公众存款,给存款人造成直接经济损失数额在50万元以上的。 非法吸收或者变相吸收公众存款数额在50万元以上或者给存款人造成直接经济损失数额在25万元以上,同时具有下列情节之一的,应当依法追究刑事责任: (一)曾因非法集资受过刑事追究的; (二)二年内曾因非法集资受过行政处罚的; (三)造成恶劣社会影响或者其他严重后果的。

续表

第四条	非法吸收或者变相吸收公众存款,具有下列情形之一的,应当认定为刑法第一百七十六条规定的"数额巨大或者有其他严重情节": (一)非法吸收或者变相吸收公众存款数额在500万元以上的; (二)非法吸收或者变相吸收公众存款对象500人以上的; (三)非法吸收或者变相吸收公众存款,给存款人造成直接经济损失数额在250万元以上的。 非法吸收或者变相吸收公众存款数额在250万元以上或者给存款人造成直接经济损失数额在150万元以上,同时具有本解释第三条第二款第三项情节的,应当认定为"其他严重情节"。
第五条	非法吸收或者变相吸收公众存款,具有下列情形之一的,应当认定为刑法第一百七十六条规定的"数额特别巨大或者有其他特别严重情节": (一)非法吸收或者变相吸收公众存款数额在5000万元以上的; (二)非法吸收或者变相吸收公众存款对象5000人以上的; (三)非法吸收或者变相吸收公众存款,给存款人造成直接经济损失数额在2500万元以上的。 非法吸收或者变相吸收公众存款数额在2500万元以上或者给存款人造成直接经济损失数额在1500万元以上,同时具有本解释第三条第二款第三项情节的,应当认定为"其他特别严重情节"。
第六条	非法吸收或者变相吸收公众存款的数额,以行为人所吸收的资金全额计算。在提起公诉前积极退赃退赔,减少损害结果发生的,可以从轻或者减轻处罚;在提起公诉后退赃退赔的,可以作为量刑情节酌情考虑。 非法吸收或者变相吸收公众存款,主要用于正常的生产经营活动,能够在提起公诉前清退所吸收资金,可以免予刑事处罚;情节显著轻微危害不大的,不作为犯罪处理。 对依法不需要追究刑事责任或者免予刑事处罚的,应当依法将案件移送有关行政机关。

续表

第七条	以非法占有为目的,使用诈骗方法实施本解释第二条规定所列行为的,应当依照刑法第一百九十二条的规定,以集资诈骗罪定罪处罚。 使用诈骗方法非法集资,具有下列情形之一的,可以认定为"以非法占有为目的": (一)集资后不用于生产经营活动或者用于生产经营活动与筹集资金规模明显不成比例,致使集资款不能返还的; (二)肆意挥霍集资款,致使集资款不能返还的; (三)携带集资款逃匿的; (四)将集资款用于违法犯罪活动的; (五)抽逃、转移资金、隐匿财产,逃避返还资金的; (六)隐匿、销毁账目,或者搞假破产、假倒闭,逃避返还资金的; (七)拒不交代资金去向,逃避返还资金的; (八)其他可以认定非法占有目的的情形。 集资诈骗罪中的非法占有目的,应当区分情形进行具体认定。行为人部分非法集资行为具有非法占有目的的,对该部分非法集资行为所涉集资款以集资诈骗罪定罪处罚;非法集资共同犯罪中部分行为人具有非法占有目的,其他行为人没有非法占有集资款的共同故意和行为的,对具有非法占有目的的行为人以集资诈骗罪定罪处罚。
第八条	集资诈骗数额在10万元以上的,应当认定为"数额较大";数额在100万元以上的,应当认定为"数额巨大"。 集资诈骗数额在50万元以上,同时具有本解释第三条第二款第三项情节的,应当认定为刑法第一百九十二条规定的"其他严重情节"。 集资诈骗的数额以行为人实际骗取的数额计算,在案发前已归还的数额应予扣除。行为人为实施集资诈骗活动而支付的广告费、中介费、手续费、回扣,或者用于行贿、赠与等费用,不予扣除。行为人为实施集资诈骗活动而支付的利息,除本金未归还可予折抵本金以外,应当计入诈骗数额。
第九条	犯非法吸收公众存款罪,判处三年以下有期徒刑或者拘役,并处或者单处罚金的,处五万元以上一百万元以下罚金;判处三年以上十年以下有期徒刑的,并处十万元以上五百万元以下罚金;判处十年以上有期徒刑的,并处五十万元以上罚金。 犯集资诈骗罪,判处三年以上七年以下有期徒刑的,并处十万元以上五百万元以下罚金;判处七年以上有期徒刑或者无期徒刑的,并处五十万元以上罚金或者没收财产。

续表

第十条	未经国家有关主管部门批准,向社会不特定对象发行、以转让股权等方式变相发行股票或者公司、企业债券,或者向特定对象发行、变相发行股票或者公司、企业债券累计超过200人的,应当认定为刑法第一百七十九条规定的“擅自发行股票或者公司、企业债券”。构成犯罪的,以擅自发行股票、公司、企业债券罪定罪处罚。
第十一条	违反国家规定,未经依法核准擅自发行基金份额募集基金,情节严重的,依照刑法第二百二十五条的规定,以非法经营罪定罪处罚。
第十二条	广告经营者、广告发布者违反国家规定,利用广告为非法集资活动相关的商品或者服务作虚假宣传,具有下列情形之一的,依照刑法第二百二十二条的规定,以虚假广告罪定罪处罚: (一)违法所得数额在10万元以上的; (二)造成严重危害后果或者恶劣社会影响的; (三)二年内利用广告作虚假宣传,受过行政处罚二次以上的; (四)其他情节严重的情形。 明知他人从事欺诈发行证券,非法吸收公众存款,擅自发行股票、公司、企业债券,集资诈骗或者组织、领导传销活动等集资犯罪活动,为其提供广告等宣传的,以相关犯罪的共犯论处。
第十三条	通过传销手段向社会公众非法吸收资金,构成非法吸收公众存款罪或者集资诈骗罪,同时又构成组织、领导传销活动罪的,依照处罚较重的规定定罪处罚。
第十四条	单位实施非法吸收公众存款、集资诈骗犯罪的,依照本解释规定的相应自然人犯罪的定罪量刑标准,对单位判处罚金,并对其直接负责的主管人员和其他直接责任人员定罪处罚。
第十五条	此前发布的司法解释与本解释不一致的,以本解释为准。

续表

3.《全国法院审理金融犯罪案件工作座谈会纪要》(法〔2001〕8号)	
(一)关于单位犯罪问题	根据刑法和《最高人民法院关于审理单位犯罪案件具体应用法律有关问题的解释》规定,以单位名义实施犯罪,违法所得归单位所有的,是单位犯罪。 1.单位的分支机构或者内设机构、部门实施犯罪行为的处理。以单位的分支机构或者内设机构、部门的名义实施犯罪,违法所得亦归分支机构或者内设机构、部门所有的,应认定为单位犯罪。不能因为单位的分支机构或者内设机构、部门没有可供执行罚金的财产,就不将其认定为单位犯罪,而按照个人犯罪处理。 2.单位犯罪直接负责的主管人员和其他直接责任人员的认定。直接负责的主管人员,是在单位实施的犯罪中起决定、批准、授意、纵容、指挥等作用的人员,一般是单位的主管负责人,包括法定代表人。其他直接责任人员,是在单位犯罪中具体实施犯罪并起较大作用的人员,既可以是单位的经营管理人员,也可以是单位的职工,包括聘任、雇佣的人员。应当注意的是,在单位犯罪中,对于受单位领导指派或奉命而参与实施了一定犯罪行为的人员,一般不宜作为直接责任人员追究刑事责任。对单位犯罪中的直接负责的主管人员和其他直接责任人员,应根据其在单位犯罪中的地位、作用和犯罪情节,分别处以相应的刑罚,主管人员与直接责任人员,在个案中,不是当然的主、从犯关系,有的案件,主管人员与直接责任人员在实施犯罪行为的主从关系不明显的,可不分主、从犯。但具体案件可以分清主、从犯,且不分清主、从犯,在同一法定刑档次、幅度内量刑无法做到罪刑相适应的,应当分清主、从犯,依法处罚。 3.对未作为单位犯罪起诉的单位犯罪案件的处理。对于应当认定为单位犯罪的案件,检察机关只作为自然人犯罪案件起诉的,人民法院应及时与检察机关协商,建议检察机关对犯罪单位补充起诉。如检察机关不补充起诉的,人民法院仍应依法审理,对被起诉的自然人根据指控的犯罪事实、证据及庭审查明的事实,依法按单位犯罪中的直接负责的主管人员或者其他直接责任人员追究刑事责任,并应引用刑罚分则关于单位犯罪追究直接负责的主管人员和其他直接责任人员刑事责任的有关条款。 4.单位共同犯罪的处理。两个以上单位以共同故意实施的犯罪,应根据各单位在共同犯罪中的地位、作用大小,确定犯罪单位的主、从犯。
(二)关于破坏金融管理秩序罪	4.破坏金融管理秩序相关犯罪数额和情节的认定 最高人民法院先后颁行了《关于审理伪造货币等案件具体应法律若干问题的解释》、《关于审理走私刑事案件具体应法律若干问题的解释》,对伪造货币,走私、出售、购买、运输假币等犯罪的定罪处刑标准以及相关适用法律问题作出了明确规定。为正确执行刑法,在其他有关的司法解释出台之前,对假币犯罪以外的破坏金融管理秩序犯罪的数额和情节,可参照以下标准掌握:

续表

	关于非法吸收公众存款罪。非法吸收或者变相吸收公众存款的，要从非法吸收公众存款的数额、范围以及给存款人造成的损失等方面来判定扰乱金融秩序造成危害的程度。根据司法实践，具有下列情形之一的，可以按非法吸收公众存款罪定罪处罚：(1)个人非法吸收或者变相吸收公众存款20万元以上的，单位非法吸收或者变相吸收公众存款100万元以上的；(2)个人非法吸收或者变相吸收公众存款30户以上的，单位非法吸收或者变相吸收公众存款150户以上的；(3)个人非法吸收或者变相吸收公众存款给存款人造成损失10万元以上的，单位非法吸收或者变相吸收公众存款给存款人造成损失50万元以上的，或者造成其他严重后果的。个人非法吸收或者变相吸收公众存款100万元以上，单位非法吸收或者变相吸收公众存款500万元以上的，可以认定为“数额巨大”。
(三)关于金融诈骗罪	1.金融诈骗罪中非法占有目的的认定 金融诈骗犯罪都是以非法占有为目的的犯罪。在司法实践中，认定是否具有非法占有为目的，应当坚持主客观相一致的原则，既要避免单纯根据损失结果客观归罪，也不能仅凭被告人自己的供述，而应当根据案件具体情况具体分析。根据司法实践，对于行为人通过诈骗的方法非法获取资金，造成数额较大资金不能归还，并具有下列情形之一的，可以认定为具有非法占有的目的：(1)明知没有归还能力而大量骗取资金的；(2)非法获取资金后逃跑的；(3)肆意挥霍骗取资金的；(4)使用骗取的资金进行违法犯罪活动的；(5)抽逃、转移资金、隐匿财产，以逃避返还资金的；(6)隐匿、销毁账目，或者搞假破产、假倒闭，以逃避返还资金的；(7)其他非法占有资金、拒不返还的行为。但是，在处理具体案件的时候，对于有证据证明行为人不具有非法占有目的的，不能单纯以财产不能归还就按金融诈骗罪处罚。 …… 3.集资诈骗罪的认定和处理。集资诈骗罪和欺诈发行股票、债券罪、非法吸收公众存款罪在客观上均表现为向社会公众非法募集资金。区别的关键在于行为人是否具有非法占有的目的。对于以非法占有为目的而非法集资，或者在非法集资过程中产生了非法占有他人资金的故意，均构成集资诈骗罪。但是，在处理具体案件时要注意以下两点：一是不能仅凭较大数额的非法集资款不能返还的结果，推定行为人具有非法占有的目的；二是行为人将大部分资金用于投资或生产经营活动，而将少量资金用于个人消费或挥霍的，不应仅以此便认定具有非法占有的目的。 4.金融诈骗犯罪定罪量刑的数额标准和犯罪数额的计算。金融诈骗的数额不仅是定罪的重要标准，也是量刑的主要依据。在没有新的司法解释之前，可参照1996年《最高人民法院关于审理诈骗案件具体应用法律的若干问题的解释》的规定执行。在具体认定金融诈骗犯罪的数额时，应当以行为人实际骗取的数额计算。对于行为人实施金融诈骗活动而支付的中介费、手续费、回扣等，或者用于行贿、赠与等费用，均应计入金融诈骗的犯罪数额。但应当将案发前已归还的数额扣除。

续表

(五)财产刑的适用	金融犯罪是图利型犯罪,惩罚和预防此类犯罪,应当注重同时从经济上制裁犯罪分子。刑法对金融犯罪都规定了财产刑,人民法院应当严格依法判处。罚金的数额,应当根据被告人的犯罪情节,在法律规定的数额幅度内确定。对于具有从轻、减轻或者免除处罚情节的被告人,对于本应并处的罚金刑原则上也应当从轻、减轻或者免除。 单位金融犯罪中直接负责的主管人员和其他直接责任人员,是否适用罚金刑,应当根据刑法的具体规定。刑法分则条文规定有罚金刑,并规定对单位犯罪中直接负责的主管人员和其他直接责任人员依照自然人犯罪条款处罚的,应当判处罚金刑,但是对直接负责的主管人员和其他直接责任人员判处罚金的数额,应当低于对单位判处罚金的数额;刑法分则条文明确规定对单位犯罪中直接负责的主管人员和其他直接责任人员只判处自由刑的,不能附加判处罚金刑。
4.《最高人民法院、最高人民检察院、公安部、中国证券监督管理委员会关于整治非法证券活动有关问题的通知》(证监发〔2008〕1号)	
二、明确法律政策界限,依法打击非法证券活动	(二)关于擅自发行证券的责任追究。未经依法核准,擅自发行证券,涉嫌犯罪的,依照《刑法》第一百七十九条之规定,以擅自发行股票、公司、企业债券罪追究刑事责任。未经依法核准,以发行证券为幌子,实施非法证券活动,涉嫌犯罪的,依照《刑法》第一百七十六条、第一百九十二条等规定,以非法吸收公众存款罪、集资诈骗罪等罪名追究刑事责任。未构成犯罪的,依照《证券法》和有关法律的规定给予行政处罚。
5.《最高人民检察院、公安部关于公安机关管辖的刑事案件立案追诉标准的规定(二)》(公通字〔2022〕12号)	
第二十三条	非法吸收公众存款案: 非法吸收公众存款或者变相吸收公众存款,扰乱金融秩序,涉嫌下列情形之一的,应予立案追诉: (一)非法吸收或者变相吸收公众存款数额在一百万元以上的; (二)非法吸收或者变相吸收公众存款对象一百五十人以上的; (三)非法吸收或者变相吸收公众存款,给集资参与人造成直接经济损失数额在五十万元以上的; 非法吸收或者变相吸收公众存款数额在五十万元以上或者给集资参与人造成直接经济损失数额在二十五万元以上,同时涉嫌下列情形之一的,应予立案追诉: (一)因非法集资受过刑事追究的; (二)二年内因非法集资受过行政处罚的; (三)造成恶劣社会影响或者其他严重后果的。

续表

第四十四条	集资诈骗案： 以非法占有为目的，使用诈骗方法非法集资，数额在十万元以上的，应予立案追诉。
第八十二条	对于预备犯、未遂犯、中止犯，需要追究刑事责任的，应予立案追诉。
第八十三条	本规定中的立案追诉标准，除法律、司法解释、本规定中另有规定的以外，适用于相应的单位犯罪。
6.《最高人民法院、最高人民检察院、公安部关于办理非法集资刑事案件适用法律若干问题的意见》(公通字〔2014〕16号)	
二、关于"向社会公开宣传"的认定问题	《最高人民法院关于审理非法集资刑事案件具体应用法律若干问题的解释》第一条第一款第二项中的"向社会公开宣传"，包括以各种途径向社会公众传播吸收资金的信息，以及明知吸收资金的信息向社会公众扩散而予以放任等情形。
三、关于"社会公众"的认定问题	下列情形不属于《最高人民法院关于审理非法集资刑事案件具体应用法律若干问题的解释》第一条第二款规定的"针对特定对象吸收资金"的行为，应当认定为向社会公众吸收资金： (一)在向亲友或者单位内部人员吸收资金的过程中，明知亲友或者单位内部人员向不特定对象吸收资金而予以放任的； (二)以吸收资金为目的，将社会人员吸收为单位内部人员，并向其吸收资金的。
四、关于共同犯罪的处理问题	为他人向社会公众非法吸收资金提供帮助，从中收取代理费、好处费、返点费、佣金、提成等费用，构成非法集资共同犯罪的，应当依法追究刑事责任。能够及时退缴上述费用的，可依法从轻处罚；其中情节轻微的，可以免除处罚；情节显著轻微、危害不大的，不作为犯罪处理。
7.《最高人民检察院关于办理涉互联网金融犯罪案件有关问题座谈会纪要》(高检诉〔2017〕14号)	
一、办理涉互联网金融犯罪案件的基本要求	促进和保障互联网金融规范健康发展，是检察机关服务经济社会发展的重要内容。各地检察机关公诉部门应当充分认识防范和化解互联网金融风险的重要性、紧迫性和复杂性，立足检察职能，积极参与互联网金融风险专项整治工作，有效预防、依法惩治涉互联网金融犯罪，切实维护人民群众合法权益，维护国家金融安全。

续表

	1 准确认识互联网金融的本质。互联网金融的本质仍然是金融,其潜在的风险与传统金融没有区别,甚至还可能因互联网的作用而被放大。要依据现有的金融管理法律规定,依法准确判断各类金融活动、金融业态的法律性质,准确界定金融创新和金融违法犯罪的界限。在办理涉互联网金融犯罪案件时,判断是否符合“违反国家规定”“未经有关国家主管部门批准”等要件时,应当以现行刑事法律和金融管理法律法规为依据。对各种类型互联网金融活动,要深入剖析行为实质并据此判断其性质,从而准确区分罪与非罪、此罪与彼罪、罪轻与罪重、打击与保护的界限,不能机械地被所谓“互联网金融创新”表象所迷惑。 2 妥善把握刑事追诉的范围和边界。涉互联网金融犯罪案件涉案人员众多,要按照区别对待的原则分类处理,综合运用刑事追诉和非刑事手段处置和化解风险,打击少数、教育挽救大多数。要坚持主客观相统一的原则,根据犯罪嫌疑人在犯罪活动中的地位作用、涉案数额、危害结果、主观过错等主客观情节,综合判断责任轻重及刑事追诉的必要性,做到罪责适应、罚当其罪。对犯罪情节严重、主观恶性大、在犯罪中起主要作用的人员,特别是核心管理层人员和骨干人员,依法从严打击;对犯罪情节相对较轻、主观恶性较小、在犯罪中起次要作用的人员依法从宽处理。 3 注重案件统筹协调推进。涉互联网金融犯罪跨区域特征明显,各地检察机关公诉部门要按照“统一办案协调、统一案件指挥、统一资产处置、分别侦查诉讼、分别落实维稳”(下称“三统两分”)的要求分别处理好辖区内案件,加强横向、纵向联系,在上级检察机关特别是省级检察院的指导下统一协调推进办案工作,确保辖区内案件处理结果相对平衡统一。跨区县案件由地市级检察院统筹协调,跨地市案件由省级检察院统一协调,跨省案件由高检院公诉厅统一协调。各级检察机关公诉部门要加强与公安机关、地方金融办等相关单位以及检察机关内部侦监、控申等部门的联系,建立健全案件信息通报机制,及时掌握重大案件的立案、侦查、批捕、信访等情况,适时开展提前介入侦查等工作,并及时上报上级检察院。省级检察院公诉部门要发挥工作主动性,主动掌握社会影响大的案件情况,研究制定工作方案,统筹协调解决办案中遇到的问题,重大、疑难、复杂问题要及时向高检院报告。 4 坚持司法办案“三个效果”有机统一。涉互联网金融犯罪影响广泛,社会各界特别是投资人群体十分关注案件处理。各级检察机关公诉部门要从有利于全案依法妥善处置的角度出发,切实做好提前介入侦查引导取证、审查起诉、出庭公诉等各个阶段的工作,依法妥善处理重大敏感问题,不能机械司法、就案办案。同时,要把办案工作与保障投资人合法权益紧密结合起来,同步做好释法说理、风险防控、追赃挽损、维护稳定等工作,努力实现司法办案的法律效果、社会效果、政治效果有机统一。

续表

二、准确界定涉互联网金融行为法律性质	互联网金融涉及P2P网络借贷、股权众筹、第三方支付、互联网保险以及通过互联网开展资产管理及跨界从事金融业务等多个金融领域，行为方式多样，所涉法律关系复杂。违法犯罪行为隐蔽性、迷惑性强，波及面广，社会影响大，要根据犯罪行为的实质特征和社会危害，准确界定行为的法律性质和刑法适用的罪名。 （一）非法吸收公众存款行为的认定 6　涉互联网金融活动在未经有关部门依法批准的情形下，公开宣传并向不特定公众吸收资金，承诺在一定期限内还本付息的，应当依法追究刑事责任。其中，应重点审查互联网金融活动相关主体是否存在归集资金、沉淀资金、致使投资人资金存在被挪用、侵占等重大风险等情形。 7　互联网金融的本质是金融，判断其是否属于"未经有关部门依法批准"，即行为是否具有非法性的主要法律依据是《商业银行法》、《非法金融机构和非法金融业务活动取缔办法》（国务院令第247号）等现行有效的金融管理法律规定。 8　对以下网络借贷领域的非法吸收公众资金的行为，应当以非法吸收公众存款罪分别追究相关行为主体的刑事责任： （1）中介机构以提供信息中介服务为名，实际从事直接或间接归集资金、甚至自融或变相自融等行为，应当依法追究中介机构的刑事责任。特别要注意识别变相自融行为，如中介机构通过拆分融资项目期限、实行债权转让等方式为自己吸收资金的，应当认定为非法吸收公众存款。 （2）中介机构与借款人存在以下情形之一的，应当依法追究刑事责任：①中介机构与借款人合谋或者明知借款人存在违规情形，仍为其非法吸收公众存款提供服务的；中介机构与借款人合谋，采取向出借人提供信用担保、通过电子渠道以外的物理场所开展借贷业务等违规方式向社会公众吸收资金的；②双方合谋通过拆分融资项目期限、实行债权转让等方式为借款人吸收资金的。在对中介机构、借款人进行追诉时，应根据各自在非法集资中的地位、作用确定其刑事责任。中介机构虽然没有直接吸收资金，但是通过大肆组织借款人开展非法集资并从中收取费用数额巨大、情节严重的，可以认定为主犯。 （3）借款人故意隐瞒事实，违反规定，以自己名义或借用他人名义利用多个网络借贷平台发布借款信息，借款总额超过规定的最高限额，或将吸收资金用于明确禁止的投资股票、场外配资、期货合约等高风险行业，造成重大损失和社会影响的，应当依法追究借款人的刑事责任。对于借款人将借款主要用于正常的生产经营活动，能够及时清退所吸收资金，不作为犯罪处理。 9　在非法吸收公众存款罪中，原则上认定主观故意并不要求以明知法律的禁止性规定为要件。特别是具备一定涉金融活动相关从业经历、专业背景或在犯罪活动中担任一定管理职务的犯罪嫌疑人，应当知晓相关金融法律管理规定，如果有证据证明其实际从事的行为应当批准而未经批准，行为在客观上具有非法性，原则上就可以认定其具有非法吸收公众存

续表

	款的主观故意。在证明犯罪嫌疑人的主观故意时,可以收集运用犯罪嫌疑人的任职情况、职业经历、专业背景、培训经历、此前任职单位或者其本人因从事同类行为受到处罚情况等证据,证明犯罪嫌疑人提出的"不知道相关行为被法律所禁止,故不具有非法吸收公众存款的主观故意"等辩解不能成立。除此之外,还可以收集运用以下证据进一步印证犯罪嫌疑人知道或应当知道其所从事行为具有非法性,比如犯罪嫌疑人故意规避法律以逃避监管的相关证据:自己或要求下属与投资人签订虚假的亲友关系确认书,频繁更换宣传用语逃避监管,实际推介内容与宣传用语、实际经营状况不一致,刻意向投资人夸大公司兑付能力,在培训课程中传授或接受规避法律的方法,等等。 10 对于无相关职业经历、专业背景,且从业时间短暂,在单位犯罪中层级较低,纯属执行单位领导指令的犯罪嫌疑人提出辩解的,如确实无其他证据证明其具有主观故意的,可以不作为犯罪处理。另外,实践中还存在犯罪嫌疑人提出因信赖行政主管部门出具的相关意见而陷入错误认识的辩解。如果上述辩解确有证据证明,不应作为犯罪处理,但应当对行政主管部门出具的相关意见及其出具过程进行查证,如存在以下情形之一,仍应认定犯罪嫌疑人具有非法吸收公众存款的主观故意:(1)行政主管部门出具意见所涉及的行为与犯罪嫌疑人实际从事的行为不一致的;(2)行政主管部门出具的意见未对是否存在非法吸收公众存款问题进行合法性审查,仅对其他合法性问题进行审查的;(3)犯罪嫌疑人在行政主管部门出具意见时故意隐瞒事实、弄虚作假的;(4)犯罪嫌疑人与出具意见的行政主管部门的工作人员存在利益输送行为的;(5)犯罪嫌疑人存在其他影响和干扰行政主管部门出具意见公正性的情形的。对于犯罪嫌疑人提出因信赖专家学者、律师等专业人士、主流新闻媒体宣传或有关行政主管部门工作人员的个人意见而陷入错误认识的辩解,不能作为犯罪嫌疑人判断自身行为合法性的根据和排除主观故意的理由。 11 负责或从事吸收资金行为的犯罪嫌疑人非法吸收公众存款金额,根据其实际参与吸收的全部金额认定。但以下金额不应计入该犯罪嫌疑人的吸收金额:(1)犯罪嫌疑人自身及其近亲属所投资的资金金额;(2)记录在犯罪嫌疑人名下,但其未实际参与吸收且未从中收取任何形式好处的资金。吸收金额经过司法会计鉴定的,可以将前述不计入部分直接扣除。但是,前述两项所涉金额仍应计入相对应的上一级负责人及所在单位的吸收金额。 12 投资人在每期投资结束后,利用投资账户中的资金(包括每期投资结束后归还的本金、利息)进行反复投资的金额应当累计计算,但对反复投资的数额应当作出说明。对负责或从事行政管理、财务会计、技术服务等辅助工作的犯罪嫌疑人,应当按照其参与的犯罪事实,结合其在犯罪中的地位和作用,依法确定刑事责任范围。 13 确定犯罪嫌疑人的吸收金额时,应当重点审查、运用以下证据:(1)涉案主体自身的服务器或第三方服务器上存储的交易记录等电子数据;(2)会计账簿和会计凭证;(3)银行账户交易记录、POS 机支付记录;(4)资

续表

	金收付凭证、书面合同等书证。仅凭投资人报案数据不能认定吸收金额。 (二)集资诈骗行为的认定 14　以非法占有为目的,使用诈骗方法非法集资,是集资诈骗罪的本质特征。是否具有非法占有目的,是区分非法吸收公众存款罪和集资诈骗罪的关键要件,对此要重点围绕融资项目真实性、资金去向、归还能力等事实进行综合判断。犯罪嫌疑人存在以下情形之一的,原则上可以认定具有非法占有目的:(1)大部分资金未用于生产经营活动,或名义上投入生产经营但又通过各种方式抽逃转移资金的;(2)资金使用成本过高,生产经营活动的盈利能力不具有支付全部本息的现实可能性的;(3)对资金使用的决策极度不负责任或肆意挥霍造成资金缺口较大的;(4)归还本息主要通过借新还旧来实现的;(5)其他依照有关司法解释可以认定为非法占有目的的情形。 15　对于共同犯罪或单位犯罪案件中,不同层级的犯罪嫌疑人之间存在犯罪目的发生转化或者犯罪目的明显不同的,应当根据犯罪嫌疑人的犯罪目的分别认定。 (1)注意区分犯罪目的发生转变的时间节点。犯罪嫌疑人在初始阶段仅具有非法吸收公众存款的故意,不具有非法占有目的,但在发生经营失败、资金链断裂等问题后,明知没有归还能力仍然继续吸收公众存款的,这一时间节点之后的行为应当认定为集资诈骗罪,此前的行为应当认定为非法吸收公众存款罪。 (2)注意区分犯罪嫌疑人的犯罪目的的差异。在共同犯罪或单位犯罪中,犯罪嫌疑人由于层级、职责分工、获取收益方式、对全部犯罪事实的知情程度等不同,其犯罪目的也存在不同。在非法集资犯罪中,有的犯罪嫌疑人具有非法占有的目的,有的则不具有非法占有目的,对此,应当分别认定为集资诈骗罪和非法吸收公众存款罪。 16　证明主观上是否具有非法占有目的,可以重点收集、运用以下客观证据:(1)与实施集资诈骗整体行为模式相关的证据:投资合同、宣传资料、培训内容等;(2)与资金使用相关的证据:资金往来记录、会计账簿和会计凭证、资金使用成本(包括利息和佣金等)、资金决策使用过程、资金主要用途、财产转移情况等;(3)与归还能力相关的证据:吸收资金所投资项目内容、投资实际经营情况、盈利能力、归还本息资金的主要来源、负债情况、是否存在虚构业绩等虚假宣传行为等;(4)其他涉及欺诈等方面的证据:虚构融资项目进行宣传、隐瞒资金实际用途、隐匿销毁账簿,等等。司法会计鉴定机构对相关数据进行鉴定时,办案部门可以根据查证犯罪事实的需要提出重点鉴定的项目,保证司法会计鉴定意见与待证的构成要件事实之间的关联性。 17　集资诈骗的数额,应当以犯罪嫌疑人实际骗取的金额计算。犯罪嫌疑人为吸收公众资金制造还本付息的假象,在诈骗的同时对部分投资人还本付息的,集资诈骗的金额以案发时实际未兑付的金额计算。案发后,犯罪嫌疑人主动退还集资款项的,不能从集资诈骗的金额中扣除,但可以作为量刑情节考虑。

续表

三、依法认定单位犯罪及其责任人员	20 涉互联网金融犯罪案件多以单位形式组织实施,所涉单位数量众多、层级复杂,其中还包括大量分支机构和关联单位,集团化特征明显。有的涉互联网金融犯罪案件中分支机构遍布全国,既有具备法人资格的,又有不具备法人资格的;既有受总公司直接领导的,又有受总公司的下属单位领导的。公安机关在立案时做法不一,有的对单位立案,有的不对单位立案,有的被立案的单位不具有独立法人资格,有的仅对最上层的单位立案而不对分支机构立案。对此,检察机关公诉部门在审查起诉时,应当从能够全面揭示犯罪行为基本特征、全面覆盖犯罪活动、准确界定区分各层级人员的地位作用、有利于有力指控犯罪、有利于追缴违法所得等方面依法具体把握,确定是否以单位犯罪追究。 21 涉互联网金融犯罪所涉罪名中,刑法规定应当追究单位刑事责任的,对同时具备以下情形且具有独立法人资格的单位,可以以单位犯罪追究:(1)犯罪活动经单位决策实施;(2)单位的员工主要按照单位的决策实施具体犯罪活动;(3)违法所得归单位所有,经单位决策使用,收益亦归单位所有。但是,单位设立后专门从事违法犯罪活动的,应当以自然人犯罪追究刑事责任。 22 对参与涉互联网金融犯罪,但不具有独立法人资格的分支机构,是否追究其刑事责任,可以区分两种情形处理:(1)全部或部分违法所得归分支机构所有并支配,分支机构作为单位犯罪主体追究刑事责任;(2)违法所得完全归分支机构上级单位所有并支配的,不能对分支机构作为单位犯罪主体追究刑事责任,而是应当对分支机构的上级单位(符合单位犯罪主体资格)追究刑事责任。 23 分支机构认定为单位犯罪主体的,该分支机构相关涉案人员应当作为该分支机构的"直接负责的主管人员"或者"其他直接责任人员"追究刑事责任。仅将分支机构的上级单位认定为单位犯罪主体的,该分支机构相关涉案人员可以作为该上级单位的"其他直接责任人员"追究刑事责任。 24 对符合追诉条件的分支机构(包括具有独立法人资格的和不具有独立法人资格)及其所属单位,公安机关均没有作为犯罪嫌疑单位移送审查起诉,仅将其所属单位的上级单位作为犯罪嫌疑单位移送审查起诉的,对相关分支机构涉案人员可以区分以下情形处理:(1)有证据证明被立案的上级单位(比如总公司)在业务、财务、人事等方面对下属单位及其分支机构进行实际控制,下属单位及其分支机构涉案人员可以作为被移送审查起诉的上级单位的"其他直接责任人员"追究刑事责任。在证明实际控制关系时,应当收集、运用公司决策、管理、考核等相关文件,OA系统等电子数据,资金往来记录等证据。对不同地区同一单位的分支机构涉案人员起诉时,证明实际控制关系的证据体系、证明标准应基本一致。(2)据现有证据无法证明被立案的上级单位与下属单位及其分支机构之间存在实际控制关系的,对符合单位犯罪构成要件的下属单位或分支机构应当补充起诉,下属单位及其分支机构已不具备补充起诉条件的,可以将下属单位及其分支机构的涉案犯罪嫌疑人直接起诉。

续表

四、综合运用定罪量刑情节	25　在办理跨区域涉互联网金融犯罪案件时，在追诉标准、追诉范围以及量刑建议等方面应当注意统一平衡。对于同一单位在多个地区分别设立分支机构的，在同一省（自治区、直辖市）范围内应当保持基本一致。分支机构所涉犯罪嫌疑人与上级单位主要犯罪嫌疑人之间应当保持适度平衡，防止出现责任轻重"倒挂"的现象。 26　单位犯罪中，直接负责的主管人员和其他直接责任人员在涉互联网金融犯罪案件中的地位、作用存在明显差别的，可以区分主犯和从犯。对起组织领导作用的总公司的直接负责的主管人员和发挥主要作用的其他直接责任人员，可以认定为全案的主犯，其他人员可以认定为从犯。 27　最大限度减少投资人的实际损失是办理涉互联网金融犯罪案件特别是非法集资案件的重要工作。在决定是否起诉、提出量刑建议时，要重视对是否具有认罪认罚、主动退赃退赔等情节的考察。分支机构涉案人员积极配合调查、主动退还违法所得、真诚认罪悔罪的，应当依法提出从轻、减轻处罚的量刑建议。其中，对情节轻微、可以免予刑事处罚的，或者情节显著轻微、危害不大、不认为是犯罪的，应当依法作出不起诉决定。对被不起诉人需要给予行政处罚或者没收违法所得的，应当向行政主管部门提出检察意见。
8.《最高人民法院、最高人民检察院、公安部关于办理非法集资刑事案件若干问题的意见》（高检会〔2019〕2号）	
为依法惩治非法吸收公众存款、集资诈骗等非法集资犯罪活动，维护国家金融管理秩序，保护公民、法人和其他组织合法权益，根据刑法、刑事诉讼法等法律规定，结合司法实践，现就办理非法吸收公众存款、集资诈骗等非法集资刑事案件有关问题提出以下意见：	
一、关于非法集资的"非法性"认定依据问题	人民法院、人民检察院、公安机关认定非法集资的"非法性"，应当以国家金融管理法律法规作为依据。对于国家金融管理法律法规仅作原则性规定的，可以根据法律规定的精神并参考中国人民银行、中国银行保险监督管理委员会、中国证券监督管理委员会等行政主管部门依照国家金融管理法律法规制定的部门规章或者国家有关金融管理的规定、办法、实施细则等规范性文件的规定予以认定。

续表

二、关于单位犯罪的认定问题	单位实施非法集资犯罪活动,全部或者大部分违法所得归单位所有的,应当认定为单位犯罪。 个人为进行非法集资犯罪活动而设立的单位实施犯罪的,或者单位设立后,以实施非法集资犯罪活动为主要活动的,不以单位犯罪论处,对单位中组织、策划、实施非法集资犯罪活动的人员应当以自然人犯罪依法追究刑事责任。 判断单位是否以实施非法集资犯罪活动为主要活动,应当根据单位实施非法集资的次数、频度、持续时间、资金规模、资金流向、投入人力物力情况、单位进行正当经营的状况以及犯罪活动的影响、后果等因素综合考虑认定。
三、关于涉案下属单位的处理问题	办理非法集资刑事案件中,人民法院、人民检察院、公安机关应当全面查清涉案单位,包括上级单位(总公司、母公司)和下属单位(分公司、子公司)的主体资格、层级、关系、地位、作用、资金流向等,区分情况依法作出处理。 上级单位已被认定为单位犯罪,下属单位实施非法集资犯罪活动,且全部或者大部分违法所得归下属单位所有的,对该下属单位也应当认定为单位犯罪。上级单位和下属单位构成共同犯罪的,应当根据犯罪单位的地位、作用,确定犯罪单位的刑事责任。 上级单位已被认定为单位犯罪,下属单位实施非法集资犯罪活动,但全部或者大部分违法所得归上级单位所有的,对下属单位不单独认定为单位犯罪。下属单位中涉嫌犯罪的人员,可以作为上级单位的其他直接责任人员依法追究刑事责任。 上级单位未被认定为单位犯罪,下属单位被认定为单位犯罪的,对上级单位中组织、策划、实施非法集资犯罪的人员,一般可以与下属单位按照自然人与单位共同犯罪处理。 上级单位与下属单位均未被认定为单位犯罪的,一般以上级单位与下属单位中承担组织、领导、管理、协调职责的主管人员和发挥主要作用的人员作为主犯,以其他积极参加非法集资犯罪的人员作为从犯,按照自然人共同犯罪处理。

续表

四、关于主观故意的认定问题	认定犯罪嫌疑人、被告人是否具有非法吸收公众存款的犯罪故意，应当依据犯罪嫌疑人、被告人的任职情况、职业经历、专业背景、培训经历、本人因同类行为受到行政处罚或者刑事追究情况以及吸收资金方式、宣传推广、合同资料、业务流程等证据，结合其供述，进行综合分析判断。 犯罪嫌疑人、被告人使用诈骗方法非法集资，符合《最高人民法院关于审理非法集资刑事案件具体应用法律若干问题的解释》第四条规定的，可以认定为集资诈骗罪中"以非法占有为目的"。 办案机关在办理非法集资刑事案件中，应当根据案件具体情况注意收集运用涉及犯罪嫌疑人、被告人的以下证据：是否使用虚假身份信息对外开展业务；是否虚假订立合同、协议；是否虚假宣传，明显超出经营范围或者夸大经营、投资、服务项目及盈利能力；是否吸收资金后隐匿、销毁合同、协议、账目；是否传授或者接受规避法律、逃避监管的方法，等等。
五、关于犯罪数额的认定问题	非法吸收或者变相吸收公众存款构成犯罪，具有下列情形之一的，向亲友或者单位内部人员吸收的资金应当与向不特定对象吸收的资金一并计入犯罪数额： (一)在向亲友或者单位内部人员吸收资金的过程中，明知亲友或者单位内部人员向不特定对象吸收资金而予以放任的； (二)以吸收资金为目的，将社会人员吸收为单位内部人员，并向其吸收资金的； (三)向社会公开宣传，同时向不特定对象、亲友或者单位内部人员吸收资金的。 非法吸收或者变相吸收公众存款的数额，以行为人所吸收的资金全额计算。集资参与人收回本金或者获得回报后又重复投资的数额不予扣除，但可以作为量刑情节酌情考虑。
六、关于宽严相济刑事政策把握问题	办理非法集资刑事案件，应当贯彻宽严相济刑事政策，依法合理把握追究刑事责任的范围，综合运用刑事手段和行政手段处置和化解风险，做到惩处少数、教育挽救大多数。要根据行为人的客观行为、主观恶性、犯罪情节及其地位、作用、层级、职务等情况，综合判断行为人的责任轻重和刑事追究的必要性，按照区别对待原则分类处理涉案人员，做到罚当其罪、罪责刑相适应。 重点惩处非法集资犯罪活动的组织者、领导者和管理人员，包括单位犯罪中的上级单位(总公司、母公司)的核心层、管理层和骨干人员，下属单位(分公司、子公司)的管理层和骨干人员，以及其他发挥主要作用的人员。 对于涉案人员积极配合调查、主动退赃退赔、真诚认罪悔罪的，可以依法从轻处罚；其中情节轻微的，可以免除处罚；情节显著轻微、危害不大的，不作为犯罪处理。

续表

七、关于管辖问题	跨区域非法集资刑事案件按照《国务院关于进一步做好防范和处置非法集资工作的意见》(国发〔2015〕59号)确定的工作原则办理。如果合并侦查、诉讼更为适宜的,可以合并办理。 办理跨区域非法集资刑事案件,如果多个公安机关都有权立案侦查的,一般由主要犯罪地公安机关作为案件主办地,对主要犯罪嫌疑人立案侦查和移送审查起诉;由其他犯罪地公安机关作为案件分办地根据案件具体情况,对本地区犯罪嫌疑人立案侦查和移送审查起诉。 管辖不明或者有争议的,按照有利于查清犯罪事实、有利于诉讼的原则,由其共同的上级公安机关协调确定或者指定有关公安机关作为案件主办地立案侦查。需要提请批准逮捕、移送审查起诉、提起公诉的,由分别立案侦查的公安机关所在地的人民检察院、人民法院受理。 对于重大、疑难、复杂的跨区域非法集资刑事案件,公安机关应当在协调确定或者指定案件主办地立案侦查的同时,通报同级人民检察院、人民法院。人民检察院、人民法院参照前款规定,确定主要犯罪地作为案件主办地,其他犯罪地作为案件分办地,由所在地的人民检察院、人民法院负责起诉、审判。 本条规定的"主要犯罪地",包括非法集资活动的主要组织、策划、实施地,集资行为人的注册地、主要营业地、主要办事机构所在地,集资参与人的主要所在地等。
9.《最高人民法院、最高人民检察院关于常见犯罪的量刑指导意见(试行)》(法发〔2021〕21号)	
四、常见犯罪的量刑	(三)非法吸收公众存款罪 1.构成非法吸收公众存款罪的,根据下列情形在相应的幅度内确定量刑起点: (1)犯罪情节一般的,在一年以下有期徒刑、拘役幅度内确定量刑起点。 (2)达到数额巨大起点或者有其他严重情节的,在三年至四年有期徒刑幅度内确定量刑起点。 (3)达到数额特别巨大起点或者有其他特别严重情节的,在十年至十二年有期徒刑幅度内确定量刑起点。 2.在量刑起点的基础上,根据非法吸收存款数额等其他影响犯罪构成的犯罪事实增加刑罚量,确定基准刑。 3.对于在提起公诉前积极退赃退赔,减少损害结果发生的,可以减少基准刑的40%以下;犯罪较轻的,可以减少基准刑的40%以上或者依法免除处罚。 4.构成非法吸收公众存款罪的,根据非法吸收公众存款数额、存款人人数、给存款人造成的直接经济损失数额等犯罪情节,综合考虑被告人缴纳罚金的能力,决定罚金数额。

续表

	5. 构成非法吸收公众存款罪的，综合考虑非法吸收存款数额、存款人人数、给存款人造成的直接经济损失数额、清退资金数额等犯罪事实、量刑情节，以及被告人主观恶性、人身危险性、认罪悔罪表现等因素，决定缓刑的适用。 （四）集资诈骗罪 1. 构成集资诈骗罪的，根据下列情形在相应的幅度内确定量刑起点： (1)达到数额较大起点的，在三年至四年有期徒刑幅度内确定量刑起点。 (2)达到数额巨大起点或者有其他严重情节的，在七年至九年有期徒刑幅度内确定量刑起点。依法应当判处无期徒刑的除外。 2. 在量刑起点的基础上，根据集资诈骗数额等其他影响犯罪构成的犯罪事实增加刑罚量，确定基准刑。 3. 构成集资诈骗罪的，根据犯罪数额、危害后果等犯罪情节，综合考虑被告人缴纳罚金的能力，决定罚金数额。 4. 构成集资诈骗罪的，综合考虑犯罪数额、诈骗对象、危害后果、退赃退赔等犯罪事实、量刑情节，以及被告人主观恶性、人身危险性、认罪悔罪表现等因素，决定缓刑的适用。

第二节　商标类犯罪

一、典型案例

（一）某数码公司未经授权冒用商标案①

案件情况

2020年7月23日，深圳市宝安区人民检察院第一检察部检察官助理收到了一份特别的承诺书，这是辖区一家企业送达的一封合规自查整改承诺书。

因受新冠肺炎疫情影响，某数码公司总经理王某、生产主管桂某在明知没有取得相关权利人的授权许可以及未核实客户是否具有商标使用权的情况下，按照客户要求生产带有某商标的蓝牙音响3200台。被查获时，已生产成品750

① 参见深圳市宝安区人民检察院：《当好“老娘舅”，让企业走得稳走得远》，载《检索日报》2021年5月25日，第5版。

台、半成品 2310 台、还未组装的有 140 台，涉案金额 6 万余元。案发后，王某等人家属代为赔偿权利人并取得其谅解。

检察机关履职情况

审查起诉期间，某数码公司在检察院的建议下出具了合规承诺书，承诺加强业务风险防控、加强员工知识产权方面的培训及宣传、注重对客户的尽职调查。通过综合考虑该案的相关情节，深圳市宝安区人民检察院对某数码公司、王某、桂某作出不起诉处理。

要求企业出具合规承诺书或制发检察建议，是深圳市宝安区人民检察院针对企业规模较小、单罚制单位犯罪等其他不适宜作不起诉的案件，督促企业加强合规建设的一种方式。对于企业是被害单位的案件，该院也通过发检察建议并及时跟踪回访，协助建立反舞弊合规管理等内控机制。

在作出不起诉处理后，某数码公司认真落实合规承诺书中的承诺事项，严格遵守合规计划完善内部管理制度，公司不仅没有受到此次刑事风险的影响，并且在合规制度的帮助下，业务进展顺利，知识产权合规工作也让公司商誉随之提高。

（二）上海 J 公司、朱某某假冒注册商标案——依托长三角一体化协作平台，对涉案企业异地适用第三方监督评估机制①

案件情况

上海市 J 智能电器有限公司（以下简称 J 公司）注册成立于 2016 年 1 月，住所地位于浙江省嘉兴市秀洲区，公司以生产智能家居电器为主，拥有专利数百件，有效注册商标 3 件，近年来先后被评定为浙江省科技型中小企业、国家高新技术企业。公司有员工 2000 余人，年纳税总额 1 亿余元，被不起诉人朱某某系该公司股东及实际控制人。

2018 年 8 月，上海 T 智能科技有限公司（以下简称 T 公司）与 J 公司洽谈委托代加工事宜，约定由 J 公司为 T 公司代为加工智能垃圾桶，后因试产样品未达

---

① 参见上海 J 公司、朱某某假冒注册商标案，载《企业合规典型案例（第二批）》2021 年 12 月 15 日。

质量标准，且无法按时交货等原因，双方于2018年12月终止合作。为了挽回前期投资损失，2018年12月至2019年11月，朱某某在未获得商标权利人T公司许可的情况下，组织公司员工生产假冒T公司注册商标的智能垃圾桶、垃圾盒，并对外销售获利，涉案金额达560万余元。2020年9月11日，朱某某主动投案后被取保候审。案发后，J公司认罪认罚，赔偿权利人700万元并取得谅解。2020年12月14日，上海市公安局浦东分局以犯罪嫌疑单位J公司、犯罪嫌疑人朱某某涉嫌假冒注册商标罪移送至浦东新区人民检察院审查起诉。

检察机关履职情况

1. 审查是否符合企业合规整改条件

通过实地走访调查，浦东新区人民检察院发现，J公司虽然是一家高新技术企业，但是公司管理层及员工在经营生产方面的法律意识较为淡薄，尤其是对涉及知识产权类如商业秘密、专利权、商标权等民事侵权及刑事犯罪方面认识淡薄，这是导致其作出侵害他人知识产权违法行为的主要原因之一。同时，J公司相关部门在合同审核、财务审批、采购销售等环节均存在管理不善的问题。

虽然J公司有诸多经营漏洞，但结合其企业性质来看，J公司具有良好发展前景，同时检察院考虑到公司实际控制人朱某某有自首情节，并且认罪认罚赔偿了T公司的损失，表达了J公司有合规建设意愿，也具备启动第三方机制的基本条件。检察院综合考虑认为J公司具备合规整改的条件，但是由于其注册地、生产经营地和犯罪地分离，检察院启动了跨区域合规考察。

2. 跨区域合规考察

2021年4月，浦东新区人民检察院根据沪浙苏皖四地检察院联合制定的《长三角区域检察协作工作办法》，向上海市人民检察院申请启动长三角跨区域协作机制，委托J公司所在地的浙江省嘉兴市人民检察院、秀洲区人民检察院协助开展企业合规社会调查及第三方监督考察。

两地检察机关签订了《第三方监督评估委托函》，明确委托事项及各方职责，确立了“委托方发起”“受托方协助”“第三方执行”的合规考察异地协作模式，由秀洲区人民检察院根据最高人民检察院等九部门联合下发的《关于建立涉案企业合规第三方监督评估机制的指导意见》成立第三方监督评估组织。随后,秀洲区人民检察院成立了由律师、区市场监督管理局、区科技局熟悉知识产权工作的专业人员组成的第三方监督评估组织,并邀请人大代表、政协委员对涉案企业同步开展监督考察。

3.合规计划可行有效

浦东新区人民检察院结合J公司的经营漏洞,向其制发了《合规风险告知书》,告知书中指明企业应该从合规风险排查、合规制度建设、合规运行体系及合规文化养成等方面作出整改,引导J公司作出合规承诺。第三方组织结合风险告知内容指导企业制订合规计划,明确合规计划的政策性和程序性规定,从责任分配、培训方案到奖惩制度,确保合规计划的针对性和实效性。同时,督促企业对合规计划涉及的组织体系、政策体系、程序体系和风险防控体系等主题进行分解,保证计划的可行性和有效性。J公司制定了包括制定合规章程、健全基层党组织、建立合规组织体系、制定知识产权专项合规政策体系、打造合规程序体系、提升企业合规意识等方面的递进式合规计划,并严格按照时间表扎实推进。

4.异地监管客观有效

监督考察期间,第三方组织通过问询谈话、走访调查,深入了解案件背景,帮助企业梳理合规、风控方面的管理漏洞,督促制定专项整改措施。根据第三方组织建议,J公司成立合规工作领导小组,修改公司章程,强化管理职责,先后制定知识产权管理、合同审批、保密管理、员工培训、风险控制等多项合规专项制度,设立合规专岗,实行管理、销售分离,建立合规举报途径,连续开展刑事合规、民事合规及知识产权保护专项培训,外聘合规专业团队定期对企业进行法律风险全面体检,并且每半个月提交一次阶段性书面报告。第三方组织通过书面审查、实地走访、听取汇报等形式,对合规阶段性成效进行监督检查。同时,浦东新区人民检察院为确保异地合规监管的有效性,制作了《企业合规监督考察反馈意见表》,实时动态跟进监督评估进度,对第三方组织成员组成、合规计划执行、企业定期书面报告、申诉控告处理等提出意见建议。

5.处理结果公平公正

考察期限届满,第三方组织评估认为,经过合规管理,J公司提升合规意识,完善组织架构,设立合规专岗,开展专项检查,建立制度指引,强化流程管理,健全风控机制,加强学习培训,完成了从合规组织体系建立到合规政策制定，从合规程序完善到合规文化建设等一系列整改，评定J公司合规整改合格。浦东新区人民检察院联合嘉兴市人民检察院、秀洲区人民检察院通过听取汇报、现场验收、公开评议等方式对监督考察结果的客观性充分论证。2021年9月10日，浦东新区人民检察院邀请人民监督员、侦查机关、异地检察机关代表等进行公开听证。经评议，参与听证各方一致同意对涉案企业及个人作出不起诉决定。

（三）张家港S公司、睢某某销售假冒注册商标的商品案——介入侦查认定“挂案”性质，积极引导涉案小微企业开展合规建设①

案件情况

张家港市S五交化贸易有限公司（以下简称S公司）于2015年6月注册成立，注册资本为200万元，在职员工3人，睢某某系该公司法定代表人、实际控制人。

2018年11月22日，张家港市市场监督管理局对S公司进行检查时，发现该公司疑似销售假冒“SKF”商标的轴承，并在其门店及仓库内查获标注“SKF”商标的各种型号轴承27,829个，金额共计68万余元。2018年12月17日，张家港市市场监督管理局将该案移送至张家港市公安局。2019年2月14日，斯凯孚（中国）有限公司出具书面的鉴别报告，认为所查获的标有“SKF”商标的轴承产品均为侵犯该公司注册商标专用权的产品。2019年2月15日，张家港市公安局对本案立案侦查。

检察机关履职情况

1. 应公安机关邀请介入侦查

2021年5月初，张家港市人民检察院应张家港市公安局邀请，派员介入听取案件情况。梳理在案证据，本案侦查工作的主要情况如下：第一，睢某某辩称涉案的轴承部分是从山东威海一旧货调剂市场打包购买，部分是从广州H公司、上海J公司购买，认为自己购进的都应该是正品。第二，公安机关经与广州

---

① 参见张家港S公司、睢某某销售假冒注册商标的商品案，载《企业合规典型案例（第二批）》2021年12月15日。

H公司、上海J公司核实，上海J公司系授权的一级代理商，主要经营“SKF”等品牌轴承。广州H公司从上海J公司进购“SKF”轴承后进行销售，曾3次通过上海J公司直接发货给S公司，共计54万元。同时，公安机关对山东威海的旧货调剂市场进行了现场调查，发现该市场确实是二手交易市场，无法追溯货品源头。第三，斯凯孚(中国)有限公司出具书面鉴别报告时，未对查获的轴承及包装的真伪进行现场勘查，仅根据清点明细材料出具了鉴别说明和比对示例，且不愿再重新鉴定。此外，该案立案距今已超过2年，属“挂案”状态。

2. 及时启动社会调查

检察机关向S公司、睢某某告知企业合规相关政策后，该公司分别向检察机关、公安机关递交了《提请开展刑事合规监督考察的申请书》。随后承办检察官走访企业和市场监督管理局、税务局等行政部门，实地查看公司经营现状、指导填写合规承诺、撰写调查报告。走访调查了解到，该公司系已实际经营6年的小微民营企业，因涉嫌犯罪被立案，一定程度上影响经营，资金周转困难，公司面临危机。该公司规章制度不健全，内部管理不完善，尤其是企业采购程序不规范，对供货商资质和货品来源审查不严，单据留存不全，还曾因接受虚开的增值税发票被税务机关行政处罚。检察机关经综合考虑，鉴于S公司有整改行为和较强的合规愿望，认为可以开展企业合规监督考察。

3. 深入会商达成共识

检察机关认为，该案证明S公司及睢某某犯罪故意的证据不确实、不充分，公安机关也难以再查明轴承及包装的来源是否合法，案件久拖不决已处于“挂案”状态，亟待清理。检察机关与公安机关共同分析了相关情况，并就该案下一步处理进行会商，双方就企业合规、“挂案”清理工作达成共识。公安机关明确表示，如该公司通过企业合规监督考察时还没有新的证据进展，将作出撤案处理。

4. 扎实推进合规考察

经向上级检察机关请示并向张家港市企业合规监管委员会报告后，张家港市人民检察院联合公安机关对S公司启动合规监督考察程序，确定6个月的整改考察期。同时，张家港市企业合规监管委员会根据第三方监督评估机制，从第三方监管人员库中随机抽取组建监督评估小组，跟踪S公司整改、评估合规计划落实情况。按照合规计划，S公司梳理企业风险点，制定《财务管理合规建设制度》《发票制发流程》《货物销售采购流程》等内部制度，并形成规范的公司合同模板。在税务方面，公司从以往直接与代账会计单线联系，转变为与会计所在单位签订合同，对财务人员应尽责任、单位管理职责进行书面约定。在知识产权方面，公司明确渠道商应提供品牌授权证明并备案，每笔发货都注明产品明细，做到采购来路明晰、底数清晰。合规整改期间，检察机关会同第三方监督评估小组，每月通过座谈会议、电话联系、查阅资料、实地检查等方式，特别是通过“不打招呼”的随机方式，检查企业合规建设情况。同时，检察机关还向公安机关通报企业合规建设进展情况，邀请参与合规检查，并认真吸收公安机关对合规制度完善提出的意见。2021 年 8 月 5 日，鉴于该公司员工数少、业务单一、合规建设相对简易的情况，第三方监督评估小组提出缩短合规监督考察期限的建议。检察机关听取市场监督管理部门、税务部门的意见后，决定将合规监督考察期限缩短至 3 个月。2021 年 8 月 16 日至 18 日，第三方监督评估小组对该公司合规有效性进行评估，出具了合规建设合格有效的评估报告。

5. 参考考察结果作出处理

2021 年 8 月 20 日，张家港市人民检察院组织公开听证，综合考虑企业合规整改效果，就是否建议公安机关撤销案件听取意见，听证与会人员一致同意检察机关制发相关检察建议。当日，检察机关向公安机关发出检察建议，公安机关根据检察建议及时作出撤案处理，并移送市场监督管理部门作行政处罚。检察机关 2 个月后回访发现，S 公司各项经营已步入正轨，因为合规建设，两家大型企业看中 S 公司合规资质与其建立了长期合作关系，业务预期翻几番，发展势头强劲。

二、合规建议

随着我国知识产权强国计划的开展，知识产权保护工作已经上升到了一个新高度，市场对知识产权保护的敏感度也随之提升，行政部门和司法部门都加大了对侵犯知识产权行为的处罚力度，尊重和保护知识产权才能有效地保障创新工作的行稳致远。

2020 年 11 月 30 日，习近平总书记在中共中央政治局第二十五次集体学习时指出：加强我国知识产权保护工作，第一点是要加强知识产权保护工作顶层设计，提高知识产权保护法治化水平。2020 年 12 月 26 日，第十三届全国人民代表大会常务委员会第二十四次会议通过《刑法修正案（十一）》，进一步加强了对知识产权的保护力度,惩治假冒注册商标的犯罪行为。

同时,最高人民检察院发布的2021年1月至6月全国检察机关办案数据显示,全国检察机关共起诉侵犯知识产权犯罪6017人,同比上升12.6%,起诉率达到91.8%,高于整体刑事犯罪6.2%,并且是近5年来的最高点。侵犯知识产权犯罪案件体现出两个特点:一是罪名集中,主要为假冒注册商标罪和销售假冒注册商标罪,分别起诉2676人和2138人,合占起诉总数的80%;二是案发地集中,以东南经济较发达地区为主,其中广东起诉1463人、上海987人、浙江416人、河南371人、江苏341人,五地占全国起诉总数的59.5%。

商标作为公司商誉的载体,蕴含了极其重要的价值,相较于专利而言,商标的受众更为广泛,因此也成为侵权的"重灾区"。企业建立知识产权类的合规管理可以先从商标体系入手,进行商标专项合规建设,并且在商标合规建设的指引下做到避免侵犯他人权利的同时也能做好自身的商标权利保护。

上述三个案例中,涉案企业均为小微企业,并且这三家企业涉嫌犯罪具有共同的原因——知识产权法律意识淡薄。从整体上来看,小微企业是我国国民经济的重要组成部分,但是实践中表明,大多数小微企业只关注降低成本、扩大生产、提高收益,对什么是知识产权、为什么要保护知识产权以及自己有没有知识产权等问题不够重视,甚至从不关注,在陷入侵权纠纷甚至是触犯刑法后也只是被动接受赔偿判决或处罚,由于小微企业抗风险能力较差,一次法律事故就导致企业破产的现象也时有发生。

该问题的处理也是普法工作的主要目标之一,司法行政机关以及社会法律工作人员应该多注重对涉及实施产权企业的法律培训和宣讲工作,只有先加强企业家知识产权法律认识,该企业才能具备相关合规建设的基础,也是合规工作推进的第一步。接下来才是针对企业不同的知识产权需求,建设商标、专利、著作权、商业秘密的专项合规计划,从每一个企业个体做起,整体提高市场对知识产权的重视和保护,为创新提供良好的土壤。

同时我们注意到,在案例(二)中,J公司存在企业注册地、生产经营地和犯罪地分离的情况,上海、浙江两地的检察机关在有关工作办法的指引下,依托长三角区域检察协作平台,确立了"委托方发起""受托方协助""第三方执行"的合规考察异地协作模式,对当下地方检察院面临的异地社会调查难、监督考察难、行刑衔接难等问题作出了针对性尝试和探索,有效降低了司法办案成本,大大提升了办案质量和效率。

随着市场经济的日益发达，很多企业的注册地、生产经营地、主要销售地均存在分离的情况，产品面向全国甚至是全球发售也是常见之举，一旦注册地、生产经营地和犯罪地出现分离的情形，不仅公安机关难以调查和取证，检察院若想展开合规工作也会受到不同程度的影响，长三角地区的联合机制给了地方检察机关很好的启示，未来企业进行异地合规考察将常态化，跨区域联合办案或将成为未来合规的重点研究方向。

目前我国跨地区生产和销售的企业非常多，但是每个区域、每个板块的责任还是较为明晰的，例如，研发端可能更侧重的是知识产权的问题，生产端则更注重采购、产品质量、生产安全等问题，销售端会更注重广告宣传、商业贿赂等问题，合规工作不要求面面俱到，而要求一针见血，建议企业根据自己的商业模式，结合区域优势调整公司结构，通过合规尽调、第三方评估等工作挑选出主要的风险和漏洞，先将专项合规工作作为尝试，培养企业家和员工的合规意识，做好企业和个人的责任分割。

需要特别注意的是，第三个典型案例是利用企业合规清理“挂案”的样板，起到了重要的启示作用。该案从 2018 年至 2021 年，经过了长达 3 年的办理时间，悬而未决的不仅是案件，更是一个企业的命运，当面对“挂案”时，企业也可以尝试主动向检察院申请合规整改，除最基本的认罪认罚外，还可以聘请第三方服务机构对企业涉罪的原因、涉罪时或当下存在的经营风险等情况进行综合评估，形成合规整改承诺书以及合规计划，尽可能促成检察院对涉案企业合规整改的调研和监督工作，一方面解决了“挂案”问题，另一方面也给了企业存活下去的希望。

同时，在这三个案例中，检察院对合规企业都会经过详尽的调查，包括重点考察涉案企业的社会贡献度、发展前景、社会综合评价、企业管理人员的一贯表现等内容。实践中企业涉及犯罪的成因往往异常复杂，不仅是简单的刑事法律的问题，还涉及诸如经济、社会等更深层次的矛盾问题，单靠刑事法律惩治是难以取得良好的社会治理效果的，检察院针对涉案企业采取多层次、多角度的调查，一方面可以综合评估涉案企业是否具备合规的条件，另一方面通过详尽的调查更容易发现企业的漏洞，进而能出具更具有针对性的合规整改建议。

虽然说做好刑事合规的目的在于能够使企业家们通过企业内部法治实现自我保护、终身保护，有效预防企业核心人员涉嫌刑事犯罪，并且有可能作为将来案发后不予批捕、不予起诉或量刑从轻、减轻的决定性条件。但是从另一个角度来说，也鞭策我们企业尤其是科创型企业更加重视知识产权工作，尊重、保护、利用知识产权，为企业科技创新打好基础。

在新时代的背景下，我国科技和创新会持续处于领先创富的领域，在做好创新创造的同时，也必须注意知识产权的保护，做好企业合规，保护自己、尊重他人。在此过程中，企业需要重视对工作人员知识产权保护相关法律法规的培训工作，通过多种形式的知识传输提高全体员工的知识产权保护意识，配合企业合规工作，不断形成完善科学的知识产权企业文化建设，从而规范企业的经营行为，降低企业经营过程中恶意侵犯他人知识产权行为的发生。

以下将对我国现行有效的法律、法规、规章以及非规范性法律文件中与“假冒注册商标罪”、“销售假冒注册商标的商品罪”以及“非法制造、销售非法制造的注册商标标识罪”的重点规定进行梳理，以供参考。

1.《中华人民共和国刑法》	
第二百一十三条	假冒注册商标罪： 未经注册商标所有人许可，在同一种商品、服务上使用与其注册商标相同的商标，情节严重的，处三年以下有期徒刑，并处或者单处罚金；情节特别严重的，处三年以上十年以下有期徒刑，并处罚金。
第二百一十四条	销售假冒注册商标的商品罪： 销售明知是假冒注册商标的商品，违法所得数额较大或者有其他严重情节的，处三年以下有期徒刑，并处或者单处罚金；违法所得数额巨大或者有其他特别严重情节的，处三年以上十年以下有期徒刑，并处罚金。
第二百一十五条	非法制造、销售非法制造的注册商标标识罪： 伪造、擅自制造他人注册商标标识或者销售伪造、擅自制造的注册商标标识，情节严重的，处三年以下有期徒刑，并处或者单处罚金；情节特别严重的，处三年以上十年以下有期徒刑，并处罚金。
第二百二十条	单位犯侵犯知识产权罪的处罚规定： 单位犯本节第二百一十三条至第二百一十九条之一规定之罪的，对单位判处罚金，并对其直接负责的主管人员和其他直接责任人员，依照本节各该条的规定处罚。

续表

2.《最高人民法院、最高人民检察院关于办理侵犯知识产权刑事案件具体应用法律若干问题的解释》(法释〔2004〕19号)	
第一条	未经注册商标所有人许可,在同一种商品上使用与其注册商标相同的商标,具有下列情形之一的,属于刑法第二百一十三条规定的"情节严重",应当以假冒注册商标罪判处三年以下有期徒刑或者拘役,并处或者单处罚金: (一)非法经营数额在五万元以上或者违法所得数额在三万元以上的; (二)假冒两种以上注册商标,非法经营数额在三万元以上或者违法所得数额在二万元以上的; (三)其他情节严重的情形。 具有下列情形之一的,属于刑法第二百一十三条规定的"情节特别严重",应当以假冒注册商标罪判处三年以上七年以下有期徒刑,并处罚金: (一)非法经营数额在二十五万元以上或者违法所得数额在十五万元以上的; (二)假冒两种以上注册商标,非法经营数额在十五万元以上或者违法所得数额在十万元以上的; (三)其他情节特别严重的情形。
第二条	销售明知是假冒注册商标的商品,销售金额在五万元以上的,属于刑法第二百一十四条规定的"数额较大",应当以销售假冒注册商标的商品罪判处三年以下有期徒刑或者拘役,并处或者单处罚金。 销售金额在二十五万元以上的,属于刑法第二百一十四条规定的"数额巨大",应当以销售假冒注册商标的商品罪判处三年以上七年以下有期徒刑,并处罚金。
第三条	伪造、擅自制造他人注册商标标识或者销售伪造、擅自制造的注册商标标识,具有下列情形之一的,属于刑法第二百一十五条规定的"情节严重",应当以非法制造、销售非法制造的注册商标标识罪判处三年以下有期徒刑、拘役或者管制,并处或者单处罚金: (一)伪造、擅自制造或者销售伪造、擅自制造的注册商标标识数量在二万件以上,或者非法经营数额在五万元以上,或者违法所得数额在三万元以上的; (二)伪造、擅自制造或者销售伪造、擅自制造两种以上注册商标标识数量在一万件以上,或者非法经营数额在三万元以上,或者违法所得数额在二万元以上的; (三)其他情节严重的情形。 具有下列情形之一的,属于刑法第二百一十五条规定的"情节特别严重",应当以非法制造、销售非法制造的注册商标标识罪判处三年以上七年以下有期徒刑,并处罚金:

续表

	(一)伪造、擅自制造或者销售伪造、擅自制造的注册商标标识数量在十万件以上,或者非法经营数额在二十五万元以上,或者违法所得数额在十五万元以上的; (二)伪造、擅自制造或者销售伪造、擅自制造两种以上注册商标标识数量在五万件以上,或者非法经营数额在十五万元以上,或者违法所得数额在十万元以上的; (三)其他情节特别严重的情形。
第八条	刑法第二百一十三条规定的"相同的商标",是指与被假冒的注册商标完全相同,或者与被假冒的注册商标在视觉上基本无差别、足以对公众产生误导的商标。 刑法第二百一十三条规定的"使用",是指将注册商标或者假冒的注册商标用于商品、商品包装或者容器以及产品说明书、商品交易文书,或者将注册商标或者假冒的注册商标用于广告宣传、展览以及其他商业活动等行为。
第九条	刑法第二百一十四条规定的"销售金额",是指销售假冒注册商标的商品后所得和应得的全部违法收入。 具有下列情形之一的,应当认定为属于刑法第二百一十四条规定的"明知": (一)知道自己销售的商品上的注册商标被涂改、调换或者覆盖的; (二)因销售假冒注册商标的商品受到过行政处罚或者承担过民事责任、又销售同一种假冒注册商标的商品的; (三)伪造、涂改商标注册人授权文件或者知道该文件被伪造、涂改的; (四)其他知道或者应当知道是假冒注册商标的商品的情形。
第十二条	本解释所称"非法经营数额",是指行为人在实施侵犯知识产权行为过程中,制造、储存、运输、销售侵权产品的价值。已销售的侵权产品的价值,按照实际销售的价格计算。制造、储存、运输和未销售的侵权产品的价值,按照标价或者已经查清的侵权产品的实际销售平均价格计算。侵权产品没有标价或者无法查清其实际销售价格的,按照被侵权产品的市场中间价格计算。 多次实施侵犯知识产权行为,未经行政处理或者刑事处罚的,非法经营数额、违法所得数额或者销售金额累计计算。 本解释第三条所规定的"件",是指标有完整商标图样的一份标识。

续表

第十三条	实施刑法第二百一十三条规定的假冒注册商标犯罪，又销售该假冒注册商标的商品，构成犯罪的，应当依照刑法第二百一十三条的规定，以假冒注册商标罪定罪处罚。 实施刑法第二百一十三条规定的假冒注册商标犯罪，又销售明知是他人的假冒注册商标的商品，构成犯罪的，应当实行数罪并罚。
第十五条	单位实施刑法第二百一十三条至第二百一十九条规定的行为，按照本解释规定的相应个人犯罪的定罪量刑标准的三倍定罪量刑。
第十六条	明知他人实施侵犯知识产权犯罪，而为其提供贷款、资金、账号、发票、证明、许可证件，或者提供生产、经营场所或者运输、储存、代理进出口等便利条件、帮助的，以侵犯知识产权犯罪的共犯论处。
3.《最高人民法院、最高人民检察院关于办理侵犯知识产权刑事案件具体应用法律若干问题的解释（二）》（法释〔2007〕6号）	
第三条	侵犯知识产权犯罪，符合刑法规定的缓刑条件的，依法适用缓刑。有下列情形之一的，一般不适用缓刑： （一）因侵犯知识产权被刑事处罚或者行政处罚后，再次侵犯知识产权构成犯罪的； （二）不具有悔罪表现的； （三）拒不交出违法所得的； （四）其他不宜适用缓刑的情形。
第四条	对于侵犯知识产权犯罪的，人民法院应当综合考虑犯罪的违法所得、非法经营数额、给权利人造成的损失、社会危害性等情节，依法判处罚金。罚金数额一般在违法所得的一倍以上五倍以下，或者按照非法经营数额的50%以上一倍以下确定。
第五条	被害人有证据证明的侵犯知识产权刑事案件，直接向人民法院起诉的，人民法院应当依法受理；严重危害社会秩序和国家利益的侵犯知识产权刑事案件，由人民检察院依法提起公诉。
第六条	单位实施刑法第二百一十三条至第二百一十九条规定的行为，按照《最高人民法院、最高人民检察院关于办理侵犯知识产权刑事案件具体应用法律若干问题的解释》和本解释规定的相应个人犯罪的定罪量刑标准定罪处罚。

续表

4.《最高人民法院、最高人民检察院关于办理侵犯知识产权刑事案件具体应用法律若干问题的解释(三)》(法释〔2020〕10号)	
第一条	具有下列情形之一的,可以认定为刑法第二百一十三条规定的“与其注册商标相同的商标”: (一)改变注册商标的字体、字母大小写或者文字横竖排列,与注册商标之间基本无差别的; (二)改变注册商标的文字、字母、数字等之间的间距,与注册商标之间基本无差别的; (三)改变注册商标颜色,不影响体现注册商标显著特征的; (四)在注册商标上仅增加商品通用名称、型号等缺乏显著特征要素,不影响体现注册商标显著特征的; (五)与立体注册商标的三维标志及平面要素基本无差别的; (六)其他与注册商标基本无差别、足以对公众产生误导的商标。
第七条	除特殊情况外,假冒注册商标的商品、非法制造的注册商标标识、侵犯著作权的复制品、主要用于制造假冒注册商标的商品、注册商标标识或者侵权复制品的材料和工具,应当依法予以没收和销毁。 上述物品需要作为民事、行政案件的证据使用的,经权利人申请,可以在民事、行政案件终结后或者采取取样、拍照等方式对证据固定后予以销毁。
第八条	具有下列情形之一的,可以酌情从重处罚,一般不适用缓刑: (一)主要以侵犯知识产权为业的; (二)因侵犯知识产权被行政处罚后再次侵犯知识产权构成犯罪的; (三)在重大自然灾害、事故灾难、公共卫生事件期间,假冒抢险救灾、防疫物资等商品的注册商标的; (四)拒不交出违法所得的。
第九条	具有下列情形之一的,可以酌情从轻处罚: (一)认罪认罚的; (二)取得权利人谅解的; (三)具有悔罪表现的; (四)以不正当手段获取权利人的商业秘密后尚未披露、使用或者允许他人使用的。

续表

第十条	对于侵犯知识产权犯罪的，应当综合考虑犯罪违法所得数额、非法经营数额、给权利人造成的损失数额、侵权假冒物品数量及社会危害性等情节，依法判处罚金。 罚金数额一般在违法所得数额的一倍以上五倍以下确定。违法所得数额无法查清的，罚金数额一般按照非法经营数额的百分之五十以上一倍以下确定。违法所得数额和非法经营数额均无法查清，判处三年以下有期徒刑、拘役、管制或者单处罚金的，一般在三万元以上一百万元以下确定罚金数额；判处三年以上有期徒刑的，一般在十五万元以上五百万元以下确定罚金数额。
5.《关于办理侵犯知识产权刑事案件适用法律若干问题的意见》（法发〔2011〕3号）	
一、关于侵犯知识产权犯罪案件的管辖问题	侵犯知识产权犯罪案件由犯罪地公安机关立案侦查。必要时，可以由犯罪嫌疑人居住地公安机关立案侦查。侵犯知识产权犯罪案件的犯罪地，包括侵权产品制造地、储存地、运输地、销售地，传播侵权作品、销售侵权产品的网站服务器所在地、网络接入地、网站建立者或者管理者所在地，侵权作品上传者所在地，权利人受到实际侵害的犯罪结果发生地。对有多个侵犯知识产权犯罪地的，由最初受理的公安机关或者主要犯罪地公安机关管辖。多个侵犯知识产权犯罪地的公安机关对管辖有争议的，由共同的上级公安机关指定管辖，需要提请批准逮捕、移送审查起诉、提起公诉的，由该公安机关所在地的同级人民检察院、人民法院受理。 对于不同犯罪嫌疑人、犯罪团伙跨地区实施的涉及同一批侵权产品的制造、储存、运输、销售等侵犯知识产权犯罪行为，符合并案处理要求的，有关公安机关可以一并立案侦查，需要提请批准逮捕、移送审查起诉、提起公诉的，由该公安机关所在地的同级人民检察院、人民法院受理。
二、关于办理侵犯知识产权刑事案件中行政执法部门收集、调取证据的效力问题	行政执法部门依法收集、调取、制作的物证、书证、视听资料、检验报告、鉴定结论、勘验笔录、现场笔录，经公安机关、人民检察院审查，人民法院庭审质证确认，可以作为刑事证据使用。 行政执法部门制作的证人证言、当事人陈述等调查笔录，公安机关认为有必要作为刑事证据使用的，应当依法重新收集、制作。

续表

三、关于办理侵犯知识产权刑事案件的抽样取证问题和委托鉴定问题	公安机关在办理侵犯知识产权刑事案件时，可以根据工作需要抽样取证，或者商请同级行政执法部门、有关检验机构协助抽样取证。法律、法规对抽样机构或者抽样方法有规定的，应当委托规定的机构并按照规定方法抽取样品。 公安机关、人民检察院、人民法院在办理侵犯知识产权刑事案件时，对于需要鉴定的事项，应当委托国家认可的有鉴定资质的鉴定机构进行鉴定。 公安机关、人民检察院、人民法院应当对鉴定结论进行审查，听取权利人、犯罪嫌疑人、被告人对鉴定结论的意见，可以要求鉴定机构作出相应说明。
四、关于侵犯知识产权犯罪自诉案件的证据收集问题	人民法院依法受理侵犯知识产权刑事自诉案件，对于当事人因客观原因不能取得的证据，在提起自诉时能够提供有关线索，申请人民法院调取的，人民法院应当依法调取。
五、关于刑法第二百一十三条规定的"同一种商品"的认定问题	名称相同的商品以及名称不同但指同一事物的商品，可以认定为"同一种商品"。"名称"是指国家工商行政管理总局商标局在商标注册工作中对商品使用的名称，通常即《商标注册用商品和服务国际分类》中规定的商品名称。"名称不同但指同一事物的商品"是指在功能、用途、主要原料、消费对象、销售渠道等方面相同或者基本相同，相关公众一般认为是同一种事物的商品。 认定"同一种商品"，应当在权利人注册商标核定使用的商品和行为人实际生产销售的商品之间进行比较。
六、关于刑法第二百一十三条规定的"与其注册商标相同的商标"的认定问题	具有下列情形之一，可以认定为"与其注册商标相同的商标"： （一）改变注册商标的字体、字母大小写或者文字横竖排列，与注册商标之间仅有细微差别的； （二）改变注册商标的文字、字母、数字等之间的间距，不影响体现注册商标显著特征的； （三）改变注册商标颜色的； （四）其他与注册商标在视觉上基本无差别、足以对公众产生误导的商标。

续表

七、关于尚未附着或者尚未全部附着假冒注册商标标识的侵权产品价值是否计入非法经营数额的问题	在计算制造、储存、运输和未销售的假冒注册商标侵权产品价值时，对于已经制作完成但尚未附着（含加贴）或者尚未全部附着（含加贴）假冒注册商标标识的产品，如果有确实、充分证据证明该产品将假冒他人注册商标，其价值计入非法经营数额。
八、关于销售假冒注册商标的商品犯罪案件中尚未销售或者部分销售情形的定罪量刑问题	销售明知是假冒注册商标的商品，具有下列情形之一的，依照刑法第二百一十四条的规定，以销售假冒注册商标的商品罪（未遂）定罪处罚： （一）假冒注册商标的商品尚未销售，货值金额在十五万元以上的； （二）假冒注册商标的商品部分销售，已销售金额不满五万元，但与尚未销售的假冒注册商标的商品的货值金额合计在十五万元以上的。 假冒注册商标的商品尚未销售，货值金额分别达到十五万元以上不满二十五万元、二十五万元以上的，分别依照刑法第二百一十四条规定的各法定刑幅度定罪处罚。 销售金额和未销售货值金额分别达到不同的法定刑幅度或者均达到同一法定刑幅度的，在处罚较重的法定刑或者同一法定刑幅度内酌情从重处罚。
九、关于销售他人非法制造的注册商标标识犯罪案件中尚未销售或者部分销售情形的定罪问题	销售他人伪造、擅自制造的注册商标标识，具有下列情形之一的，依照刑法第二百一十五条的规定，以销售非法制造的注册商标标识罪（未遂）定罪处罚： （一）尚未销售他人伪造、擅自制造的注册商标标识数量在六万件以上的； （二）尚未销售他人伪造、擅自制造的两种以上注册商标标识数量在三万件以上的； （三）部分销售他人伪造、擅自制造的注册商标标识，已销售标识数量不满二万件，但与尚未销售标识数量合计在六万件以上的； （四）部分销售他人伪造、擅自制造的两种以上注册商标标识，已销售标识数量不满一万件，但与尚未销售标识数量合计在三万件以上的。

续表

十四、关于多次实施侵犯知识产权行为累计计算数额问题	依照最高人民法院、最高人民检察院《关于办理侵犯知识产权刑事案件具体应用法律若干问题的解释》第十二条第二款的规定,多次实施侵犯知识产权行为,未经行政处理或者刑事处罚的,非法经营数额、违法所得数额或者销售金额累计计算。 二年内多次实施侵犯知识产权违法行为,未经行政处理,累计数额构成犯罪的,应当依法定罪处罚。实施侵犯知识产权犯罪行为的追诉期限,适用刑法的有关规定,不受前述二年的限制。
十五、关于为他人实施侵犯知识产权犯罪提供原材料、机械设备等行为的定性问题	明知他人实施侵犯知识产权犯罪,而为其提供生产、制造侵权产品的主要原材料、辅助材料、半成品、包装材料、机械设备、标签标识、生产技术、配方等帮助,或者提供互联网接入、服务器托管、网络存储空间、通讯传输通道、代收费、费用结算等服务的,以侵犯知识产权犯罪的共犯论处。
十六、关于侵犯知识产权犯罪竞合的处理问题	行为人实施侵犯知识产权犯罪,同时构成生产、销售伪劣商品犯罪的,依照侵犯知识产权犯罪与生产、销售伪劣商品犯罪中处罚较重的规定定罪处罚。
6.《关于在打击侵犯商标专用权违法犯罪工作中加强衔接配合的暂行规定》(公通字〔2006〕9号)	
第一条	为加强公安机关和工商行政管理机关(以下简称双方)的协作与配合,严厉打击侵犯商标专用权违法犯罪活动,维护市场经济秩序,促进国家经济发展,根据《刑法》、《商标法》、《行政执法机关移送涉嫌犯罪案件的规定》及相关法律、法规,制定本规定。
第二条	双方加强打击侵犯商标专用权违法犯罪工作的衔接配合,包括通报重大涉嫌犯罪线索和会商打击策略,依法移送和接受涉嫌侵犯商标专用权违法犯罪案件,相互通报侵犯商标专用权违法犯罪活动的情报信息,共同开展保护商标专用权领域的宣传和国际交流等事项。
第三条	双方在打击侵犯商标专用权违法犯罪工作中的衔接配合,由公安机关经济犯罪侦查部门和工商行政管理机关商标管理部门归口管理。

续表

第四条	公安部经济犯罪侦查局(以下简称经侦局)、国家工商行政管理总局商标局(以下简称商标局),以及各省级、地市级公安机关经济犯罪侦查部门和工商行政管理机关商标管理部门应建立打击侵犯商标专用权违法犯罪联席会议制度。联席会议由公安机关、工商行政管理机关负责查处侵犯商标专用权违法犯罪案件部门的负责人和其他相关职能部门的负责人组成。 县级公安机关应与同级工商行政管理机关建立打击侵犯商标专用权违法犯罪衔接配合机制,并根据当地实际情况确定具体形式和参加单位。
第五条	联席会议每年召开一次,由公安机关、工商行政管理机关轮流召集,轮值方负责会议的组织和筹备工作。如遇重大、紧急情况或需联合部署重要工作,可召开临时联席会议。 联席会议的主要内容是总结衔接配合工作情况,制定工作措施和计划,研究重大案件的办理工作,交流打击侵犯商标专用权违法犯罪工作的情报信息。各级联席会议决定的有关事项,应报送双方上级主管机关。
第六条	工商行政管理机关在执法过程中,发现重大侵犯商标专用权案件线索,应当及时通报同级公安机关。 公安机关对于在工作中发现的商标侵权违法案件线索,应及时通报同级工商行政管理机关。
第七条	工商行政管理机关向公安机关通报案件线索时,应当附有下列材料: (一)案件(线索)通报函; (二)侵权物品的商标、标识等材料; (三)商标注册证等有关证据、文件的复印件; (四)其他有关材料。
第八条	公安机关应当自接到工商行政管理机关通报之日起3个工作日内,依法对所通报的案件线索进行审查,并可商请工商行政管理机关提供必要的协助。认为有犯罪事实,应当追究刑事责任的,依法决定立案,书面通知通报线索的工商行政管理机关;认为没有犯罪事实、不需要追究刑事责任、或应由权利人直接向人民法院起诉,依法不予立案的,应当说明理由,通知工商行政管理机关。对于有必要和有条件进行侦查经营的,公安机关可与工商行政管理机关共同商定工作方案,部署查处工作。 工商行政管理机关应当自接受公安机关通报的违法案件线索之日起3个工作日内,依法对所通报的案件线索进行审查,认为存在商标侵权等违法事实的,依法决定立案,书面通知通报线索的公安机关;认为不存在商标侵权等违法事实的,不予立案并书面通知通报线索的公安机关。

续表

第九条	工商行政管理机关在立案查处商标案件过程中,对涉嫌犯罪的案件,应当依照国务院《行政执法机关移送涉嫌犯罪案件的规定》及有关规定向公安机关移送案件,不得以行政处罚代替刑事处罚。 工商行政管理机关移送案件,原则上应一案一送。如果拟移送的案件数量较多,或案情复杂、案件性质难以把握,工商行政管理机关可与公安机关进行讨论、会商。决定移送的,工商行政管理机关应制作《涉嫌犯罪案件移送书》,连同有关材料汇总移送公安机关。
第十条	对于工作中发现的重大案件线索,公安机关、工商行政管理机关可以召开临时联席会议,必要时邀请其他执法机关代表参加,共同会商、研究案情和决定打击对策,开展联合打击工作。 工商行政管理机关接到重大案件线索举报,或者在执法现场查获重大案件,认为涉嫌犯罪的,应当立即通知公安机关,公安机关应当派员到场,共同研究查处工作。双方认为符合移交条件的,应当立即交由公安机关处理。 联合打击工作应以"精确打击"和"全程打击"为方针,采取协同作战的方式,查明涉及的生产、销售以及制造假冒注册商标标识等各个环节的策划者、组织者、参与者,摧毁整个犯罪网络。 "重大案件"是指社会危害巨大、社会反映强烈、涉案价值较大、涉及跨国跨境犯罪团伙或其他双方认为应联合打击的案件。
第十一条	在公安机关决定立案通知书送达后3日内,工商行政管理机关应当向公安机关办理有关侵权货物的移交手续,并将货物移交给公安机关。公安机关要求到场查验有关货物或收集必要的货物样品的,工商行政管理机关应当予以积极协助。 公安机关不能及时接收移交货物的,经协商,工商行政管理机关也可依照《商标法》第五十三条之规定处理。
第十二条	公安机关就有关行为是否构成商标侵权问题需要咨询工商行政管理机关意见的,应当向同级工商行政管理机关书面提出认定要求,并应附送侵权嫌疑货物的照片、文字说明等材料。工商行政管理机关应当在收到函件后15个工作日内答复,案情复杂的除外。工商行政管理机关的认定意见仅作为公安机关办案的参考。 对于案情重大、复杂,就有关行为是否构成商标侵权问题需要咨询商标局意见的,地方公安机关应当先将有关情况上报经侦局,由经侦局向商标局征求意见。
第十三条	公安机关在办理侵犯商标专用权违法犯罪案件过程中,可以就商标专用权存续状况向所在地省级工商行政管理机关书面查询,工商行政管理机关应当在收到函件后10个工作日内予以回复。公安机关根据需要可以商请工商行政管理机关派人协助,工商行政管理机关应予支持。

续表

第十四条	双方对工作中发现的有关侵犯商标权犯罪活动的重要情报，应随时相互通报。工商行政管理机关发现有关人员和单位屡次从事假冒商标活动，有重大犯罪嫌疑的，应将有关情况及时通报同级公安机关。
第十五条	公安机关、工商行政管理机关应当在执法过程中加强相互支持协助，并可根据实际需要，在当地党委政府和上级公安机关的领导下，共同开展专项行动。 双方发挥各自的资源优势，共同组织开展培训、宣传、表彰等活动。在国际执法合作中要密切配合，共同参与有关国际交流活动。
第十六条	经侦局、商标局对双方执行本规定的情况进行联合监督；各省、自治区、直辖市公安机关和工商行政管理机关对本辖区内执行情况进行监督。

第三节　侵犯公民个人信息罪

一、典型案例

(一)郑某、杨某等侵犯公民个人信息案①

案件情况

2011年至2013年9月，被告人郑某、杨某在分别担任某有限公司西北区婴儿营养部市务经理、兰州分公司婴儿营养部甘肃区域经理期间，为了抢占市场份额，推销某公司奶粉，授意该公司员工被告人杨某某、李某某、杜某某、孙某通过拉关系、支付好处费等手段，多次从兰州大学第一附属医院、兰州军区总医院、兰州兰石医院等多家医院医务人员手中非法获取公民个人信息。

其中，被告人郑某非法获取公民个人信息40,507条；被告人杨某非法获取

① 郑某、杨某等侵犯公民个人信息罪案，甘肃省兰州市中级人民法院(2017)甘01刑终89号刑事裁定书。

公民个人信息45,659条;被告人杨某某非法获取公民个人信息20,085条,被告人李某某非法获取公民个人信息14,163条,被告人杜某某非法获取公民个人信息10,448条,被告人孙某非法获取公民个人信息963条。

其间,被告人王某某利用其担任兰州大学第一附属医院妇产科护师的便利,将其在工作中收集的2074条公民个人信息非法提供给被告人杨某某、孙某,收取好处费13,610元。被告人丁某某利用其担任兰州军区总医院妇产科护师的便利,将其在工作中收集的996条公民个人信息非法提供给被告人李某某,收取好处费4250元。被告人杨某利用其担任兰州兰石医院妇产科护师的便利,将其在工作中收集的724条公民个人信息非法提供给被告人杜某某,收取好处费6995元。

法院审理过程

一审法院以被告人郑某犯侵犯公民个人信息罪,判处有期徒刑1年6个月,缓刑2年,罚金4000元;被告人杨某犯侵犯公民个人信息罪,判处有期徒刑1年6个月,缓刑2年,罚金4000元;被告人杨某某犯侵犯公民个人信息罪,判处有期徒刑1年,缓刑1年,罚金3000元;被告人李某某犯侵犯公民个人信息罪,判处有期徒刑10个月,缓刑1年,罚金2000元;被告人杜某某犯侵犯公民个人信息罪,判处有期徒刑8个月,缓刑1年,罚金2000元;被告人孙某犯侵犯公民个人信息罪,免予刑事处罚;被告人王某某犯侵犯公民个人信息罪,判处拘役6个月,缓刑10个月,罚金1000元;被告人丁某某犯侵犯公民个人信息罪,判处拘役5个月,缓刑6个月,罚金1000元;被告人杨某犯侵犯公民个人信息罪,判处拘役4个月,缓刑6个月,罚金1000元。

一审判决后,被告人均提出上诉。其中,上诉人郑某以自己的行为是公司行为为由提出上诉;其辩护人提出原判认定事实不清、证据不足,本案属于单位犯罪,上诉人郑某无罪的辩护意见。上诉人杨某某的辩护人提出本案属于单位犯罪的辩护意见。

对于各上诉人及其辩护人提出的属单位犯罪的上诉理由及辩护意见,二审法院认为,单位犯罪是为本单位谋取非法利益之目的,在客观上实施了由本单位集体决定或者由负责人决定的行为。某公司政策、员工行为规范等证据证实,公司禁止员工从事侵犯公民个人信息的违法犯罪行为,各上诉人违反公司管理规定,为提升个人业绩而实施犯罪为个人行为。故上诉人的上诉理由不能成立,辩护人的辩护意见不予支持。二审法院作出驳回上诉,维持原判的判决。

案例评析

本案是国内非常典型的企业利用合规制度避免陷入刑事风险,将员工个人违法犯罪行为与企业合理分割的案例。员工在上诉中意图通过将犯罪行为转移到公司,以减轻自己的刑事处罚,但从二审法院的观点中可以看出,法院充分肯定了公司所制定和实施的含有个人信息保护合规内容的《员工行为规范》等公司政策。相关报道显示,法院在案件审理过程中,针对上诉人的请求,还重点审查了某公司的公司指示(复印于雀巢公司员工培训教材)、公司情况说明及公司DR的概念、目标任务、与DR相关的信息获取方式等情况,均证实某公司从不允许员工以非法方式收集消费者个人信息,并且从不为此向员工、医务人员提供资金。

并且,公司在相关指示文件中明确作出规定,“对医务专业人员不得进行金钱、物质引诱”。同时为了让员工充分知悉与遵守上述规定,公司还要求所有相关岗位的员工接受培训并签署承诺函。

正因公司在案发前已经建立了系统、有效的合规制度,具有规避、防范合规风险的意识,对员工进行了合规培训,属于尽到合规管理义务的情形,故二审法院由此认定多被告人的行为违反了公司的合规管理规定,为其个人行为,而非单位行为。

该案例充分体现了合规制度对企业积极一面的重要性,搭建起依法依规经营和违法犯罪风险之间的“护城河”,同时也体现了一套行之有效的合规制度对于企业避免和降低“单位犯罪”的风险具有重要实践意义。

(二)南京市首例企业合规不起诉案①

案件情况

2019年3月至4月,江苏某建设集团有限公司(另案处理,以下简称某建设公

① 雨花台区完成南京市首例企业合规不起诉案件,载南京市人民政府网,https://www. nanjing. gov. cn/gqdt/202107/t20210727_3086221. html。

司)在生产经营中,先后注册成立了江苏某甲建筑劳务有限公司、江苏某乙建筑劳务有限公司,并以该两家公司名义向劳务人员发放劳务费。2019年下半年,印某甲在召开某建设公司管理会议时,有管理人员多次向其反映,因公司的项目承包方未提供足够的劳务人员个人信息,导致某建设公司在发放劳务费后需要支出较多税款。印某甲在公司会议上决定,由其来解决劳务人员个人信息不足问题。2019年12月17日,印某甲与某某大学学生工作处职工陈某某(另案处理)联系,索要该校学生个人信息;后陈某某违反规定,从学校学生管理系统下载9000余名在校学生个人信息发送给印某甲。当日,印某甲将该信息名单转发给其公司财务人员,后由其公司财务人员陆续使用其中部分学生信息,冒充江苏某甲建筑劳务有限公司、江苏某乙建筑劳务有限公司员工,向税务机关进行虚假纳税申报。

2020年9月13日,印某甲主动至公安机关投案,归案后如实供述了上述主要犯罪事实。

检察机关履职情况

经过多次实地走访涉案企业,查阅公司账册,深入了解企业生产规模、经营现状,检察机关发现涉案企业为劳动密集型企业,案件当事人认罪认罚态度良好,案发后主动配合税务机关删除了被冒用个人信息的纳税申报记录,并已补缴了相关税款。由于本案中涉案人员犯罪情节轻微,危害不大,且具有自首、认罪认罚等从宽处罚情节,检察院综合考虑作出不起诉决定。

同时为帮助涉案企业依法合规经营,雨花台区司法局推荐律师事务所作为第三方,对涉案企业开展企业合规建设进行监督。

2021年7月27日,雨花台区人民检察院邀请雨花台区政协委员、南京市人民监督员、赛虹桥街道副主任、国家税务总局南京市税务局第一稽查局工作人员等5人担任听证员,针对涉嫌侵犯公民个人信息罪的某建筑企业是否积极落实企业合规整改进行公开听证。这也是自2021年3月最高人民检察院决定扩大企业合规改革试点范围,部署在北京、上海、江苏等10个省(市)开展试点工作以来,南京举行的首场企业合规公开听证会。

二、合规建议

随着互联网技术的蓬勃发展,全球进入了大数据时代,在这个时代背景下,所有信息都可以通过数据进行存储，在享受数据传输带来便捷的同时，个人信息数据化也充满了风险和挑战。公民个人信息数据中蕴含了非常大的价值，因此也成为许多不法分子的重点目标，比如，被利用于商业推广类的短信“轰炸”，被提供给境外非法机构用于电信诈骗等，根据检察办案统计，有1/4的网络诈骗是在获取公民个人信息后“精准出手”所致，这些违法违规利用公民个人信息的行为都对每一个人的正常生活造成了不同程度的影响。

目前，为了进一步确保公民个人信息的安全，各地政府、司法行政机关也陆续出台了许多应对措施和处理办法，不断加大对利用非法手段获取个人信息、滥用个人信息，甚至是实施犯罪等行为的打击力度。

与此同时，互联网、电商等领域的企业由于自身业务必须依托于网络，因此积累了大量的公民个人信息，在相关法律法规没有出台之前，在使用和保存这些信息的处理上存在灰色空间。但随着法治的不断进步，立法也出现了革新，若企业不重视个人信息保护工作，仍按照“老思维”“老办法”来看待和处理用户信息，将有可能面临巨额民事赔偿抑或受到行政或刑事处罚的巨大风险。因此，防范数据犯罪是此类企业的重中之重。

随着互联网技术的日益发达，个人信息的储存形式、使用手段等也许会发生变化，我国在该领域的立法工作也会面临新的挑战，在个人信息保护领域将会形成多层次、多手段的法律体系，在合规建设过程中，建议将法律监控作为重点之一，及时学习和了解各个主管部门的监管动态，主动查询和监控相关法律法规的更新和变化，跟进行业新规，在面对新情况、解决新问题时才能做到游刃有余而非病急乱投医，例如，在针对手机App中与业务功能有关的非必要信息的收集，可以参考中央网信办、工业和信息化部、公安部、国家市场监管总局联合制定的《App违法违规收集使用个人信息自评估指南》，在合法的框架下收集和使用个人信息。其次就是要加强对员工普法工作和合规培训的重视，重点针对与使用和储存用户信息有交集的部门和员工，形成企业合规手册，让员工有法可依、有规可循。最后就是要加强和专业律师事务所的合作，增强整个合规工作的专业性。

前述合规建议中提到将法律监控作为合规工作的重点之一，笔者也整理了部分个人信息保护领域的重点条文，以供参考。

1.《中华人民共和国刑法》	
第二百五十三条之一	违反国家有关规定,向他人出售或者提供公民个人信息,情节严重的,处三年以下有期徒刑或者拘役,并处或者单处罚金;情节特别严重的,处三年以上七年以下有期徒刑,并处罚金。 违反国家有关规定,将在履行职责或者提供服务过程中获得的公民个人信息,出售或者提供给他人的,依照前款的规定从重处罚。 窃取或者以其他方法非法获取公民个人信息的,依照第一款的规定处罚。 单位犯前三款罪的,对单位判处罚金,并对其直接负责的主管人员和其他直接责任人员,依照各该款的规定处罚。
2.《中华人民共和国网络安全法》	
第二十二条第三款	网络产品、服务具有收集用户信息功能的,其提供者应当向用户明示并取得同意;涉及用户个人信息的,还应当遵守本法和有关法律、行政法规关于个人信息保护的规定。
第四十一条	网络运营者收集、使用个人信息,应当遵循合法、正当、必要的原则,公开收集、使用规则,明示收集、使用信息的目的、方式和范围,并经被收集者同意。 网络运营者不得收集与其提供的服务无关的个人信息,不得违反法律、行政法规的规定和双方的约定收集、使用个人信息,并应当依照法律、行政法规的规定和与用户的约定,处理其保存的个人信息。
第四十二条	网络运营者不得泄露、篡改、毁损其收集的个人信息;未经被收集者同意,不得向他人提供个人信息。但是,经过处理无法识别特定个人且不能复原的除外。 网络运营者应当采取技术措施和其他必要措施,确保其收集的个人信息安全,防止信息泄露、毁损、丢失。在发生或者可能发生个人信息泄露、毁损、丢失的情况时,应当立即采取补救措施,按照规定及时告知用户并向有关主管部门报告。
第四十三条	个人发现网络运营者违反法律、行政法规的规定或者双方的约定收集、使用其个人信息的,有权要求网络运营者删除其个人信息;发现网络运营者收集、存储的其个人信息有错误的,有权要求网络运营者予以更正。网络运营者应当采取措施予以删除或者更正。

续表

第四十四条	任何个人和组织不得窃取或者以其他非法方式获取个人信息，不得非法出售或者非法向他人提供个人信息。
第四十五条	依法负有网络安全监督管理职责的部门及其工作人员，必须对在履行职责中知悉的个人信息、隐私和商业秘密严格保密，不得泄露、出售或者非法向他人提供。
3.《最高人民法院、最高人民检察院、公安部关于办理电信网络诈骗等刑事案件适用法律若干问题的意见》（法发〔2016〕32 号）	
三、全面惩处关联犯罪	（二）违反国家有关规定，向他人出售或者提供公民个人信息，窃取或者以其他方法非法获取公民个人信息，符合刑法第二百五十三条之一规定的，以侵犯公民个人信息罪追究刑事责任。
4.《最高人民法院、最高人民检察院关于办理侵犯公民个人信息刑事案件适用法律若干问题的解释》（法释〔2017〕10 号）	
为依法惩治侵犯公民个人信息犯罪活动，保护公民个人信息安全和合法权益，根据《中华人民共和国刑法》《中华人民共和国刑事诉讼法》的有关规定，现就办理此类刑事案件适用法律的若干问题解释如下：	
第一条	刑法第二百五十三条之一规定的“公民个人信息”，是指以电子或者其他方式记录的能够单独或者与其他信息结合识别特定自然人身份或者反映特定自然人活动情况的各种信息，包括姓名、身份证件号码、通信通讯联系方式、住址、账号密码、财产状况、行踪轨迹等。
第二条	违反法律、行政法规、部门规章有关公民个人信息保护的规定的，应当认定为刑法第二百五丨三条之一规定的“违反国家有关规定”。
第三条	向特定人提供公民个人信息，以及通过信息网络或者其他途径发布公民个人信息的，应当认定为刑法第二百五十三条之一规定的“提供公民个人信息”。 未经被收集者同意，将合法收集的公民个人信息向他人提供的，属于刑法第二百五十三条之一规定的“提供公民个人信息”，但是经过处理无法识别特定个人且不能复原的除外。

续表

第四条	违反国家有关规定,通过购买、收受、交换等方式获取公民个人信息,或者在履行职责、提供服务过程中收集公民个人信息的,属于刑法第二百五十三条之一第三款规定的“以其他方法非法获取公民个人信息”。
第五条	非法获取、出售或者提供公民个人信息,具有下列情形之一的,应当认定为刑法第二百五十三条之一规定的“情节严重”: (一)出售或者提供行踪轨迹信息,被他人用于犯罪的; (二)知道或者应当知道他人利用公民个人信息实施犯罪,向其出售或者提供的; (三)非法获取、出售或者提供行踪轨迹信息、通信内容、征信信息、财产信息五十条以上的; (四)非法获取、出售或者提供住宿信息、通信记录、健康生理信息、交易信息等其他可能影响人身、财产安全的公民个人信息五百条以上的; (五)非法获取、出售或者提供第三项、第四项规定以外的公民个人信息五千条以上的; (六)数量未达到第三项至第五项规定标准,但是按相应比例合计达到有关数量标准的; (七)违法所得五千元以上的; (八)将在履行职责或者提供服务过程中获得的公民个人信息出售或者提供给他人,数量或者数额达到第三项至第七项规定标准一半以上的; (九)曾因侵犯公民个人信息受过刑事处罚或者二年内受过行政处罚,又非法获取、出售或者提供公民个人信息的; (十)其他情节严重的情形。 实施前款规定的行为,具有下列情形之一的,应当认定为刑法第二百五十三条之一第一款规定的“情节特别严重”: (一)造成被害人死亡、重伤、精神失常或者被绑架等严重后果的; (二)造成重大经济损失或者恶劣社会影响的; (三)数量或者数额达到前款第三项至第八项规定标准十倍以上的; (四)其他情节特别严重的情形。
第六条	为合法经营活动而非法购买、收受本解释第五条第一款第三项、第四项规定以外的公民个人信息,具有下列情形之一的,应当认定为刑法第二百五十三条之一规定的“情节严重”: (一)利用非法购买、收受的公民个人信息获利五万元以上的; (二)曾因侵犯公民个人信息受过刑事处罚或者二年内受过行政处罚,又非法购买、收受公民个人信息的; (三)其他情节严重的情形。 实施前款规定的行为,将购买、收受的公民个人信息非法出售或者提供的,定罪量刑标准适用本解释第五条的规定。

续表

第七条	单位犯刑法第二百五十三条之一规定之罪的，依照本解释规定的相应自然人犯罪的定罪量刑标准，对直接负责的主管人员和其他直接责任人员定罪处罚，并对单位判处罚金。
第八条	设立用于实施非法获取、出售或者提供公民个人信息违法犯罪活动的网站、通讯群组，情节严重的，应当依照刑法第二百八十七条之一的规定，以非法利用信息网络罪定罪处罚；同时构成侵犯公民个人信息罪的，依照侵犯公民个人信息罪定罪处罚。
第九条	网络服务提供者拒不履行法律、行政法规规定的信息网络安全管理义务，经监管部门责令采取改正措施而拒不改正，致使用户的公民个人信息泄露，造成严重后果的，应当依照刑法第二百八十六条之一的规定，以拒不履行信息网络安全管理义务罪定罪处罚。
第十条	实施侵犯公民个人信息犯罪，不属于“情节特别严重”，行为人系初犯，全部退赃，并确有悔罪表现的，可以认定为情节轻微，不起诉或者免予刑事处罚；确有必要判处刑罚的，应当从宽处罚。
第十一条	非法获取公民个人信息后又出售或者提供的，公民个人信息的条数不重复计算。 向不同单位或者个人分别出售、提供同一公民个人信息的，公民个人信息的条数累计计算。 对批量公民个人信息的条数，根据查获的数量直接认定，但是有证据证明信息不真实或者重复的除外。
第十二条	对于侵犯公民个人信息犯罪，应当综合考虑犯罪的危害程度、犯罪的违法所得数额以及被告人的前科情况、认罪悔罪态度等，依法判处罚金。罚金数额一般在违法所得的一倍以上五倍以下。
第十三条	本解释自2017年6月1日起施行。

续表

5.《人民法院落实〈保护司法人员依法履行法定职责规定〉的实施办法》 （法发〔2017〕4号）	
第十二条	对于泄露、传播依法不应当公开的法官或其近亲属信息，以及偷窥、偷拍、窃听、散布法官或其近亲属隐私的行为人，人民法院应当商请公安机关依法处理；构成侵犯公民个人信息罪等犯罪的，依法追究刑事责任。 人民法院应当充分发挥诉讼服务中心、12368诉讼服务平台和诉讼服务网站等平台查询信息、答复咨询、联系法官的作用，避免因信息过度公开影响法官的审判工作和日常生活。通过审判流程信息公开平台对外公开法官姓名、照片、职务、等级、办公电话和工作邮箱之外信息的，应当征得法官本人同意。
6.《最高人民法院、最高人民检察院、公安部关于依法惩处侵害公民个人信息犯罪活动的通知》（公通字〔2013〕12号）	
各省、自治区、直辖市高级人民法院，人民检察院，公安厅、局，新疆维吾尔自治区高级人民法院生产建设兵团分院，新疆生产建设兵团人民检察院、公安局： 近年来，随着我国经济快速发展和信息网络的广泛普及，侵害公民个人信息的违法犯罪日益突出，互联网上非法买卖公民个人信息泛滥，由此滋生的电信诈骗、网络诈骗、敲诈勒索、绑架和非法讨债等犯罪屡打不绝，社会危害严重，群众反响强烈。为有效遏制、惩治侵害公民个人信息犯罪，切实保障广大人民群众的个人信息安全和合法权益，促进社会协调发展，维护社会和谐稳定，现就有关事项通知如下：	
一、切实提高认识，坚决打击侵害公民个人信息犯罪活动。	当前，一些犯罪分子为追逐不法利益，利用互联网大肆倒卖公民个人信息，已逐渐形成庞大"地下产业"和黑色利益链。买卖的公民个人信息包括户籍、银行、电信开户资料等，涉及公民个人生活的方方面面。部分国家机关和金融、电信、交通、教育、医疗以及物业公司、房产中介、保险、快递等企事业单位的一些工作人员，将在履行职责或者提供服务过程中获取的公民个人信息出售、非法提供给他人。获取信息的中间商在互联网上建立数据平台，大肆出售信息牟取暴利。非法调查公司根据这些信息从事非法讨债、诈骗和敲诈勒索等违法犯罪活动。此类犯罪不仅严重危害公民的信息安全，而且极易引发多种犯罪，成为电信诈骗、网络诈骗以及滋扰型"软暴力"等新型犯罪的根源，甚至与绑架、敲诈勒索、暴力追债等犯罪活动相结合，影响人民群众的安全感，威胁社会和谐稳定。各级公安机关、人民检察院、人民法院务必清醒认识此类犯罪的严重危害，以对党和人民高度负责的精神，统一思想，提高认识，精心组织，周密部署，依法惩处侵害公民个人信息犯罪活动。

续表

二、正确适用法律，实现法律效果与社会效果的有机统一。	侵害公民个人信息犯罪是新型犯罪，各级公安机关、人民检察院、人民法院要从切实保护公民个人信息安全和维护社会和谐稳定的高度，借鉴以往的成功判例，综合考虑出售、非法提供或非法获取个人信息的次数、数量、手段和牟利数额、造成的损害后果等因素，依法加大打击力度，确保取得良好的法律效果和社会效果。出售、非法提供公民个人信息罪的犯罪主体，除国家机关或金融、电信、交通、教育、医疗单位的工作人员之外，还包括在履行职责或者提供服务过程中获得公民个人信息的商业、房地产业等服务业中其他企事业单位的工作人员。公民个人信息包括公民的姓名、年龄、有效证件号码、婚姻状况、工作单位、学历、履历、家庭住址、电话号码等能够识别公民个人身份或者涉及公民个人隐私的信息、数据资料。 对于在履行职责或者提供服务过程中，将获得的公民个人信息出售或者非法提供给他人，被他人用以实施犯罪，造成受害人人身伤害或者死亡，或者造成重大经济损失、恶劣社会影响的，或者出售、非法提供公民个人信息数量较大，或者违法所得数额较大的，均应当依法以出售、非法提供公民个人信息罪追究刑事责任。对于窃取或者以购买等方法非法获取公民个人信息数量较大，或者违法所得数额较大，或者造成其他严重后果的，应当依法以非法获取公民个人信息罪追究刑事责任。对使用非法获取的个人信息，实施其他犯罪行为，构成数罪的，应当依法予以并罚。 单位实施侵害公民个人信息犯罪的，应当追究直接负责的主管人员和其他直接责任人员的刑事责任。要依法加大对财产刑的适用力度，剥夺犯罪分子非法获利和再次犯罪的资本。
三、加强协作配合，确保执法司法及时高效。	侵害公民个人信息犯罪网络覆盖面大，关系错综复杂。犯罪行为发生地、犯罪结果发生地、犯罪分子所在地等往往不在一地。同时，由于犯罪行为大多依托互联网、移动电子设备，通过即时通讯工具、电子邮件等多种方式实施，调查取证难度很大。各级公安机关、人民检察院、人民法院要在分工负责、依法高效履行职责的基础上，进一步加强沟通协调，通力配合，密切协作，保证立案、侦查、批捕、审查起诉、审判等各个环节顺利进行。 对查获的及时立案侦查，及时移送审查起诉。对于几个公安机关都有权管辖的案件，由最初受理的公安机关管辖。必要时，可以由主要犯罪地的公安机关管辖。对管辖不明确或者有争议的刑事案件，可以由有关公安机关协商。协商不成的，由共同的上级公安机关指定管辖。 对于指定管辖的案件，需要逮捕犯罪嫌疑人的，由被指定管辖的公安机关提请同级人民检察院审查批准；需要提起公诉的，由该公安机关移送同级人民检察院审查决定；认为应当由上级人民检察院或者同级其他人民检察院起诉的，应当将案件移交有管辖权的人民检察院；人民检察院认为需要依照刑事诉讼法的规定指定审判管辖的，应当协商同级人民法

续表

<table>
<tr><td></td><td>院办理指定管辖有关事宜。在办理侵害公民个人信息犯罪案件的过程中，对于疑难、复杂案件，人民检察院可以适时派员会同公安机关共同就证据收集等方面进行研究和沟通协调。人民检察院对于公安机关提请批准逮捕、移送审查起诉的相关案件，符合批捕、起诉条件的，要依法尽快予以批捕、起诉；对于确需补充侦查的，要制作具体、详细的补充侦查提纲。人民法院要加强审判力量，准确定性，依法快审快结。</td></tr>
<tr><td>四、推进综合治理，建立防范、打击长效工作机制。</td><td>预防和打击侵害公民个人信息犯罪是一项艰巨任务，必须标本兼治，积极探索和构建防范、打击的长效工作机制。各地公安机关、人民检察院、人民法院在依法惩处此类犯罪的同时，要积极参与综合治理，注意发现保护公民个人信息工作中的漏洞和隐患，及时通报相关部门，提醒和督促有关部门和单位加强监管、完善制度。要充分利用报纸、广播、电视、网络等多种媒体平台，大力宣传党和国家打击此类犯罪的决心和力度，宣传相关的政策和法律法规，提醒和教育广大群众运用法律保障和维护自身合法权益，提高自我防范的意识和能力。
各地接此通知后，请迅速传达至各级人民法院、人民检察院、公安机关。执行中遇到的问题，请及时报最高人民法院、最高人民检察院、公安部。</td></tr>
<tr><td colspan="2">7.《全国人民代表大会常务委员会关于加强网络信息保护的决定》</td></tr>
<tr><td colspan="2">为了保护网络信息安全，保障公民、法人和其他组织的合法权益，维护国家安全和社会公共利益，特作如下决定：
一、国家保护能够识别公民个人身份和涉及公民个人隐私的电子信息。
任何组织和个人不得窃取或者以其他非法方式获取公民个人电子信息，不得出售或者非法向他人提供公民个人电子信息。
二、网络服务提供者和其他企业事业单位在业务活动中收集、使用公民个人电子信息，应当遵循合法、正当、必要的原则，明示收集、使用信息的目的、方式和范围，并经被收集者同意，不得违反法律、法规的规定和双方的约定收集、使用信息。
网络服务提供者和其他企业事业单位收集、使用公民个人电子信息，应当公开其收集、使用规则。
三、网络服务提供者和其他企业事业单位及其工作人员对在业务活动中收集的公民个人电子信息必须严格保密，不得泄露、篡改、毁损，不得出售或者非法向他人提供。
四、网络服务提供者和其他企业事业单位应当采取技术措施和其他必要措施，确保信息安全，防止在业务活动中收集的公民个人电子信息泄露、毁损、丢失。在发生或者可能发生信息泄露、毁损、丢失的情况时，应当立即采取补救措施。</td></tr>
</table>

续表

五、网络服务提供者应当加强对其用户发布的信息的管理，发现法律、法规禁止发布或者传输的信息的，应当立即停止传输该信息，采取消除等处置措施，保存有关记录，并向有关主管部门报告。 六、网络服务提供者为用户办理网站接入服务，办理固定电话、移动电话等入网手续，或者为用户提供信息发布服务，应当在与用户签订协议或者确认提供服务时，要求用户提供真实身份信息。 七、任何组织和个人未经电子信息接收者同意或者请求，或者电子信息接收者明确表示拒绝的，不得向其固定电话、移动电话或者个人电子邮箱发送商业性电子信息。 八、公民发现泄露个人身份、散布个人隐私等侵害其合法权益的网络信息，或者受到商业性电子信息侵扰的，有权要求网络服务提供者删除有关信息或者采取其他必要措施予以制止。 九、任何组织和个人对窃取或者以其他非法方式获取、出售或者非法向他人提供公民个人电子信息的违法犯罪行为以及其他网络信息违法犯罪行为，有权向有关主管部门举报、控告；接到举报、控告的部门应当依法及时处理。被侵权人可以依法提起诉讼。 十、有关主管部门应当在各自职权范围内依法履行职责，采取技术措施和其他必要措施，防范、制止和查处窃取或者以其他非法方式获取、出售或者非法向他人提供公民个人电子信息的违法犯罪行为以及其他网络信息违法犯罪行为。有关主管部门依法履行职责时，网络服务提供者应当予以配合，提供技术支持。 国家机关及其工作人员对在履行职责中知悉的公民个人电子信息应当予以保密，不得泄露、篡改、毁损，不得出售或者非法向他人提供。 十一、对有违反本决定行为的，依法给予警告、罚款、没收违法所得、吊销许可证或者取消备案、关闭网站、禁止有关责任人员从事网络服务业务等处罚，记入社会信用档案并予以公布；构成违反治安管理行为的，依法给予治安管理处罚。构成犯罪的，依法追究刑事责任。侵害他人民事权益的，依法承担民事责任。 十二、本决定自公布之日起施行。
8.《电信和互联网用户个人信息保护规定》（工业和信息化部令第24号）
9.《互联网个人信息安全保护指南》

第四节　生产、销售伪劣产品罪

一、典型案例

无锡某电缆有限公司生产、销售伪劣产品案①

案件情况

2016年11月，陆某某担任无锡某电缆有限公司经理职务，负责生产管理工作。为降低生产成本，陆某某安排工人以低于国家标准的要求，采用降低铜芯线径和辅材规格的方式生产ZC-YJV－4×240规格的电缆1000米，无锡某电缆有限公司将该批电缆销售给某某物资公司，销售价格合计人民币301,169元。经鉴定，该批电缆的导体直流电阻、绕包内衬层和附加包带垫层总厚度、金属铠装钢带厚度三项指标均不符合国家标准。

2020年9月3日，陆某某经公安机关电话通知到案，归案后如实供述了上述犯罪事实。后无锡某电缆有限公司已召回全部不合格电缆，组织重新生产交付，并已缴纳全部罚款。

检察机关履职情况

检察院认为，无锡某电缆有限公司实施了《刑法》第140条规定的行为，但犯罪情节轻微，具有自首、认罪认罚等从轻或者减轻及从宽处罚情节，并能积极采纳检察机关提出的合规建议，建立和完善合规制度，并遵照落实，根据《刑法》第37条的规定，不需要判处刑罚。依据《刑事诉讼法》第177条第2款的规定，决定对无锡某电缆有限公司不予起诉。

① 参见无锡某电缆有限公司生产、销售伪劣产品案，宜兴市人民检察院宜检刑不诉(2021)90号不起诉决定书。

二、合规建议

首先，在客体方面，本罪主要侵犯的是国家对普通产品质量的管理制度。其中，普通产品是指除《刑法》另有规定的药品、食品、医用器材、涉及人身和财产安全的电器等产品，农药、兽药、化肥、种子、化妆品等产品以外的产品，几乎涵盖了绝大部分企业的产品范围。其次，该罪名针对的对象为生产者和销售者，也是实务中常发、易发的犯罪，同时笔者在相关合规案例的检索中发现，与其他常见罪名相比，涉嫌该罪名的企业因为主动认罪认罚且通过合规整改来获得检察院不起诉决定的情形非常少。一旦企业或者企业家涉嫌生产、销售伪劣产品罪，无论是对企业经营还是对自身声誉来说都会造成严重的打击，并且涉案企业也会在不同程度上受到行政处罚，严重的会直接面临剥夺资格的风险。

对生产、销售伪劣产品罪来说，重点在于如何认定所生产、销售的产品是不合格的产品。因此，针对不同行业的生产和销售标的也会存在不同的标准。比如，对机动车来说，需要参照国家标准化管理委员会发布的《机动车运行安全技术条件》（GB 7258—2012）（已失效）；对能源领域的产品来说，则需要参照《能源领域行业标准化管理办法》等。

从检察院对涉嫌生产、销售伪劣产品罪的企业的处理结果来看，涉案企业想事后通过认罪认罚和合规整改来争取检察院的不起诉决定是非常困难的，稍有不慎就会陷入杯水车薪的困境。因此，我们建议涉及生产、销售的企业一定要把合规工作提前，精确针对自身所生产、销售的产品进行专项合规工作的开展，监控相关法律、法规或行业标准的更新和出台，重视员工培训工作，合理制定合规手册以作为企业员工的行为指引，在完善自身合规意识后再考虑优化合作渠道，打造采购、生产、销售全链条式的合规生态，创造和谐的市场经济氛围，远离违法犯罪的风险。

虽然不同行业对于产品质量具有不同的国家标准或行业标准，但是其犯罪构成、行为模式以及责任承担方面均有相同的规定，笔者通过检索，整理了现行法律、法规以及非规范性法律文件中与该罪名相关的重要条文，以供参考。

1.《中华人民共和国刑法》	
第一百四十条	生产者、销售者在产品中掺杂、掺假，以假充真，以次充好，或者以不合格产品冒充合格产品，销售金额五万元以上不满二十万元的，处二年以下有期徒刑或者拘役，并处或者单处销售金额百分之五十以上二倍以下罚金；销售金额二十万元以上不满五十万元的，处二年以上七年以下有期徒刑，并处销售金额百分之五十以上二倍以下罚金；销售金额五十万元以上不满二百万元的，处七年以上有期徒刑，并处销售金额百分之五十以上二倍以下罚金；销售金额二百万元以上的，处十五年有期徒刑或者无期徒刑，并处销售金额百分之五十以上二倍以下罚金或者没收财产。
第一百四十九条	生产、销售本节第一百四十一条至第一百四十八条所列产品，不构成各该条规定的犯罪，但是销售金额在五万元以上的，依照本节第一百四十条的规定定罪处罚。 生产、销售本节第一百四十一条至第一百四十八条所列产品，构成各该条规定的犯罪，同时又构成本节第一百四十条规定之罪的，依照处罚较重的规定定罪处罚。
第一百五十条	单位犯本节第一百四十条至第一百四十八条规定之罪的，对单位判处罚金，并对其直接负责的主管人员和其他直接责任人员，依照各该条的规定处罚。
2.《全国人民代表大会常务委员会关于维护互联网安全的决定》(2009年8月27日修正)	
一、为了保障互联网的运行安全，对有下列行为之一，构成犯罪的，依照刑法有关规定追究刑事责任： （一）侵入国家事务、国防建设、尖端科学技术领域的计算机信息系统； （二）故意制作、传播计算机病毒等破坏性程序，攻击计算机系统及通信网络，致使计算机系统及通信网络遭受损害； （三）违反国家规定，擅自中断计算机网络或者通信服务，造成计算机网络或者通信系统不能正常运行。	
3.《中华人民共和国农产品质量安全法》(2022年修订)	
第二条	本法所称农产品，是指来源于农业的初级产品，即在农业活动中获得的植物、动物、微生物及其产品。 本法所称农产品质量安全，是指农产品质量符合保障人的健康、安全的要求。

续表

第二十九条	农产品生产经营者应当依照有关法律、行政法规和国家有关强制性标准、国务院农业农村主管部门的规定，科学合理使用农药、兽药、饲料和饲料添加剂、肥料等农业投入品，严格执行农业投入品使用安全间隔期或者休药期的规定；不得超范围、超剂量使用农业投入品危及农产品质量安全。 禁止在农产品生产经营过程中使用国家禁止使用的农业投入品以及其他有毒有害物质。
第三十四条	销售的农产品应当符合农产品质量安全标准。农产品生产企业、农民专业合作社应当根据质量安全控制要求自行或者委托检测机构对农产品质量安全进行检测；经检测不符合农产品质量安全标准的农产品，应当及时采取管控措施，且不得销售。 农业技术推广等机构应当为农户等农产品生产经营者提供农产品检测技术服务。
第三十六条	有下列情形之一的农产品，不得销售： （一）含有国家禁止使用的农药、兽药或者其他化合物； （二）农药、兽药等化学物质残留或者含有的重金属等有毒有害物质不符合农产品质量安全标准； （三）含有的致病性寄生虫、微生物或者生物毒素不符合农产品质量安全标准； （四）未按照国家有关强制性标准以及其他农产品质量安全规定使用保鲜剂、防腐剂、添加剂、包装材料等，或者使用的保鲜剂、防腐剂、添加剂、包装材料等不符合国家有关强制性标准以及其他质量安全规定； （五）病死、毒死或者死因不明的动物及其产品； （六）其他不符合农产品质量安全标准的情形。对前款规定不得销售的农产品，应当依照法律、法规的规定进行处置。
4.《中华人民共和国产品质量法》（2018 年修正）	
第十三条	可能危及人体健康和人身、财产安全的工业产品，必须符合保障人体健康和人身、财产安全的国家标准、行业标准；未制定国家标准、行业标准的，必须符合保障人体健康和人身、财产安全的要求。 禁止生产、销售不符合保障人体健康和人身、财产安全的标准和要求的工业产品。具体管理办法由国务院规定。

续表

第二十六条	生产者应当对其生产的产品质量负责。 产品质量应当符合下列要求: (一)不存在危及人身、财产安全的不合理的危险,有保障人体健康和人身、财产安全的国家标准、行业标准的,应当符合该标准; (二)具备产品应当具备的使用性能,但是,对产品存在使用性能的瑕疵作出说明的除外; (三)符合在产品或者其包装上注明采用的产品标准,符合以产品说明、实物样品等方式表明的质量状况。
第三十二条	生产者生产产品,不得掺杂、掺假,不得以假充真、以次充好,不得以不合格产品冒充合格产品。
第三十九条	销售者销售产品,不得掺杂、掺假,不得以假充真、以次充好,不得以不合格产品冒充合格产品。
第四十九条	生产、销售不符合保障人体健康和人身、财产安全的国家标准、行业标准的产品的,责令停止生产、销售,没收违法生产、销售的产品,并处违法生产、销售产品(包括已售出和未售出的产品,下同)货值金额等值以上三倍以下的罚款;有违法所得的,并处没收违法所得;情节严重的,吊销营业执照;构成犯罪的,依法追究刑事责任。
第五十条	在产品中掺杂、掺假,以假充真,以次充好,或者以不合格产品冒充合格产品的,责令停止生产、销售,没收违法生产、销售的产品,并处违法生产、销售产品货值金额百分之五十以上三倍以下的罚款;有违法所得的,并处没收违法所得;情节严重的,吊销营业执照;构成犯罪的,依法追究刑事责任。
5.《中华人民共和国道路交通安全法》(2021 年修正)	
第一百零三条	国家机动车产品主管部门未按照机动车国家安全技术标准严格审查,许可不合格机动车型投入生产的,对负有责任的主管人员和其他直接责任人员给予降级或者撤职的行政处分。 机动车生产企业经国家机动车产品主管部门许可生产的机动车型,不执行机动车国家安全技术标准或者不严格进行机动车成品质量检验,致使质量不合格的机动车出厂销售的,由质量技术监督部门依照《中华人民共和国产品质量法》的有关规定给予处罚。 擅自生产、销售未经国家机动车产品主管部门许可生产的机动车型的,没收非法生产、销售的机动车成品及配件,可以并处非法产品价值三倍以上五倍以下罚款;有营业执照的,由工商行政管理部门吊销营业执照,没有营业执照的,予以查封。 生产、销售拼装的机动车或者生产、销售擅自改装的机动车的,依照本条第三款的规定处罚。 有本条第二款、第三款、第四款所列违法行为,生产或者销售不符合机动车国家安全技术标准的机动车,构成犯罪的,依法追究刑事责任。

续表

6.《中华人民共和国消费者权益保护法》(2013 年修正)	
第十八条	经营者应当保证其提供的商品或者服务符合保障人身、财产安全的要求。对可能危及人身、财产安全的商品和服务,应当向消费者作出真实的说明和明确的警示,并说明和标明正确使用商品或者接受服务的方法以及防止危害发生的方法。 宾馆、商场、餐馆、银行、机场、车站、港口、影剧院等经营场所的经营者,应当对消费者尽到安全保障义务。
第十九条	经营者发现其提供的商品或者服务存在缺陷,有危及人身、财产安全危险的,应当立即向有关行政部门报告和告知消费者,并采取停止销售、警示、召回、无害化处理、销毁、停止生产或者服务等措施。采取召回措施的,经营者应当承担消费者因商品被召回支出的必要费用。
第四十九条	经营者提供商品或者服务,造成消费者或者其他受害人人身伤害的,应当赔偿医疗费、护理费、交通费等为治疗和康复支出的合理费用,以及因误工减少的收入。造成残疾的,还应当赔偿残疾生活辅助具费和残疾赔偿金。造成死亡的,还应当赔偿丧葬费和死亡赔偿金。
第五十六条	经营者有下列情形之一,除承担相应的民事责任外,其他有关法律、法规对处罚机关和处罚方式有规定的,依照法律、法规的规定执行;法律、法规未作规定的,由工商行政管理部门或者其他有关行政部门责令改正,可以根据情节单处或者并处警告、没收违法所得、处以违法所得一倍以上十倍以下的罚款,没有违法所得的,处以五十万元以下的罚款;情节严重的,责令停业整顿、吊销营业执照: (一)提供的商品或者服务不符合保障人身、财产安全要求的; (二)在商品中掺杂、掺假,以假充真,以次充好,或者以不合格商品冒充合格商品的; (三)生产国家明令淘汰的商品或者销售失效、变质的商品的; (四)伪造商品的产地,伪造或者冒用他人的厂名、厂址,篡改生产日期,伪造或者冒用认证标志等质量标志的; (五)销售的商品应当检验、检疫而未检验、检疫或者伪造检验、检疫结果的; (六)对商品或者服务作虚假或者引人误解的宣传的; (七)拒绝或者拖延有关行政部门责令对缺陷商品或者服务采取停止销售、警示、召回、无害化处理、销毁、停止生产或者服务等措施的; (八)对消费者提出的修理、重作、更换、退货、补足商品数量、退还货款和服务费用或者赔偿损失的要求,故意拖延或者无理拒绝的; (九)侵害消费者人格尊严、侵犯消费者人身自由或者侵害消费者个人信息依法得到保护的权利的; (十)法律、法规规定的对损害消费者权益应当予以处罚的其他情形。 经营者有前款规定情形的,除依照法律、法规规定予以处罚外,处罚机关应当记入信用档案,向社会公布。

续表

第五十七条	经营者违反本法规定提供商品或者服务，侵害消费者合法权益，构成犯罪的，依法追究刑事责任。
7.《特种设备安全监察条例》(2009年修订)	
第十条	特种设备生产单位，应当依照本条例规定以及国务院特种设备安全监督管理部门制订并公布的安全技术规范(以下简称安全技术规范)的要求，进行生产活动。 特种设备生产单位对其生产的特种设备的安全性能和能效指标负责，不得生产不符合安全性能要求和能效指标的特种设备，不得生产国家产业政策明令淘汰的特种设备。
第七十三条	锅炉、气瓶、氧舱和客运索道、大型游乐设施以及高耗能特种设备的设计文件，未经国务院特种设备安全监督管理部门核准的检验检测机构鉴定，擅自用于制造的，由特种设备安全监督管理部门责令改正，没收非法制造的产品，处5万元以上20万元以下罚款；触犯刑律的，对负有责任的主管人员和其他直接责任人员依照刑法关于生产、销售伪劣产品罪、非法经营罪或者其他罪的规定，依法追究刑事责任。
第七十五条	未经许可，擅自从事锅炉、压力容器、电梯、起重机械、客运索道、大型游乐设施、场(厂)内专用机动车辆及其安全附件、安全保护装置的制造、安装、改造以及压力管道元件的制造活动的，由特种设备安全监督管理部门予以取缔，没收非法制造的产品，已经实施安装、改造的，责令恢复原状或者责令限期由取得许可的单位重新安装、改造，处10万元以上50万元以下罚款；触犯刑律的，对负有责任的主管人员和其他直接责任人员依照刑法关于生产、销售伪劣产品罪、非法经营罪、重大责任事故罪或者其他罪的规定，依法追究刑事责任。
第七十九条	锅炉、压力容器、压力管道元件、起重机械、大型游乐设施的制造过程和锅炉、压力容器、电梯、起重机械、客运索道、大型游乐设施的安装、改造、重大维修过程，以及锅炉清洗过程，未经国务院特种设备安全监督管理部门核准的检验检测机构按照安全技术规范的要求进行监督检验的，由特种设备安全监督管理部门责令改正，已经出厂的，没收违法生产、销售的产品，已经实施安装、改造、重大维修或者清洗的，责令限期进行监督检验，处5万元以上20万元以下罚款；有违法所得的，没收违法所得；情节严重的，撤销制造、安装、改造或者维修单位已经取得的许可，并由工商行政管理部门吊销其营业执照；触犯刑律的，对负有责任的主管人员和其他直接责任人员依照刑法关于生产、销售伪劣产品罪或者其他罪的规定，依法追究刑事责任。

续表

8.《最高人民法院、最高人民检察院关于办理生产、销售伪劣商品刑事案件具体应用法律若干问题的解释》(法释〔2001〕10号)	
为依法惩治生产、销售伪劣商品犯罪活动，根据刑法有关规定，现就办理这类案件具体应用法律的若干问题解释如下：	
第一条	刑法第一百四十条规定的“在产品中掺杂、掺假”，是指在产品中掺入杂质或者异物，致使产品质量不符合国家法律、法规或者产品明示质量标准规定的质量要求，降低、失去应有使用性能的行为。 刑法第一百四十条规定的“以假充真”，是指以不具有某种使用性能的产品冒充具有该种使用性能的产品的行为。 刑法第一百四十条规定的“以次充好”，是指以低等级、低档次产品冒充高等级、高档次产品，或者以残次、废旧零配件组合、拼装后冒充正品或者新产品的行为。 刑法第一百四十条规定的“不合格产品”，是指不符合《中华人民共和国产品质量法》第二十六条第二款规定的质量要求的产品。 对本条规定的上述行为难以确定的，应当委托法律、行政法规规定的产品质量检验机构进行鉴定。
第二条	刑法第一百四十条、第一百四十九条规定的“销售金额”，是指生产者、销售者出售伪劣产品后所得和应得的全部违法收入。 伪劣产品尚未销售，货值金额达到刑法第一百四十条规定的销售金额三倍以上的，以生产、销售伪劣产品罪(未遂)定罪处罚。 货值金额以违法生产、销售的伪劣产品的标价计算；没有标价的，按照同类合格产品的市场中间价格计算。货值金额难以确定的，按照国家计划委员会、最高人民法院、最高人民检察院、公安部1997年4月22日联合发布的《扣押、追缴、没收物品估价管理办法》的规定，委托指定的估价机构确定。 多次实施生产、销售伪劣产品行为，未经处理的，伪劣产品的销售金额或者货值金额累计计算。
第九条	知道或者应当知道他人实施生产、销售伪劣商品犯罪，而为其提供贷款、资金、账号、发票、证明、许可证件，或者提供生产、经营场所或者运输、仓储、保管、邮寄等便利条件，或者提供制假生产技术的，以生产、销售伪劣商品犯罪的共犯论处。
第十条	实施生产、销售伪劣商品犯罪，同时构成侵犯知识产权、非法经营等其他犯罪的，依照处罚较重的规定定罪处罚。

续表

第十一条	实施刑法第一百四十条至第一百四十八条规定的犯罪,又以暴力、威胁方法抗拒查处,构成其他犯罪的,依照数罪并罚的规定处罚。
第十二条	国家机关工作人员参与生产、销售伪劣商品犯罪的,从重处罚。
9.《最高人民法院关于审理生产、销售伪劣商品刑事案件有关鉴定问题的通知》(法〔2001〕70号)	
一、对于提起公诉的生产、销售伪劣产品、假冒商标、非法经营等严重破坏社会主义市场经济秩序的犯罪案件,所涉生产、销售的产品是否属于"以假充真""以次充好""以不合格产品冒充合格产品"难以确定的,应当根据《最高人民法院、最高人民检察院关于办理生产、销售伪劣商品刑事案件具体应用法律若干问题的解释》第一条第五款的规定,由公诉机关委托法律、行政法规规定的产品质量检验机构进行鉴定。 三、经鉴定确系伪劣商品,被告人的行为既构成生产、销售伪劣产品罪,又构成生产、销售假药罪或者生产、销售不符合卫生标准的食品罪,或者同时构成侵犯知识产权、非法经营等其他犯罪的,根据刑法第一百四十九条第二款和《最高人民法院、最高人民检察院关于办理生产、销售伪劣商品刑事案件具体应用法律若干问题的解释》第十条的规定,应当依照处罚较重的规定定罪处罚。	
10.《最高人民法院、最高人民检察院关于办理妨害预防、控制突发传染病疫情等灾害的刑事案件具体应用法律若干问题的解释》(法释〔2003〕8号)	
第二条	在预防、控制突发传染病疫情等灾害期间,生产、销售伪劣的防治、防护产品、物资,或者生产、销售用于防治传染病的假药、劣药,构成犯罪的,分别依照刑法第一百四十条、第一百四十一条、第一百四十二条的规定,以生产、销售伪劣产品罪,生产、销售假药罪或者生产、销售劣药罪定罪,依法从重处罚。
11.《最高人民法院、最高人民检察院、公安部、国家烟草专卖局关于办理假冒伪劣烟草制品等刑事案件适用法律问题座谈会纪要》(高检会〔2003〕4号)	
一、关于生产、销售伪劣烟草制品行为适用法律问题	(一)关于生产伪劣烟草制品尚未销售或者尚未完全销售行为定罪量刑问题 根据刑法第一百四十条的规定,生产、销售伪劣烟草制品,销售金额在五万元以上的,构成生产、销售伪劣产品罪。 根据《最高人民法院、最高人民检察院关于办理生产、销售伪劣商品刑事案件具体应用法律若干问题的解释》的有关规定,销售金额是指生产者、销售者出售伪劣烟草制品后所得和应得的全部违法收入。伪劣烟草制品尚未销售,货值金额达到刑法第一百四十条规定的销售金额三倍(十五万元)以上的,以生产、销售伪劣产品罪(未遂)定罪处罚。货值金额以

续表

	违法生产、销售的伪劣产品的标价计算；没有标价的，按照同类合格产品的市场中间价格计算。货值金额难以确定的，按照国家计划委员会、最高人民法院、最高人民检察院、公安部1997年4月22日联合发布的《扣押、追缴、没收物品估价管理办法》的规定，委托指定的估价机构确定。 伪劣烟草制品尚未销售，货值金额分别达到十五万元以上不满二十万元、二十万元以上不满五十万元、五十万元以上不满二百万元、二百万元以上的，分别依照刑法第一百四十条规定的各量刑档次定罪处罚。 伪劣烟草制品的销售金额不满五万元，但与尚未销售的伪劣烟草制品的货值金额合计达到十五万元以上的，以生产、销售伪劣产品罪（未遂）定罪处罚。 生产伪劣烟草制品尚未销售，无法计算货值金额，有下列情形之一的，以生产、销售伪劣产品罪（未遂）定罪处罚： 1. 生产伪劣烟用烟丝数量在1000公斤以上的； 2. 生产伪劣烟用烟叶数量在1500公斤以上的。 （二）关于非法生产、拼装、销售烟草专用机械行为定罪处罚问题 非法生产、拼装、销售烟草专用机械行为，依照刑法第一百四十条的规定，以生产、销售伪劣产品罪追究刑事责任。
四、关于共犯问题	知道或者应当知道他人实施本《纪要》第一条至第三条规定的犯罪行为，仍实施下列行为之一的，应认定为共犯，依法追究刑事责任： 1. 直接参与生产、销售假冒伪劣烟草制品或者销售假冒烟用注册商标的烟草制品或者直接参与非法经营烟草制品并在其中起主要作用的； 2. 提供房屋、场地、设备、车辆、贷款、资金、账号、发票、证明、技术等设施和条件，用于帮助生产、销售、储存、运输假冒伪劣烟草制品、非法经营烟草制品的； 3. 运输假冒伪劣烟草制品的。 上述人员中有检举他人犯罪经查证属实，或者提供重要线索，有立功表现的，可以从轻或减轻处罚；有重大立功表现的，可以减轻或者免除处罚。
五、国家机关工作人员参与实施本《纪要》第一条至第三条规定的犯罪行为的处罚问题	根据《最高人民法院、最高人民检察院关于办理生产、销售伪劣商品刑事案件具体应用法律若干问题的解释》的规定，国家机关工作人员参与实施本《纪要》第一条至第三条规定的犯罪行为的，从重处罚。

续表

六、关于一罪与数罪问题	行为人的犯罪行为同时构成生产、销售伪劣产品罪、销售假冒注册商标的商品罪、非法经营罪等罪的,依照处罚较重的规定定罪处罚。
12.《最高人民检察院、公安部关于公安机关管辖的刑事案件立案追诉标准的规定(一)》(公通字〔2008〕36号)	
第十六条	生产者、销售者在产品中掺杂、掺假,以假充真,以次充好或者以不合格产品冒充合格产品,涉嫌下列情形之一的,应予立案追诉: (一)伪劣产品销售金额五万元以上的; (二)伪劣产品尚未销售,货值金额十五万元以上的; (三)伪劣产品销售金额不满五万元,但将已销售金额乘以三倍后,与尚未销售的伪劣产品货值金额合计十五万元以上的。 本条规定的"在产品中掺杂、掺假",是指在产品中掺入杂质或者异物,致使产品质量不符合国家法律、法规或者产品明示质量标准规定的质量要求,降低、失去应有使用性能的行为;"以假充真",是指以不具有某种使用性能的产品冒充具有该种使用性能的产品的行为;"以次充好",是指以低等级、低档次产品冒充高等级、高档次产品,或者以残次、废旧零配件组合、拼装后冒充正品或者新产品的行为;"不合格产品",是指不符合《中华人民共和国产品质量法》规定的质量要求的产品。 对本条规定的上述行为难以确定的,应当委托法律、行政法规规定的产品质量检验机构进行鉴定。本条规定的"销售金额",是指生产者、销售者出售伪劣产品后所得和应得的全部违法收入;"货值金额",以违法生产、销售的伪劣产品的标价计算;没有标价的,按照同类合格产品的市场中间价格计算。货值金额难以确定的,按照《扣押、追缴、没收物品估价管理办法》的规定,委托估价机构进行确定。
13.《最高人民法院、最高人民检察院关于办理危害食品安全刑事案件适用法律若干问题的解释》(法释〔2021〕24号)	
第十五条	生产、销售不符合食品安全标准的食品添加剂,用于食品的包装材料、容器、洗涤剂、消毒剂,或者用于食品生产经营的工具、设备等,符合刑法第一百四十条规定的,以生产、销售伪劣产品罪定罪处罚。 生产、销售用超过保质期的食品原料、超过保质期的食品、回收食品作为原料的食品,或者以更改生产日期、保质期、改换包装等方式销售超过保质期的食品、回收食品,适用前款的规定定罪处罚。 实施前两款行为,同时构成生产、销售不符合安全标准的食品罪,生产、销售不符合安全标准的产品罪等其他犯罪的,依照处罚较重的规定定罪处罚。

续表

14.《最高人民法院、最高人民检察院关于办理危害药品安全刑事案件适用法律若干问题的解释》(高检发释字〔2022〕1号)	
第八条	实施妨害药品管理的行为,具有本解释第二条规定情形之一的,应当认定为刑法第一百四十二条之一规定的“对人体健康造成严重危害”。 实施妨害药品管理的行为,足以严重危害人体健康,并具有下列情形之一的,应当认定为刑法第一百四十二条之一规定的“有其他严重情节”: (一)生产、销售国务院药品监督管理部门禁止使用的药品,生产、销售的金额五十万元以上的; (二)未取得药品相关批准证明文件生产、进口药品或者明知是上述药品而销售,生产、销售的金额五十万元以上的; (三)药品申请注册中提供虚假的证明、数据、资料、样品或者采取其他欺骗手段,造成严重后果的; (四)编造生产、检验记录,造成严重后果的; (五)造成恶劣社会影响或者具有其他严重情节的情形。 实施刑法第一百四十二条之一规定的行为,同时又构成生产、销售、提供假药罪、生产、销售、提供劣药罪或者其他犯罪的,依照处罚较重的规定定罪处罚。
第十一条	以提供给他人生产、销售、提供药品为目的,违反国家规定,生产、销售不符合药用要求的原料、辅料,符合刑法第一百四十条规定的,以生产、销售伪劣产品罪从重处罚;同时构成其他犯罪的,依照处罚较重的规定定罪处罚。
第十二条	广告主、广告经营者、广告发布者违反国家规定,利用广告对药品作虚假宣传,情节严重的,依照刑法第二百二十二条的规定,以虚假广告罪定罪处罚。
15.《最高人民法院、最高人民检察院、公安部、司法部关于依法惩治妨害新型冠状病毒感染肺炎疫情防控违法犯罪的意见》(法发〔2020〕7号)	
(三)依法严惩制假售假犯罪。在疫情防控期间,生产、销售伪劣的防治、防护产品、物资,或者生产、销售用于防治新型冠状病毒感染肺炎的假药、劣药,符合刑法第一百四十条、第一百四十一条、第一百四十二条规定的,以生产、销售伪劣产品罪,生产、销售假药罪或者生产、销售劣药罪定罪处罚。 在疫情防控期间,生产不符合保障人体健康的国家标准、行业标准的医用口罩、护目镜、防护服等医用器材,或者销售明知是不符合标准的医用器材,足以严重危害人体健康的,依照刑法第一百四十五条的规定,以生产、销售不符合标准的医用器材罪定罪处罚。	

第五节　虚开增值税专用发票罪

一、典型案例

（一）无锡F警用器材公司虚开增值税专用发票案①

案件情况

被不起诉单位：无锡F警用器材新技术有限公司（以下简称F警用器材公司），住所地江苏省无锡市。

被不起诉人：乌某某，男，F警用器材公司董事长。

被不起诉人：陈某某，女，F警用器材公司总监。

被不起诉人：倪某，男，F警用器材公司采购员。

被不起诉人：杜某某，女，无锡B科技有限公司法定代表人。

2015年12月，乌某某、陈某某为了F警用器材公司少缴税款，商议在没有货物实际交易的情况下，从其他公司虚开增值税专用发票抵扣税款，并指使倪某通过公司供应商杜某某等人介绍，采用伪造合同、虚构交易、支付开票费等手段，从王某某（另案处理）实际控制的商贸公司、电子科技公司虚开增值税专用发票24份，税额计人民币377,344.79元，后F警用器材公司从税务机关抵扣了税款。

乌某某、陈某某、倪某、杜某某分别于2018年11月22日、23日至公安机关投案，均如实供述犯罪事实。11月23日，公安机关对乌某某等4人依法取保候审。案发后，F警用器材公司补缴全部税款并缴纳滞纳金。2019年11月8日，无锡市公安局新吴分局以F警用器材公司及乌某某等人涉嫌虚开增值税专用发票罪移送检察机关审查起诉。检察机关经审查，综合案件情况拟作出不起诉处理，举行了公开听证。该公司及乌某某等人均自愿认罪认罚，在律师的见证下签署了《认罪认罚具结书》。2020年3月6日，无锡市新吴区人民检察院依据《刑事诉讼法》第177条第2款之规定，对该公司及乌某某等4人

---

① 参见无锡F警用器材公司虚开增值税专用发票案，最高人民检察院第二十二批指导性案例第81号。

作出不起诉决定，就没收被不起诉人违法所得及对被不起诉单位予以行政处罚向公安机关和税务机关分别提出检察意见。后公安机关对倪某、杜某某没收违法所得共计人民币45,503元，税务机关对该公司处以行政罚款人民币466,131.8元。

检察机关履职情况

1. 开展释法说理，促使被不起诉单位和被不起诉人认罪认罚

新吴区人民检察院受理案件后，向F警用器材公司及乌某某等4人送达《认罪认罚从宽制度告知书》，结合案情进行释法说理，并依法听取意见。乌某某等4人均表示认罪认罚，该公司提交了书面意见，表示对本案事实及罪名不持异议，愿意认罪认罚，请求检察机关从宽处理。

2. 了解企业状况，评估案件对企业生产经营的影响

检察机关为全面评估案件的处理对企业生产经营的影响，通过实地走访、调查，查明该公司成立于1997年，系科技创新型民营企业，无违法经营处罚记录，近3年销售额为人民币7000余万元，纳税额为人民币692万余元。该公司拥有数十项专利技术、计算机软件著作权和省级以上科学技术成果，曾参与制定10项公共安全行业标准，在业内有较好的技术创新影响力。审查起诉期间，该公司参与研发的项目获某创新大赛金奖。

3. 提出检察建议，考察涉罪企业改进合规经营情况

该公司案发前有基本的经营管理制度，但公司治理制度尚不健全。在评估案件情况后，检察机关围绕如何推动企业合法规范经营提出具体的检察建议，督促涉罪企业健全完善公司管理制度。该公司根据检察机关建议，制定合规经营方案，修订公司规章制度，明确岗位职责，对员工开展合法合规管理培训，并努力完善公司治理结构。结合该公司上述改进情况，根据单位犯罪特点，在检察机关主持下，由单位诉讼代表人签字、企业盖章，在律师见证下签署《认罪认罚具结书》。

4. 举行公开听证，听取各方意见后作出不起诉决定，并提出检察意见

考虑到本案犯罪情节较轻且涉罪企业和直接责任人员认罪认罚，检察机关拟对涉罪企业及有关人员作出不起诉处理。为提升不起诉决定的公信力和公正性，新吴区人民检察院举行公开听证会，邀请侦查机关代表、人民监督员、特约检察员参加听证，通知涉罪企业法定代表人、犯罪嫌疑人、辩护人到场听证。经听

取各方意见，新吴区人民检察院依法作出不起诉决定，同时依法向公安机关、税务机关提出行政处罚的检察意见。公安机关、税务机关对该公司作出相应行政处罚，并没收违法所得。

（二）Y公司、唐某虚开增值税专用发票案①

案件情况

Y公司系从事精密无缝钢管、高压油管制造、加工、销售的民营企业。唐某系该公司总经理、实际控制人。

2016年1月至2016年11月，Y公司、唐某以骗取税款为目的，在无真实运输业务的情况下，通过他人虚开增值税专用发票27份，虚开税款合计人民币18.6万余元，上述发票均由Y公司向税务机关申报抵扣税款。案发后，Y公司补缴全部税款。唐某主动向侦查机关投案，如实供述犯罪事实，自愿认罪认罚。

检察机关履职情况

2019年10月28日，侦查机关以Y公司、唐某涉嫌虚开增值税专用发票罪，向某市人民检察院移送审查起诉。

在审查起诉过程中发现，Y公司存在财务管控不规范、内部管理有漏洞、危险废物处理不合规等刑事风险点。检察机关针对上述风险点，向税务局、安全环保局、社会保障局等单位进一步了解核实相关情况。2020年1月14日，检察机关建议Y公司在财务制度、危险废物处理、日常管理等方面加强刑事合规建设。Y公司邀请企业刑事合规专业律师担任公司独立合规审查专员，对公司进行合规评测，围绕企业运管、生产经营、财税申报、环保处置、应急管理等方面建立完善相关制度20余项。

2020年4月27日，检察机关召开不起诉案件公开审查听证会，邀请侦查机关代表、人民监督员、特约检察员等参加。与会人员一致认为，Y公司、唐某的行为构成虚开增值税专用发票罪，但虚开的税款数额不大、情节轻微、及时补缴了全部税款，且具有自首、认罪认罚等从轻、减轻情节，可以对Y公司、唐某作相对

---

① Y公司、唐某虚开增值税专用发票案，载江苏检察网，http://www.jsjc.gov.cn/lagk/202103/t20210330_1197386.shtml。

不起诉处理。次日，检察机关依法对Y公司、唐某宣告相对不起诉决定。

(三)张家港某国际贸易有限公司虚开增值税专用发票案①

被不起诉单位：张家港保税区某国际贸易有限公司，法定代表人孙某甲。

诉讼代表人：孙某乙，张家港保税区某国际贸易有限公司股东。

本案由张家港市公安局侦查终结，以被不起诉单位张家港保税区某国际贸易有限公司涉嫌虚开增值税专用发票罪，于2020年8月21日向张家港市人民检察院移送审查起诉。

经张家港市人民检察院依法审查查明：

2016年8月至2020年3月，被不起诉单位张家港保税区某国际贸易有限公司(以下简称某公司)在没有真实运输往来的情况下，以支付开票费的方式接受开票单位为河南某运输集团有限公司某分公司、尉氏县某运输有限公司、上海某货物运输服务有限公司、上海某货运代理服务部、上海某物流有限公司的增值税专用发票共计387份，价税合计23,167,930元，税款合计2,238,479.98元。上述发票均已经由被不起诉单位申报抵扣。案发后，国家税款损失已挽回。

2020年4月20日，被不起诉单位法定代表人孙某甲规劝并陪同韩某某至张家港市公安局投案并自愿认罪认罚。2021年5月21日，某公司主动提供书面合规承诺，制订合规计划，进行合规建设，经评估合格。

认定上述事实的证据如下：

(1)书证：增值税专用发票复印件、常住人口信息等；

(2)证人韩某某、李某某、冯某某、朱某某等人的证言；

(3)孙某甲的供述与辩解。

张家港市人民检察院认为，被不起诉单位某公司实施了《刑法》第205条第1款、第2款、第3款规定的行为，但犯罪情节较轻，具有认罪认罚、补缴税款、立功情节，且案发后立即采取有效措施进行整改，主动申请开展企业刑事合规监督考察，并经评估合格。根据《刑法》第37条的规定，不需要判处刑罚。依据《刑事诉讼法》第15条、第177条第2款的规定，决定对某公司不起诉。

被不起诉单位如不服本决定，可以自收到本决定书后7日内向张家港市人

① 参见张家港某国际贸易有限公司虚开增值税专用发票案，张家港市人民检察院张检四部刑不诉(2021)200号不起诉决定书。

民检察院申诉。

二、合规建议

从上述案例中可以看出，在虚开增值税专用发票罪中，检察院对涉案企业和人员作出不起诉均具备以下几个条件：

(1)犯罪情节较轻(预期量刑在3年以下)；

(2)主动认罪认罚；

(3)主动补缴；

(4)主动申请刑事合规监督考察并经评估合格。

虽然《刑法》和《刑事诉讼法》均对依法从宽处理的情形作出了规定，但在实务中，由于案情复杂，依法从宽很难落到实处，尤其是在办理涉罪民营企业刑事案件中，更应当充分考虑该企业是否对经济发展、职工就业以及维护国家和社会公共利益有重要促进作用，同时要积极做好涉罪企业及其有关责任人员的认罪认罚工作，促使涉罪企业退缴违法所得、赔偿损失、修复损害、挽回影响，从而将犯罪所造成的危害降到最低。对犯罪情节较轻且认罪认罚、积极整改的企业及其相关责任人员，符合不捕、不诉条件的，坚持能不捕的不捕，能不诉的不诉，符合判处缓刑条件的要提出适用缓刑的建议。

虚开增值税专用发票罪虽然看起来是小罪名，但是其背后也可能衍生出虚假经营，甚至是偷逃税务、骗税、洗钱等违反犯罪行为，并且当下虚开发票的犯罪手法更加地隐蔽，且在不断翻新，出现了许多诸如"空壳票""黄金票"等形式。目前，公安机关一般通过对企业用工、用电等情况的分析就能基本掌握其是否虚假经营，同时结合政府各部门之间开放、共享的数据资源，构建了大数据监管模式，以便及时发现异动，进行有效干预。

同时，需要提醒的是，上述案例中检察院作出的不起诉决定均是建立在现有法律规定的不起诉的框架之下的，并未突破法律的规定作出所谓的"合规不起诉"。"刑事合规"和"不起诉"之间没有必然的因果关系，但具有相同的价值导向，"刑事合规"核心在于企业内源性的、自发的制定相关合规体系，依法依规经营，从而最大限度规避涉刑风险，而目前检察院是在涉案企业和人员符合现行《刑事诉讼法》的"不起诉"条件下，综合考虑涉案企业的经营情况，结合刑事风险点建议企业作出合规整改，以便助力企业在未来能够依法依规经营，这是一种严管厚爱的家长式扶助。

简单而言就是知错能改，而此处的“错”，也需要达到可以原谅的标准，绝非只要改了就不处罚，事后合规的意义在于为企业未来的发展做好导航，而不是一种逃避处罚的手段。因此，目前的“合规不起诉”只是一个改革的试点方向，合规工作并不是企业刑事犯罪后的“保护伞”，而更应该作为企业刑事犯罪的“防火墙”。

因此，虚开增值税专用发票罪作为涉税罪等经济犯罪的“温床”，企业在财务工作中也应当逐步开展合规建设，直至形成完备的税务合规体系，在消除企业之前累积的风险和漏洞的同时也能很好地预防后续可能发生的风险。

以下为主要法律、法规、规章以及非规范性法律文件中的相关规定。

1.《中华人民共和国刑法》	
第二百零五条	虚开增值税专用发票、用于骗取出口退税、抵扣税款发票罪： 虚开增值税专用发票或者虚开用于骗取出口退税、抵扣税款的其他发票的，处三年以下有期徒刑或者拘役，并处二万元以上二十万元以下罚金；虚开的税款数额较大或者有其他严重情节的，处三年以上十年以下有期徒刑，并处五万元以上五十万元以下罚金；虚开的税款数额巨大或者有其他特别严重情节的，处十年以上有期徒刑或者无期徒刑，并处五万元以上五十万元以下罚金或者没收财产。 单位犯本条规定之罪的，对单位判处罚金，并对其直接负责的主管人员和其他直接责任人员，处三年以下有期徒刑或者拘役；虚开的税款数额较大或者有其他严重情节的，处三年以上十年以下有期徒刑；虚开的税款数额巨大或者有其他特别严重情节的，处十年以上有期徒刑或者无期徒刑。 虚开增值税专用发票或者虚开用于骗取出口退税、抵扣税款的其他发票，是指有为他人虚开、为自己虚开、让他人为自己虚开、介绍他人虚开行为之一的。
2.《最高人民法院关于虚开增值税专用发票定罪量刑标准有关问题的通知》（法〔2018〕226号）	
各省、自治区、直辖市高级人民法院，解放军军事法院，新疆维吾尔自治区高级人民法院生产建设兵团分院： 为正确适用刑法第二百零五条关于虚开增值税专用发票罪的有关规定，确保罪责刑相适应，现就有关问题通知如下： 一、自本通知下发之日起，人民法院在审判工作中不再参照执行《最高人民法院关于适用〈全国人民代表大会常务委员会关于惩治虚开、伪造和非法出售增值税专用发票犯罪的决	

续表

定〉的若干问题的解释》(法发〔1996〕30号)第一条规定的虚开增值税专用发票罪的定罪量刑标准。 二、在新的司法解释颁行前,对虚开增值税专用发票刑事案件定罪量刑的数额标准,可以参照《最高人民法院关于审理骗取出口退税刑事案件具体应用法律若干问题的解释》(法释〔2002〕30号)第三条的执行规定,即虚开的税款数额在五万元以上的,以虚开增值税专用发票罪处三年以下有期徒刑或者拘役,并处二万元以上二十万元以下罚金;虚开的税款数额在五十万元以上的,认定为刑法第二百零五条规定的"数额较大";虚开的税款数额在二百五十万元以上的,认定为刑法第二百零五条规定的"数额巨大"。
3.《最高人民法院关于对〈审计署关于咨询虚开增值税专用发票罪问题的函〉的复函》 (法函〔2001〕66号)
国家审计署: 你署审函[2001]75号《审计署关于咨询虚开增值税专用发票罪问题的函》收悉。经研究,现提出以下意见供参考: 地方税务机关实施"高开低征"或者"开大征小"等违规开具增值税专用发票的行为,不属于刑法第二百零五条规定的虚开增值税专用发票的犯罪行为,造成国家税款重大损失的,对有关主管部门的国家机关工作人员,应当根据刑法有关渎职罪的规定追究刑事责任。
4.《国家税务总局关于纳税人虚开增值税专用发票征补税款问题的公告》 (国家税务总局公告2012年第33号)
现将纳税人虚开增值税专用发票征补税款问题公告如下: 纳税人虚开增值税专用发票,未就其虚开金额申报并缴纳增值税的,应按照其虚开金额补缴增值税;已就其虚开金额申报并缴纳增值税的,不再按照其虚开金额补缴增值税。税务机关对纳税人虚开增值税专用发票的行为,应按《中华人民共和国税收征收管理法》及《中华人民共和国发票管理办法》的有关规定给予处罚。纳税人取得虚开的增值税专用发票,不得作为增值税合法有效的扣税凭证抵扣其进项税额。 本公告自2012年8月1日起施行。纳税人发生本公告规定事项,此前已处理的不再调整;此前未处理的按本公告规定执行。《国家税务总局关于加强增值税征收管理若干问题的通知》(国税发〔1995〕192号)第二条和《国家税务总局对代开、虚开增值税专用发票征补税款问题的批复》(国税函发〔1995〕415号)同时废止。

续表

5.《国家税务总局关于纳税人善意取得虚开增值税专用发票已抵扣税款加收滞纳金问题的批复》(国税函〔2007〕1240 号)
广东省国家税务局： 你局《关于纳税人善意取得增值税专用发票和其他抵扣凭证追缴税款是否加收滞纳金的请示》(粤国税发〔2007〕188 号)收悉。经研究,批复如下： 根据《国家税务总局关于纳税人善意取得虚开的增值税专用发票处理问题的通知》(国税发〔2000〕187 号)规定,纳税人善意取得虚开的增值税专用发票指购货方与销售方存在真实交易,且购货方不知取得的增值税专用发票是以非法手段获得的。纳税人善意取得虚开的增值税专用发票,如能重新取得合法、有效的专用发票,准许其抵扣进项税款;如不能重新取得合法、有效的专用发票,不准其抵扣进项税款或追缴其已抵扣的进项税款。 纳税人善意取得虚开的增值税专用发票被依法追缴已抵扣税款的,不属于税收征收管理法第三十二条"纳税人未按照规定期限缴纳税款"的情形,不适用该条"税务机关除责令限期缴纳外,从滞纳税款之日起,按日加收滞纳税款万分之五的滞纳金"的规定。
6.《国家税务总局关于报送虚开增值税专用发票案件有关问题的通知》(国税函〔2002〕17 号)
为全面掌握和分析虚开增值税专用发票案件,及时采取防范措施,遏制利用增值税专用发票违法犯罪活动的发生,现就报送虚开增值税专用发票案件问题通知如下： 一、各省级国家税务局(稽查局)上报总局(稽查局)的虚开增值税专用发票案件报告,须同时抄送同级流转税管理部门(稽查局认为需要保密的除外)。 二、各省级国家税务局流转税管理部门接到稽查局抄送的虚开增值税专用发票案件报告后,须及时了解涉案企业的有关情况,在接到稽查局报告后 10 日内写出案件分析报告,并填写《虚开增值税专用发票案件涉案企业情况表》(见附件),上报总局(流转税管理司),同时抄送同级稽查局。在案件查处过程中,如原上报的《虚开增值税专用发票案件涉案企业情况表》内容发生变化的,应在 10 日内重新上报案件分析报告和《虚开增值税专用发票案件涉案企业情况表》,同时抄送同级稽查局。 三、案件分析报告主要针对案件的具体情况,剖析作案的手法,检查税务登记、一般纳税人认定、防伪税控系统企业发行、发票保管及发售、认证、报税、纳税申报管理等环节的政策执行情况及存在的问题和漏洞,总结发现案件的有效作法,提出防范措施。

第六节　走私普通货物、物品罪

一、典型案例

(一)宁波某供应链公司涉嫌走私普通货物刑事合规法律监督案[1]

案件情况

自2018年5月以来,宁波某供应链公司为牟取非法利益,经公司负责人黄某决定,以低报价格的方式从日本走私进口花王尿不湿、纸尿裤、狮王牙膏等日用品。截至2019年7月,该公司采用上述方式走私进口货物共52票。经宁波海关关税部门核定,偷逃进口环节应缴税额人民币78.2万余元。案发后,侦查机关依法暂扣该公司人民币80万元。

2020年8月,宁波市人民检察院受理宁波海关缉私局移送审查起诉的犯罪嫌疑单位宁波某供应链公司、犯罪嫌疑人黄某涉嫌走私普通货物一案。2020年10月,涉案公司申请启动刑事合规考察程序,并提交刑事合规计划书。

检察机关履职情况

宁波市人民检察院收到申请后,启动企业合规风险评估,查阅卷宗、审查当事人提交的材料,实地走访企业,征求工商联、企业主管部门等单位意见。经评估认为:(1)本案涉及偷逃应缴税额78万余元,犯罪情节较轻,案发后企业已补缴税款,进行合规考察有其合理性;(2)企业在疫情期间防疫物资出口量稳步增长,如果公司及其主要经营管理人员被判刑,将会对公司进出口造成较大影响,进行合规考察有其必要性;(3)公司所提交的合规计划书,能够立足于此次走私犯罪,围绕企业风险防范、风险识别和风险应对等展开,针对性较强,进行合规考察有其可行性。

---

[1] 参见《聚焦|宁波市检察机关助推构建新发展格局典型案例(三)》,载微信公众号“宁波检察”2021年7月28日。

2020 年 10 月，宁波市人民检察院向涉案企业送达了《合规考察决定书》。考察期满后，于 2021 年 6 月 15 日由浙江省人民检察院检察长贾宇主持对该案举行了检察听证，并邀请全国人大代表、省政协委员、高校专家、工商联代表等 7 人担任听证员。

2021 年 6 月 21 日，在充分评估合规建设成效的基础上，结合本案犯罪事实和情节，宁波市人民检察院对涉案企业宁波某供应链公司及其直接负责人黄某作出不起诉决定。同时，加强刑行衔接，向侦查机关制发检察意见书，建议对该公司予以从宽处理。

（二）低报价格走私偷逃税款主动申请合规监督考察案①

案件情况

2007 年，S 材料公司成立，跟很多小微企业一样，持有 92% 股权的老王兼任该公司的法定代表人、总经理，在公司日常运营管理工作中处处需要亲力亲为，阿虹担任公司的出纳并负责境外货物采购等工作。在老王的勤恳工作和带领下，S 材料公司的发展越来越好，年营业额最高时曾达到人民币 1.5 亿元。

2016 年，阿虹负责采购一款原料，尽管这款原料并非 S 材料公司主营业务产品，但属于客户需求附带的必不可少的一款原料，且由于国内有该款原料的相关代理商，这使售卖该款原料的 S 材料公司几乎无法收获利润，这使阿虹有些苦恼。然而，偶然的一次交流，一位客户的生意经验之谈，却使阿虹"灵机一动"，想到通过把实际成交价格改低报关的方式，来提高该原料的盈利空间，并将这个想法告诉了老王。

为了不流失客户获得价格优势，老王便同意了阿虹的提议，于是在 2017 年至 2019 年 6 月，阿虹便通过低报价格的方式共走私进口了 16 票，S 材料公司涉嫌走私的货物共偷逃税款逾人民币 340 余万元。

直到被海关稽查，老王跟阿虹才意识到，原来这样的行为已经触犯了有关法律规定，于是老王跟阿虹以及 S 材料公司在侦查阶段认罪认罚，并全额补缴税款，S 材料公司在审查起诉阶段向深圳市人民检察院提出开展企业合规监督考察申请。

① 《涉嫌逃税三百四十余万，通过五个月的合规整改后，这家企业……》，载微信公众号"深圳市人民检察院"2021 年 10 月 13 日，https://mp.weixin.qq.com/s/4oLOMjRYH9eicTeG5M0AZw。

经调查核实,案件承办人认为S材料公司符合开展企业合规监督考察条件,2021年5月,深圳市人民检察院向S材料公司发出检察建议书。

5个月内,S材料公司的企业合规建设主要围绕两个方面:一方面是针对走私的犯罪预防,从直接走私的犯罪预防和间接走私的犯罪预防作了合规整改;另一方面对公司整体合规体系搭建作了整改,公司在后续的环节中暂时注销了进出口资质。

(三)深圳X公司走私普通货物案①

案件情况

X股份有限公司(以下简称X公司)系国内水果行业的龙头企业。从2018年开始,X公司从其收购的T公司进口榴莲销售给国内客户。张某某为T公司总经理,负责在泰国采购榴莲并包装、报关运输至我国香港特区;曲某某为X公司副总裁,分管公司进口业务;李某、程某分别为X公司业务经理,负责具体对接榴莲的进口报关、财务记账、货款支付等。

X公司进口榴莲海运主要委托深圳、珠海两地的S公司(另案处理)代理报关。在报关过程中,由S公司每月发布虚假"指导价",X公司根据指导价制作虚假采购合同及发票用于报关,报关价格低于实际成本价格。2018年至2019年,X公司多次要求以实际成本价报关,均被S公司以统一报价容易快速通关等行业惯例为由拒绝。2019年4月后,经双方商议最终决定以实际成本价报关。

2019年12月12日,张某某、曲某某、李某、程某被抓获归案。经深圳海关计核,2018年3月至2019年4月,X公司通过S公司低报价格进口榴莲415柜,偷逃税款合计397万余元。案发后,X公司规范了报关行为,主动补缴了税款。2020年1月17日,深圳市人民检察院以走私普通货物罪对张某某、曲某某批准逮捕,以无新的社会危险性为由对程某、李某作出不批准逮捕决定。2020年3月3日,为支持疫情期间企业复工复产,根据深圳市人民检察院的建议,张某某、曲某某变更强制措施为取保候审。2020年6月17日,深圳海关缉私局以X公司、张某某、曲某某、李某、程某涉嫌走私普通货物罪移送深圳市人民检察院审查起诉。

① 深圳X公司走私普通货物案,载《企业合规典型案例(第二批)》2021年12月15日。

检察机关履职情况

1. 精准问诊，指导涉案企业扎实开展合规建设

2020年3月，在深圳市人民检察院的建议下，X公司开始启动为期1年的进口业务合规整改工作。X公司制订的合规计划主要针对与走私犯罪有密切联系的企业内部治理结构、规章制度、人员管理等方面存在的问题，制定可行的合规管理规范，构建有效的合规组织体系，完善相关业务管理流程，健全合规风险防范报告机制，弥补企业制度建设和监督管理漏洞，防止再次发生类似违法犯罪。经过前期合规整改，X公司在集团层面设立了合规管理委员会，合规部、内控部与审计部形成合规风险管理的三道防线。加强代理报关公司合规管理，明确在合同履行时的责任划分。聘请进口合规领域的律师事务所、会计师事务所对重点法律风险及其防范措施提供专业意见，完善业务流程和内控制度。建立合规风险识别、合规培训、合规举报调查、合规绩效考核等合规体系运行机制，积极开展合规文化建设。X公司还制定专项预算，为企业合规体系建设和维护提供持续的人力和资金保障。合规建设期间，X公司被宝安区促进企业合规建设委员会（以下简称宝安区合规委）列为首批合规建设示范企业。鉴于该公司积极开展企业合规整改，建立了较为完善的合规管理体系，实现合规管理对所有业务及流程的全覆盖，取得阶段性良好效果，为进一步支持民营企业复工复产，深圳市人民检察院于2020年9月9日对X公司及涉案人员作出相对不起诉处理，X公司被不起诉后继续进行合规整改。

2. 认真开展第三方监督评估，确保企业合规整改效果

为检验合规整改效果，避免"纸面合规""形式合规"，深圳市宝安区人民检察院受深圳市人民检察院委托，于2021年6月向宝安区合规委提出申请，宝安区合规委组织成立了企业合规第三方监督评估工作组，对X公司合规整改情况进行评估验收和回访考察。第三方工作组通过查阅资料、现场检查、听取汇报、针对性提问、调查问卷等方式进行考察评估并形成考察意见。工作组经考察认为，X公司的合规整改取得了明显效果，制定了可行的合规管理规范，在合规组织体系、制度体系、运行机制、合规文化建设等方面搭建起了基本有效的合规管理体系，弥补了企业违法违规行为的管理漏洞，从而能够有效防范企业再次发生相同或者类似的违法犯罪。通过合规互认的方式，相关考察意见将作为深圳海

关对X公司作出行政处理决定的重要参考。为了确保合规整改的持续性，考察结束后，第三方工作组继续对X公司进行为期1年的回访考察。

3. 强化合规引导，做好刑事司法与行政管理、行业治理的衔接贯通

深圳市人民检察院在该案办理过程中，在合规整改结果互认、合规从宽处理等方面加强与深圳海关的沟通协作，形成治理合力，共同指导X公司做好合规整改，发挥龙头企业在行业治理的示范作用。在整改期间，X公司积极推动行业生态良性发展，不仅主动配合海关总署关税司工作，不定期提供公司进口水果的采购价格，作为海关总署出具验估价格参数的参照标准，还参与行业协会调研、探讨开展定期价格审查评估与监督机制。针对案件办理过程中发现的行政监管漏洞、价格低报等行业普遍性问题，深圳市人民检察院依法向深圳海关发出《检察建议书》并得到采纳。深圳海关已就完善进口水果价格管理机制向海关总署提出合理化建议，并对报关行业开展规范化管理以及加强普法宣讲，引导企业守法自律。

开展合规整改以来，X公司在合法合规的基础上，实现了年营业收入25%、年进口额60%的逆势同比增长。2021年8月10日，X公司被评为深圳市宝安区"3A"信用企业(3A:海关认证、纳税信用、公共信用)，同年9月9日被评为诚信合规示范企业。

二、合规建议

笔者从检索到的检察院针对涉嫌走私普通货物、物品罪企业的不起诉决定书中发现，涉案企业最常见的行为方式为提供虚假单证，其次为低报价格和伪报贸易性质。同时，在与一些跨境电商公司的交流中我们发现，部分企业认为作出上述几种常发的违法行为是"很正常""没办法"的事情，这也引起了我们对该罪名的定罪量刑产生了进一步的思考。

首先，从侵害的法益来看，走私普通货物、物品罪侵害的法益是违反国家海关监管秩序、偷逃海关关税，本质上其实是一种特殊领域的逃税罪。随着我国市场经济的日益繁荣以及对外贸易需求的日益增长，该罪的刑事处罚也逐渐发生了改变，从近年不起诉案例数量的增长情况来看，刑事司法也结合实务，考虑到了该罪背后复杂多样的社会性和经济性，逐渐向缓和化发展。而合规建设思维的出现，为该罪的处理开辟的新空间契合"源头治理"的主题定位。

同时，海关总署于2021年9月13日公布了《海关注册登记和备案企业信用管理办法》(海关总署令第251号，以下简称新《办法》)，对2018年公布的《海关企业信用管理办法》进行了更新，也体现了国家信用体系建设的不断深入。同时，新《办法》也是对企业合规的重大激励，主要表现在优化信用等级分类、落实守信激励原则、规范完善管理链条三个方面，进一步提升守信、守法企业的获得感，进一步增加高级认证企业便利措施，同时也依法依规实施失信惩戒，程序性规定更细致、更精确，并且建立信用修复制度。

企业在进行刑事合规建设中，可以有效参照新《办法》中的标准和规定，结合企业自身的经营模式和特点，不断细化合规手册，形成具有企业特色的合规管理体系。

以下为主要法律、法规、规章以及非规范性法律文件中的相关规定。

1.《中华人民共和国刑法》	
第一百五十三条	走私本法第一百五十一条、第一百五十二条、第三百四十七条规定以外的货物、物品的，根据情节轻重，分别依照下列规定处罚： (一)走私货物、物品偷逃应缴税额较大或者一年内曾因走私被给予二次行政处罚后又走私的，处三年以下有期徒刑或者拘役，并处偷逃应缴税额一倍以上五倍以下罚金。 (二)走私货物、物品偷逃应缴税额巨大或者有其他严重情节的，处三年以上十年以下有期徒刑，并处偷逃应缴税额一倍以上五倍以下罚金。 (三)走私货物、物品偷逃应缴税额特别巨大或者有其他特别严重情节的，处十年以上有期徒刑或者无期徒刑，并处偷逃应缴税额一倍以上五倍以下罚金或者没收财产。 单位犯前款罪的，对单位判处罚金，并对其直接负责的主管人员和其他直接责任人员，处三年以下有期徒刑或者拘役；情节严重的，处三年以上十年以下有期徒刑；情节特别严重的，处十年以上有期徒刑。 对多次走私未经处理的，按照累计走私货物、物品的偷逃应缴税额处罚。
第一百五十四条	下列走私行为，根据本节规定构成犯罪的，依照本法第一百五十三条的规定定罪处罚： (一)未经海关许可并且未补缴应缴税额，擅自将批准进口的来料加工、来件装配、补偿贸易的原材料、零件、制成品、设备等保税货物，在境内销售牟利的； (二)未经海关许可并且未补缴应缴税额，擅自将特定减税、免税进口的货物、物品，在境内销售牟利的。

续表

第一百五十五条	下列行为,以走私罪论处,依照本节的有关规定处罚: (一)直接向走私人非法收购国家禁止进口物品的,或者直接向走私人非法收购走私进口的其他货物、物品,数额较大的; (二)在内海、领海、界河、界湖运输、收购、贩卖国家禁止进出口物品的,或者运输、收购、贩卖国家限制进出口货物、物品,数额较大,没有合法证明的。
第一百五十六条	与走私罪犯通谋,为其提供贷款、资金、账号、发票、证明,或者为其提供运输、保管、邮寄或者其他方便的,以走私罪的共犯论处。
第一百五十七条	武装掩护走私的,依照本法第一百五十一条第一款的规定从重处罚。 以暴力、威胁方法抗拒缉私的,以走私罪和本法第二百七十七条规定的阻碍国家机关工作人员依法执行职务罪,依照数罪并罚的规定处罚。
2.《中华人民共和国烟草专卖法》(2015年修正)	
第三十七条	走私烟草专卖品,构成走私罪的,依照刑法有关规定追究刑事责任;走私烟草专卖品,数额不大,不构成走私罪的,由海关没收走私货物、物品和违法所得,可以并处罚款。 烟草专卖行政主管部门和烟草公司工作人员利用职务上的便利犯前款罪的,依法从重处罚。
3.《中华人民共和国对外贸易法》(2016年修正)	
第三十四条	在对外贸易活动中,不得有下列行为: (一)伪造、变造进出口货物原产地标记,伪造、变造或者买卖进出口货物原产地证书、进出口许可证、进出口配额证明或者其他进出口证明文件; (二)骗取出口退税; (三)走私; (四)逃避法律、行政法规规定的认证、检验、检疫; (五)违反法律、行政法规规定的其他行为。
第六十一条	进出口属于禁止进出口的货物的,或者未经许可擅自进出口属于限制进出口的货物的,由海关依照有关法律、行政法规的规定处理、处罚;构成犯罪的,依法追究刑事责任。 进出口属于禁止进出口的技术的,或者未经许可擅自进出口属于限制进出口的技术的,依照有关法律、行政法规的规定处理、处罚;法律、行政法规没有规定的,由国务院对外贸易主管部门责令改正,没收违法所得,并处违法所得一倍以上五倍以下罚款,没有违法所得或者违法所得不足一万元的,处一万元以上五万元以下罚款;构成犯罪的,依法追究刑事责任。

续表

	自前两款规定的行政处罚决定生效之日或者刑事处罚判决生效之日起，国务院对外贸易主管部门或者国务院其他有关部门可以在三年内不受理违法行为人提出的进出口配额或者许可证的申请，或者禁止违法行为人在一年以上三年以下的期限内从事有关货物或者技术的进出口经营活动。
第六十三条	违反本法第三十四条规定，依照有关法律、行政法规的规定处罚；构成犯罪的，依法追究刑事责任。 国务院对外贸易主管部门可以禁止违法行为人自前款规定的行政处罚决定生效之日或者刑事处罚判决生效之日起一年以上三年以下的期限内从事有关的对外贸易经营活动。
4.《中华人民共和国海关法》(2021 年修正)	
第八十二条	违反本法及有关法律、行政法规，逃避海关监管，偷逃应纳税款、逃避国家有关进出境的禁止性或者限制性管理，有下列情形之一的，是走私行为： （一）运输、携带、邮寄国家禁止或者限制进出境货物、物品或者依法应当缴纳税款的货物、物品进出境的； （二）未经海关许可并且未缴纳应纳税款、交验有关许可证件，擅自将保税货物、特定减免税货物以及其他海关监管货物、物品、进境的境外运输工具，在境内销售的； （三）有逃避海关监管，构成走私的其他行为的。 有前款所列行为之一，尚不构成犯罪的，由海关没收走私货物、物品及违法所得，可以并处罚款；专门或者多次用于掩护走私的货物、物品，专门或者多次用于走私的运输工具，予以没收，藏匿走私货物、物品的特制设备，责令拆毁或者没收。 有第一款所列行为之一，构成犯罪的，依法追究刑事责任。
第八十三条	有下列行为之一的，按走私行为论处，依照本法第八十二条的规定处罚： （一）直接向走私人非法收购走私进口的货物、物品的； （二）在内海、领海、界河、界湖，船舶及所载人员运输、收购、贩卖国家禁止或者限制进出境的货物、物品，或者运输、收购、贩卖依法应当缴纳税款的货物，没有合法证明的。
第八十四条	伪造、变造、买卖海关单证，与走私人通谋为走私人提供贷款、资金、账号、发票、证明、海关单证，与走私人通谋为走私人提供运输、保管、邮寄或者其他方便，构成犯罪的，依法追究刑事责任；尚不构成犯罪的，由海关没收违法所得，并处罚款。

续表

5.《最高人民法院研究室关于如何理解“直接负责的主管人员”和“直接责任人员”问题的复函》(1994 年 1 月 27 日)
公安部法制司: 你司《关于如何理解“直接负责的主管人员”和“直接责任人员”的批复》收悉,经研究,提出以下意见供参考: 所谓“直接负责的主管人员”,是指在企业事业单位、机关、团体中,对本单位实施走私犯罪起决定作用的、负有组织、决策、指挥责任的领导人员。单位的领导人如果没有参与单位走私的组织、决策、指挥,或者仅是一般参与,并不起决定作用的,则不应对单位的走私罪负刑事责任。 所谓“直接负责人员”,是指直接实施本单位走私犯罪行为或者虽对本单位走私犯罪负有部分组织责任,但对本单位走私犯罪行为不起决定作用,只是具体执行、积极参与的该单位的部门负责人或者一般工作人员。
6.《公安部关于如何理解走私罪中“直接负责的主管人员”和“直接责任人员”的答复》(公法〔1994〕27 号)
辽宁省公安厅: 你厅《关于执行全国人大常委会〈关于惩治走私罪的补充规定〉第五条中几个问题的请示》收悉。经商最高人民法院研究室同意,现答复如下: 所谓“直接负责的主管人员”,是指在企业事业单位、机关、团体中,对本单位实施走私犯罪起决定作用的、负有组织、决策、指挥责任的领导人员。单位的领导人如果没有参与单位走私的组织、决策、指挥,或者仅是一般参与,并不是起决定作用的,则不应对单位的走私犯罪负刑事责任。 所谓“直接责任人员”,是指直接实施本单位走私犯罪行为或者虽对本单位走私犯罪负有部分组织责任,但对本单位走私犯罪行为不起决定作用,只是具体执行、积极参与的该单位的部门负责人或者一般工作人员。 对涉及两个或两个以上企事业单位、机关、团体联合走私的,认定“直接负责的主管人员”和“直接责任人员”,按上述原则办理。
7.《最高人民检察院关于擅自销售进料加工保税货物的行为法律适用问题的解释》(高检发释字〔2000〕3 号)
为依法办理走私犯罪案件,根据海关法等法律的有关规定,对擅自销售进料加工保税货物的行为法律适用问题解释如下: 保税货物是指经海关批准未办理纳税手续进境,在境内储存、加工、装配后复运出境的货物。经海关批准进口的进料加工的货物属于保税货物。未经海关许可并且未补缴应缴税额,擅自将批准进口的进料加工的原材料、零件、制成品、设备等保税货物,在境内销售牟利,

续表

偷逃应缴税额在五万元以上的，依照刑法第一百五十四条、第一百五十三条的规定，以走私普通货物、物品罪追究刑事责任。	
8.《最高人民法院、最高人民检察院、海关总署关于办理走私刑事案件适用法律若干问题的意见》(法〔2002〕139号)	
五、关于走私犯罪嫌疑人、被告人主观故意的认定问题	行为人明知自己的行为违反国家法律法规，逃避海关监管，偷逃进出境货物、物品的应缴税额，或者逃避国家有关进出境的禁止性管理，并且希望或者放任危害结果发生的，应认定为具有走私的主观故意。 走私主观故意中的"明知"是指行为人知道或者应当知道所从事的行为是走私行为。具有下列情形之一的，可以认定为"明知"，但有证据证明确属被蒙骗的除外： (一)逃避海关监管，运输、携带、邮寄国家禁止进出境的货物、物品的； (二)用特制的设备或者运输工具走私货物、物品的； (三)未经海关同意，在非设关的码头、海(河)岸、陆路边境等地点，运输(驳载)、收购或者贩卖非法进出境货物、物品的； (四)提供虚假的合同、发票、证明等商业单证委托他人办理通关手续的； (五)以明显低于货物正常进(出)口的应缴税额委托他人代理进(出)口业务的； (六)曾因同一种走私行为受过刑事处罚或者行政处罚的； (七)其他有证据证明的情形。
六、关于行为人对其走私的具体对象不明确的案件的处理问题	走私犯罪嫌疑人主观上具有走私犯罪故意，但对其走私的具体对象不明确的，不影响走私犯罪构成，应当根据实际的走私对象定罪处罚。但是，确有证据证明行为人因受蒙骗而对走私对象发生认识错误的，可以从轻处罚。
八、关于走私旧汽车、切割车等货物、物品的行为的定罪问题	走私刑法第一百五十一条、第一百五十二条、第三百四十七条、第三百五十条规定的货物、物品以外的，已被国家明令禁止进出口的货物、物品，例如旧汽车、切割车、侵犯知识产权的货物、来自疫区的动植物及其产品等，应当依照刑法第一百五十三条的规定，以走私普通货物、物品罪追究刑事责任。

续表

九、关于利用购买的加工贸易登记手册、特定减免税批文等涉税单证进口货物行为的定性处理问题	加工贸易登记手册、特定减免税批文等涉税单证是海关根据国家法律法规以及有关政策性规定,给予特定企业用于保税货物经营管理和减免税优惠待遇的凭证。利用购买的加工贸易登记手册、特定减免税批文等涉税单证进口货物,实质是将一般贸易货物伪报为加工贸易保税货物或者特定减免税货物进口,以达到偷逃应缴税款的目的,应当适用刑法第一百五十三条以走私普通货物、物品罪定罪处罚。如果行为人与走私分子通谋出售上述涉税单证,或者在出卖批文后又以提供印章、向海关伪报保税货物、特定减免税货物等方式帮助买方办理进口通关手续的,对卖方依照刑法第一百五十六条以走私罪共犯定罪处罚。买卖上述涉税单证情节严重尚未进口货物的,依照刑法第二百八十条的规定定罪处罚。
十、关于在加工贸易活动中骗取海关核销行为的认定问题	在加工贸易经营活动中,以假出口、假结转或者利用虚假单证等方式骗取海关核销,致使保税货物、物品脱离海关监管,造成国家税款流失,情节严重的,依照刑法第一百五十三条的规定,以走私普通货物、物品罪追究刑事责任。但有证据证明因不可抗力原因导致保税货物脱离海关监管,经营人无法办理正常手续而骗取海关核销的,不认定为走私犯罪。
十二、关于出售走私货物已缴纳的增值税应否从走私偷逃应缴税额中扣除的问题	走私犯罪嫌疑人为出售走私货物而开具增值税专用发票并缴纳增值税,是其走私行为既遂后在流通领域获违法所得的一种手段,属于非法开具增值税专用发票。对走私犯罪嫌疑人因出售走私货物而实际缴纳走私货物增值税的,在核定走私货物偷逃应缴税额时,不应当将其已缴纳的增值税额从其走私偷逃应缴税额中扣除。
十三、关于刑法第一百五十四条规定的“销售牟利”的理解问题	刑法第一百五十四条第(一)、(二)项规定的“销售牟利”,是指行为人主观上为了牟取非法利益而擅自销售海关监管的保税货物、特定减免税货物。该种行为是否构成犯罪,应当根据偷逃的应缴税额是否达到刑法第一百五十三条及相关司法解释规定的数额标准予以认定。实际获利与否或者获利多少并不影响其定罪。
十四、关于海上走私犯罪案件如何追究运输人的刑事责任问题	对刑法第一百五十五条第(二)项规定的实施海上走私犯罪行为的运输人、收购人或者贩卖人应当追究刑事责任。对运输人,一般追究运输工具的负责人或者主要责任人的刑事责任,但对于事先通谋的、集资走私的、或者使用特殊的走私运输工具从事走私犯罪活动的,可以追究其他参与人员的刑事责任。

续表

十五、关于刑法第一百五十六条规定的“与走私罪犯通谋”的理解问题	通谋是指犯罪行为人之间事先或者事中形成的共同的走私故意。下列情形可以认定为通谋： (一)对明知他人从事走私活动而同意为其提供贷款、资金、账号、发票、证明、海关单证,提供运输、保管、邮寄或者其他方便的; (二)多次为同一走私犯罪分子的走私行为提供前项帮助的。
十八、关于单位走私犯罪及其直接负责的主管人员和直接责任人员的认定问题	具备下列特征的,可以认定为单位走私犯罪:(1)以单位的名义实施走私犯罪,即由单位集体研究决定,或者由单位的负责人或者被授权的其他人员决定、同意;(2)为单位谋取不正当利益或者违法所得大部分归单位所有。 依照《最高人民法院关于审理单位犯罪案件具体应用法律有关问题的解释》第二条的规定,个人为进行违法犯罪活动而设立的公司、企业、事业单位实施犯罪的,或者个人设立公司、企业、事业单位后,以实施犯罪为主要活动的,不以单位犯罪论处。单位是否以实施犯罪为主要活动,应根据单位实施走私行为的次数、频度、持续时间、单位进行合法经营的状况等因素综合考虑认定。 根据单位人员在单位走私犯罪活动中所发挥的不同作用,对其直接负责的主管人员和其他直接责任人员,可以确定为一人或者数人。对于受单位领导指派而积极参与实施走私犯罪行为的人员,如果其行为在走私犯罪的主要环节起重要作用的,可以认定为单位犯罪的直接责任人员。
十九、关于单位走私犯罪后发生分立、合并或者其他资产重组情形以及单位被依法注销、宣告破产等情况下,如何追究刑事责任的问题	单位走私犯罪后,单位发生分立、合并或者其他资产重组等情况的,只要承受该单位权利义务的单位存在,应当追究单位走私犯罪的刑事责任。走私单位发生分立、合并或者其他资产重组后,原单位名称发生更改的,仍以原单位(名称)作为被告单位。承受原单位权利义务的单位法定代表人或者负责人为诉讼代表人。 单位走私犯罪后,发生分立、合并或者其他资产重组情形,以及被依法注销、宣告破产等情况的,无论承受该单位权利义务的单位是否存在,均应追究原单位直接负责的主管人员和其他直接责任人员的刑事责任。 人民法院对原走私单位判处罚金的,应当将承受原单位权利义务的单位作为被执行人。罚金超出新单位所承受的财产的,可在执行中予以减除。

续表

二十、关于单位与个人共同走私普通货物、物品案件的处理问题	单位和个人(不包括单位直接负责的主管人员和其他直接责任人员)共同走私的,单位和个人均应对共同走私所偷逃应缴税额负责。 对单位和个人共同走私偷逃应缴税额为5万元以上不满25万元的,应当根据其在案件中所起的作用,区分不同情况做出处理。单位起主要作用的,对单位和个人均不追究刑事责任,由海关予以行政处理;个人起主要作用的,对个人依照刑法有关规定追究刑事责任,对单位由海关予以行政处理。无法认定单位或个人起主要作用的,对个人和单位分别按个人犯罪和单位犯罪的标准处理。 单位和个人共同走私偷逃应缴税额超过25万元且能区分主、从犯的,应当按照刑法关于主、从犯的有关规定,对从犯从轻、减轻处罚或者免除处罚。
二十一、关于单位走私犯罪案件自首的认定问题	在办理单位走私犯罪案件中,对单位集体决定自首的,或者单位直接负责的主管人员自首的,应当认定单位自首。认定单位自首后,如实交代主要犯罪事实的单位负责的其他主管人员和其他直接责任人员,可视为自首,但对拒不交代主要犯罪事实或逃避法律追究的人员,不以自首论。
二十二、关于共同走私犯罪案件如何判处罚金刑问题	审理共同走私犯罪案件时,对各共同犯罪人判处罚金的总额应掌握在共同走私行为偷逃应缴税额的一倍以上五倍以下。

续表

二十三、关于走私货物、物品、走私违法所得以及走私犯罪工具的处理问题	在办理走私犯罪案件过程中，对发现的走私货物、物品、走私违法所得以及属于走私犯罪分子所有的犯罪工具，走私犯罪侦查机关应当及时追缴，依法予以查扣、冻结。在移送审查起诉时应当将扣押物品文件清单、冻结存款证明文件等材料随案移送，对于扣押的危险品或者鲜活、易腐、易失效、易贬值等不宜长期保存的货物、物品，已经依法先行变卖、拍卖的，应当随案移送变卖、拍卖物品清单以及原物的照片或者录像资料；人民检察院在提起公诉时应当将上述扣押物品文件清单、冻结存款证明和变卖、拍卖物品清单一并移送；人民法院在判决走私罪案件时，应当对随案清单、证明文件中载明的款、物审查确认并依法判决予以追缴、没收；海关根据人民法院的判决和海关法的有关规定予以处理，上缴中央国库。
二十四、关于走私货物、物品无法扣押或者不便扣押情况下走私违法所得的追缴问题	在办理走私普通货物、物品犯罪案件中，对于走私货物、物品因流入国内市场或者投入使用，致使走私货物、物品无法扣押或者不便扣押的，应当按照走私货物、物品的进出口完税价格认定违法所得予以追缴；走私货物、物品实际销售价格高于进出口完税价格的，应当按照实际销售价格认定违法所得予以追缴。
9.《最高人民法院、最高人民检察院关于办理走私刑事案件适用法律若干问题的解释》（法释〔2014〕10号）	
第十六条	走私普通货物、物品，偷逃应缴税额在十万元以上不满五十万元的，应当认定为刑法第一百五十三条第一款规定的“偷逃应缴税额较大”；偷逃应缴税额在五十万元以上不满二百五十万元的，应当认定为“偷逃应缴税额巨大”；偷逃应缴税额在二百五十万元以上的，应当认定为“偷逃应缴税额特别巨大”。 走私普通货物、物品，具有下列情形之一，偷逃应缴税额在三十万元以上不满五十万元的，应当认定为刑法第一百五十三条第一款规定的“其他严重情节”；偷逃应缴税额在一百五十万元以上不满二百五十万元的，应当认定为“其他特别严重情节”： （一）犯罪集团的首要分子； （二）使用特种车辆从事走私活动的； （三）为实施走私犯罪，向国家机关工作人员行贿的； （四）教唆、利用未成年人、孕妇等特殊人群走私的； （五）聚众阻挠缉私的。

续表

第十七条	刑法第一百五十三条第一款规定的"一年内曾因走私被给予二次行政处罚后又走私"中的"一年内",以因走私第一次受到行政处罚的生效之日与"又走私"行为实施之日的时间间隔计算确定;"被给予二次行政处罚"的走私行为,包括走私普通货物、物品以及其他货物、物品;"又走私"行为仅指走私普通货物、物品。
第十八条	刑法第一百五十三条规定的"应缴税额",包括进出口货物、物品应当缴纳的进出口关税和进口环节海关代征税的税额。应缴税额以走私行为实施时的税则、税率、汇率和完税价格计算;多次走私的,以每次走私行为实施时的税则、税率、汇率和完税价格逐票计算;走私行为实施时间不能确定的,以案发时的税则、税率、汇率和完税价格计算。 刑法第一百五十三条第三款规定的"多次走私未经处理",包括未经行政处理和刑事处理。
第十九条	刑法第一百五十四条规定的"保税货物",是指经海关批准,未办理纳税手续进境,在境内储存、加工、装配后应予复运出境的货物,包括通过加工贸易、补偿贸易等方式进口的货物,以及在保税仓库、保税工厂、保税区或者免税商店内等储存、加工、寄售的货物。
第二十条	直接向走私人非法收购走私进口的货物、物品,在内海、领海、界河、界湖运输、收购、贩卖国家禁止进出口的物品,或者没有合法证明,在内海、领海、界河、界湖运输、收购、贩卖国家限制进出口的货物、物品,构成犯罪的,应当按照走私货物、物品的种类,分别依照刑法第一百五十一条、第一百五十二条、第一百五十三条、第三百四十七条、第三百五十条的规定定罪处罚。 刑法第一百五十五条第二项规定的"内海",包括内河的入海口水域。
第二十一条	未经许可进出口国家限制进出口的货物、物品,构成犯罪的,应当依照刑法第一百五十一条、第一百五十二条的规定,以走私国家禁止进出口的货物、物品罪等罪名定罪处罚;偷逃应缴税额,同时又构成走私普通货物、物品罪的,依照处罚较重的规定定罪处罚。 取得许可,但超过许可数量进出口国家限制进出口的货物、物品,构成犯罪的,依照刑法第一百五十三条的规定,以走私普通货物、物品罪定罪处罚。 租用、借用或者使用购买的他人许可证,进出口国家限制进出口的货物、物品的,适用本条第一款的规定定罪处罚。

续表

第二十二条	在走私的货物、物品中藏匿刑法第一百五十一条、第一百五十二条、第三百四十七条、第三百五十条规定的货物、物品，构成犯罪的，以实际走私的货物、物品定罪处罚；构成数罪的，实行数罪并罚。
第二十三条	实施走私犯罪，具有下列情形之一的，应当认定为犯罪既遂： (一)在海关监管现场被查获的； (二)以虚假申报方式走私，申报行为实施完毕的； (三)以保税货物或者特定减税、免税进口的货物、物品为对象走私，在境内销售的，或者申请核销行为实施完毕的。
第二十四条	单位犯刑法第一百五十一条、第一百五十二条规定之罪，依照本解释规定的标准定罪处罚。 单位犯走私普通货物、物品罪，偷逃应缴税额在二十万元以上不满一百万元的，应当依照刑法第一百五十三条第二款的规定，对单位判处罚金，并对其直接负责的主管人员和其他直接责任人员，处三年以下有期徒刑或者拘役；偷逃应缴税额在一百万元以上不满五百万元的，应当认定为"情节严重"；偷逃应缴税额在五百万元以上的，应当认定为"情节特别严重"。

第二章　通行合规计划的制定与施行

第一节　合规计划的基本架构

根据上文分析可知，要想实现企业平稳快速的发展，必须制定科学有效的合规体系来规避企业可能发生的法律风险。合规管理本身虽然并不能直接为公司增加利润，但是系列的合规活动能够为公司争取到有利于未来发展和业务创新的外部政策环境；通过内部制度的持续修订，形成一整套可操作性强、具有清晰程序化的内部制度，将大大降低公司管理成本并增强企业风险控制能力，提高资本回报，最终为公司创造价值。

合规的主要目标：通过建立健全合规管理机制，制定和执行合规管理制度，推动合规文化建设，实现对合规风险的有效识别和主动管理，增强自我约束能力，促进全面风险管理体系建设，保障公司的经营管理和所有员工的执业行为符合法律、法规和准则，切实防范合规风险，确保依法合规经营，促进公司的可持续发展，实现公司自身合规与外部监管的有效互动。而一个较为完善的合规体系应当符合以下几个方面的要求。

一、设立科学的合规管理组织体系、明确主体之间的分工

从企业的组织体系出发，必须形成一个上通下达的合规管理组织体系，能够高效地处理合规问题。具体而言，笔者认为，应该在董事会、监事会以外，设置专门的合规部门，并任命专门的合规负责人（国外也习惯称为首席合规官），合规负责人应该具备较强的合规知识，且不得担任业务部门的直接领导即不得存在角色的冲突，在日常的工作中直接对董事会负责。而董事会、监事会、合规负责人应当遵循以下分工规则。

董事会在合规体系中应当承担以下职责：（1）审议批准公司合规管理的基

本制度、合规管理组织机构设置；(2)审议批准合规负责人制作的年度合规报告；(3)任免合规负责人、确定其报酬及其激励方式；(4)评估合规管理有效性，督促解决合规管理中存在的问题；(5)为合规总监与董事会、经营管理层和各部门、分支机构有效沟通提供保障，确保合规总监的知情权和调查权；(6)监管机构要求的其他合规管理职责。

监事会在合规体系中应当承担以下职责：(1)监督董事会的决策与流程是否合规；(2)监督董事和高级管理人员合规管理职责履行情况；(3)对引发重大合规风险负有主要责任的董事、高级管理人员提出罢免建议；(4)向董事会提出撤换公司合规管理负责人的建议；(5)公司章程规定的其他合规管理职责。

合规负责人在合规体系中应当承担以下职责：(1)拟定合规管理的基本制度和其他合规管理制度；(2)参与企业重大决策并提出合规意见；(3)领导合规管理牵头部门开展工作；(4)对企业内部规章制度、重大决策、新产品和新业务方案等进行合规审查，并出具书面合规审查意见；(5)向董事会和总经理汇报合规管理重大事项；(6)组织起草合规管理年度报告；(7)为公司决策层、管理层、各部门及各分支机构提供合规咨询、组织合规培训，协助公司经营管理层培育合规文化；(8)将出具的合规审查意见、提供的合规咨询意见、签署的公司文件、合规检查工作底稿等与履行职责有关的文件、资料存档备查，并对履行职责的情况作出记录；(9)公司章程规定的其他合规管理职责。

具体的业务部门负责本领域的日常合规管理工作，按照合规要求完善业务管理制度和流程，主动开展合规风险识别和隐患排查，发布合规预警，组织合规审查，及时向合规管理牵头部门通报风险事项，妥善应对合规风险事件，做好本领域合规培训和商业伙伴合规调查等工作，组织或配合进行违规问题调查并及时整改。监察、审计、法律、内控、风险管理、安全生产、质量环保等相关部门，在职权范围内履行合规管理职责。

而除了上述比较核心的三类主体及业务部门以外，在企业的运营中，分支机构、分公司、子公司等面临的合规风险往往会直接影响企业本身，因而各部门、各分支机构应设立专门的合规专员，合规专员承担的合规职责主要包括：(1)遵守法律法规，执行公司的合规管理制度，对本单位合规管理的有效性承担责任；(2)自行或根据合规部门的督导，评估、制定、修改和完善本单位内部管理制度和业务流程;(3)评估本单位合规管理制度和流程的合理性,并对合规管理执行情况进行监督、检查和评价,按规定向合规管理部门报告;(4)发现本单位有违规行为时,主动向合规负责人或合规管理部门报告,积极妥善处理,落实责任追究;(5)组织本部门员工的合规培训;(6)监管机构或公司规定的其他合规职责。

二、制定清晰的合规章程

合规章程在企业内部具有统领性,也是企业内部具有最高效力的文件,因而要想合规制度在企业内部生根发芽,得到良好运行,应该在章程中进行全面规定。

第一,应该树立全员合规的基本理念。合规是公司所有员工的共同责任,公司全体员工都应参与合规管理。公司高层应当在整个公司中作出表率,设定鼓励合规的基调。“合规从高层做起”是有效的合规管理体制得以建立的基础。只有如此才能形成一种由内而外的合规文化。

第二,应该明确公司的商业准则。必须从本公司的经营状况出发,制定一套自己的内部商业行为准则,参照企业可能面临的风险及相应的法律法规,明确规定哪些行为属于企业运营中禁止发生的行为。例如,商业贿赂、串通投标等不正当竞争手段,并且规定如果违反这些行为应当承担哪些严重后果。以此规定企业的红线,制约违法违规行为的发生。

第三,确立合规施行中应当遵循的基本原则。通常企业在合规施行中应当遵循以下原则:(1)全面性原则。合规管理应覆盖所有业务、各个部门和分支机构和全体工作人员,贯穿决策、执行、监督、反馈等各个环节,确保不存在合规管理的空白或漏洞。(2)独立性原则。合规管理部门应当独立于公司其他部门,合规总监和合规部门职员在工作职责上避免与其所承担的其他职责产生利益冲突,按照双线分离、多线制衡的模式进行推进。(3)有效性原则。合规管理应当符合有效性原则,应当制定符合监管要求及公司需要的合规管理制度,具体合规计划必须结合公司的业务板块、发展情况、公司文化理念等综合情况。(4)持续性原则。合规管理工作,应根据国家法律法规、政策制度等外部环境及公司经营战略、经营目标、经营条件等内部环境的变化,适时进行相应调整和完善,具有较强的灵活性与发展性。

三、有效合规应当包含的基本内容

(一)一个要求

根据企业经营范围和所从事业务有针对性地建立专项合规计划。

所谓“专项合规计划”，是指企业针对特定领域的合规风险，为避免企业因为违反相关法律法规而遭受行政处罚、刑事追究以及其他方面的损失所建立起来的专门性的合规管理体系。

就单纯从事国内业务的企业而言，常见的专项合规计划主要有反垄断、反不正当竞争、反商业贿赂、知识产权保护、反洗钱、大数据保护、税收、证券、环保等。

就从事国际贸易或者进出口业务的企业而言，常见的专项合规计划主要有反商业贿赂、出口管制、反洗钱、数据保护等。

需要知道，企业合规的灵魂不在于大而全的管理体系，而在于针对企业的合规风险点所确立的专项合规计划。无论是在国际司法实务中还是在我国刑事合规相关试行制度中，有效性是合规计划是否成功的重要考察标准。例如，中兴公司所建立的出口管制合规计划以及反贿赂合规计划，都是针对公司经营中存在的痛点和风险进行的专项合规计划，不仅可以有效面对国际制裁，也保证了公司未来运营的平稳有序。

(二)两个目的

一是合规计划要建立一套确保企业依法依规经营的管理机制；二是合规计划保证企业面临执法调查时获得监管激励或者刑法激励。

所以，合规计划的制定，不仅是企业的一个经营管理项目，而且是应当站在企业治理的战略高度，来帮助企业获得实实在在的利益，提供专业化和有效化的合规产品。

(三)三项原则

一是避免大而全的综合合规计划，注重打造专项合规计划；二是抓住企业性质、经营业务和主要风险；三是注重合规计划的有效性。专项合规计划和抓住企业性质前面已经说过，此处不再赘述；至于有效性，应当认识到，企业仅有一套书面的合规管理体系是没有任何意义的，合规计划主要价值在于预防风险、监控违规行为、应对违规事件。而要实现该价值，合规计划至少要做到对违规行为的实时监控,在违规事件发生后及时有效地应对,尤其是调查违规事件,处理相关责任人,发现合规管理漏洞,积极进行整改,主动进行自我披露。同时,还要开展合规培训,完善沟通、报告、举报、处理机制。

(四)四个阶段

第一阶段:尽职调查。

主要指的是通过访谈、问卷、资料收集等方式,查找合规风险点,形成《合规风险评估报告》,具体步骤为以下几点。

1. 书面审查:结合客户的具体情况,出具详细的刑事合规材料清单。刑事合规材料清单一般包括公司基本信息和治理体系、组织结构、公司业务管理制度、实际运行情况等材料。

2. 现场访谈:基于企业可能涉及的刑事风险,专项律师团队拟通过与企业高层、分管领导、重点部门负责人以及重点业务相关工作人员进行访谈,排查企业刑事法律风险。

3. 现场考察:在现场访谈以后,专项律师团队对企业进行现场考察,深入了解客户企业的实际经营情况。

同时,尽职调查也可以针对企业的客户、第三方合作伙伴和被并购的企业,对其是否存在违法违规行为、有无刑事风险进行专门调查。

第二阶段:合规风险评估。

该阶段的主要目的:(1)根据《合规风险评估报告》,结合企业经营范围和所从事业务搭建合规义务库,包括企业应当遵循的法律法规、道德准则、行业标准以及党规党纪,能够让企业人员不用再去翻国家法律,只要学习合规政策和员工手册就可以清楚地知道行为的规范和边界。(2)结合《合规风险评估报告》和合规义务库,详尽清晰地列明企业专项合规风险信息,建立定期更新或者实时更新的动态风险信息库。

第三阶段:打造企业合规手册。

载明企业合规的基本理念、基本原则、基本框架,上至董事、高管下至各部门都要受到合规手册的约束。具体而言,企业合规手册主要包括专项合规的基本理念、合规义务库、风险信息库、管理体系和管理制度。

第四阶段:搭建合规运作与管控机制。

1. 建立组织体系。合规的组织体系建立是有效合规计划的重要组成部分,组织合规体系包括：(1)合规管理委员会，设立于董事会下，由公司高管担任委员，独立董事担任主席。(2)首席合规官，由公司总法律顾问或者法务总监担任。(3)合规部，根据不同的专项合规计划，合规部下设专门机构。(4)合规团队，在重要部门以及子分公司设立合规团队或合规专员。总体来说，要建立自上而下、垂直领导的合规组织体系，保持组织体系的独立、权威和畅通和，避免与其他部门产生利益冲突，做到上令下达，确保合规风险的及时应对和处理。

2. 建立严格的审核机制。对企业内部规章制度、业务流程、业务行为、财务行为、资金运用行为、机构管理行为进行法律上的把关和审查。同时，要求企业开展的每一项业务，在产品制造、销售、服务的每一个环节，都需要经过合规把关，对违规行为实行一票否决制。

企业应当将合规审查作为必经程序嵌入经营管理流程，重大决策事项的合规审查意见应当由首席合规官签字，对决策事项的合规性提出明确意见。业务及职能部门、合规管理部门依据职责权限完善审查标准、流程、重点等，定期对审查情况开展后评估。

3. 设立预警机制。企业应当建立合规风险识别评估预警机制，全面梳理经营管理活动中的合规风险，建立并定期更新合规风险 数据库，对风险发生的可能性、影响程度、潜在后果等进行分析，对典型性、普遍性或者可能产生严重后果的风险及时预警。

4. 建立及时报告机制。各业务部门和分支机构如果发现合规管理风险报告给合规管理部门，合规负责人向总经理、董事会、监事会报告。具体而言，要进行定期报告和专项报告，在合规组织体系内自下而上地将合规计划的运营情况、合规风险和违规行为的发生报告给最高管理层。

5. 建立举报机制。建立举报投诉的机制，也就是“吹哨人”制度，开放多种举报途径，同时建立对举报线索的调查机制、保密和保护机制、奖励机制。具体而言，公司应当设立违规举报平台，公布举报电话、邮箱或者信箱，相关部门按照职责权限受理违规举报，并就举报问题进行调查和处理，对造成资产损失或者严重不良后果的，移交责任追究部门；对涉嫌违法犯罪的，及时按照规定移交相关部门或者机构。

同时，企业应当对举报人的身份和举报事项严格保密，对举报属实的举报人可以给予适当奖励。任何单位和个人不得以任何形式对举报人进行打击报复。

6. 设立及时处置机制。发生重大合规风险时，应当由合规管理部门牵头组织应对，其他相关部门协同配合，及时进行内部调查明确责任，尽快处理违规第三方和员工，尽快发现合规漏洞并进行整改，积极配合调查，必要时进行报告披露，争取获取可能的合作奖励，尽量获得宽大的行政处理或刑事处理，将惩戒、损失和不利影响降到最低限度。

7. 设立问责机制。严格对违规行为的责任认定和追究，明确违规的责任范围，细化惩处标准。同时，对在履职过程中因故意或者重大过失应当发现而未发现的违规问题，或者发现违规问题存在失职、渎职的行为，给企业造成损失或者不良影响的单位和人员开展责任追究。

8. 设立有效的考核机制。企业全体员工都应当接受合规绩效考核，并将考核结果作为员工考核、干部任用、评先选优的依据。

9. 建立长效培训机制。建立完善可行的培训机制，具体包括：

(1)领导是企业合规文化建设的关键。企业管理者要关注培养合规文化，做好合规文化培训。结合法治宣传教育，建立制度化、常态化培训机制，确保员工理解、遵循企业合规目标和要求。具体而言，可以通过制定和发放合规手册、签订合规承诺书等方式，强化全员安全质量、诚信和廉洁等意识，树立依法合规、守法诚信的价值观，筑牢合规经营的思想基础，引导全体员工自觉践行合规理念。(2)关注员工心理、行为习惯，建立常态化合规培训机制，制订年度计划，将合规管理作为管理人员、重点岗位人员和新入职人员培训必修内容。(3)企业合规文化建设要与合规制度相互联系与适应，做到合规制度与合规文化彼此一致；以合规文化为导向，合规工作要与多方面变化相适应。(4)企业从被动合规转变为主动合规，彻底改进“重经营业绩、轻合规管理”的绩效考核理念，平衡业务拓展与风险管理的关系。(5)将企业合规文化转化为企业生产力，将企业合规文化渗透到对外合作与品牌营销方案中，提高消费者的信赖度。

第二节 反商业贿赂合规计划的制定

在上文中笔者提到，真正有效的合规，应当是建立在对企业的全面尽职调查的基础上而设立的专项合规，因为只有全面的尽职调查才能识别企业的关键风险领域,才能真正做到对症下药,实现企业的长远发展。反商业贿赂合规是目前大多数企业拟构建的合规专项。

目前,中兴集团的反商业贿赂体系是我国实务中比较健全的反商业贿赂合规体系,对其他企业来说具有较强的参考价值。

一、设立明确的禁止规则

首先,在员工手册中明确何为贿赂,让集团所有员工对此行为都有清晰的认知,并在手册中对具体情形作出明确禁止,强调这是企业不可触碰的红线。具体而言,从抽象层面贿赂指的是:"直接或者间接地向公共部门或者私营企业的任何人员提议、承诺、给予、授权给予金钱或其他任何有价值物,以不当地影响收受方的正当职责或行为,获取或保持业务或商业行为中的其他不当利益。"就具体层面而言,在手册中以具体案例的方式列明常见贿赂行为之界定。例如,礼品及款待、提供外部差旅、客户培训、采购交易、商业赞助、公益捐赠等方面。就礼品及款待方面而言,提供适当的礼品及必要的款待是可以的,但是不得为了对某项决策施加影响或为了谋求不当利益而赠送礼品或进行款待。对超过特定数值的礼品及款待需要在企业的"反贿赂合规"系统中进行审判和备案。

其次,明确如果实施贿赂行为,企业及个人分别会面临风险,以此要求企业员工及其商业伙伴必须遵守所在国的反贿赂法律法规,尊重当地的风俗习惯和商业惯例。明确企业对贿赂行为的"零容忍"态度(见图2-1)。

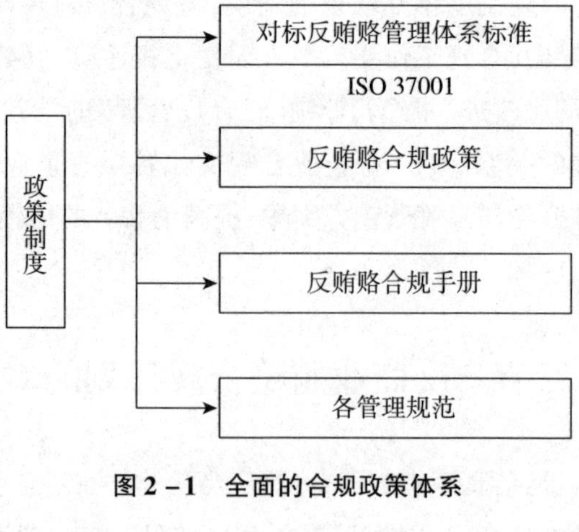

图2-1 全面的合规政策体系

二、建立健全的合规组织体系

在董事会下设专业的合规管理委员会，在合规管理委员会之下设立反商业贿赂合规部（COE），在反商业贿赂合规部下面设有各业务单位的BU合规团队。展开具体合规工作时，公司将计划—执行—检查—处理转化为合理的规则—有效的宣传—坚决的落地—有力的稽查的闭环管理，形成了合规业务和管理的双循环（见图2－2）。具体而言，也可以用三道防线来形容，第一道防线主要指的是只能部分和业务单位负责，其负责识别、防范和应对贿赂风险；第二道防线是由专门的合规组织即反商业贿赂合规部、合规组织管理部、法律事务部等进行，其负责风险的评估、及时的报告、持续的整改等工作；第三道防线是合规稽查部，其负责合规的审计及违规行为的调查。

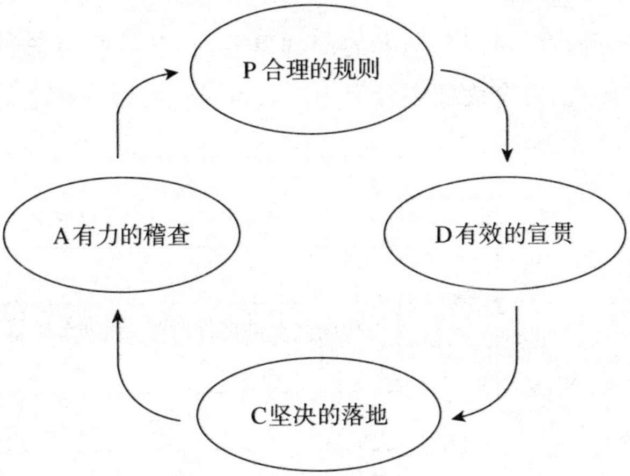

图2－2　合规闭环管理

三、建立有效的反贿赂管理体系

如上文所述，一个有效的反贿赂体系，主要应当包含三个层面：有效的防范风险、识别风险、应对风险。

（一）搭建有效的风险防范系统

搭建有效的风险防范系统为合规的第一步，也是有效合规的基础与前提，只有识别风险才能发现并作出有效的应对，而要搭建有效的风险防范系统需要多管齐下。

1. 高层重视——从政策层面进行引领

企业要树立一个基本的理念即“商业可持续优先于商业自由度”。企业的高层必须重视风险的防范，而最有效的手段就是从企业的顶层设计《合规管理章程》、合规流程、合规规划等，由上而下进行有效推行。明确商业行为准则及反合规的政策，制定较为详细的具有可操作性的反贿赂条款。

2. 充分投入合规资源——提供人员及技术保障

首先，就内部层面而言，可设置自己的专家中心，即引入多名在风险评估、尽职调查、反贿赂体系建设、持续监督等方面比较专业的资深专家；在BU合规团队层面也吸收具有丰富经验的合规人员，为企业合规体系建设打下坚实的人才基础。就硬件设备上而言，引入并优化法律及合规管理系统、商业扫描系统等IT系统和工具。

其次，就外部而言，可以与知名的律师事务所、会计师事务所和其他咨询机构保持合作，内外配合，全面实现合规的有效性、持续性（见图2－3）。

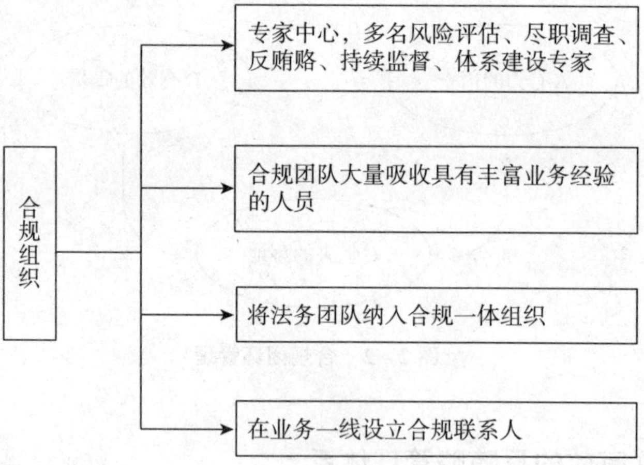

图2－3　合规组织建设

3. 建立有效的风险评估体系

合规部门必须每年定期开展对有关地区和特定领域的风险评估，持续刷新公司的风险库，根据最新风险情况调整合规的管理策略及措施，坚持以风险为导向的合规管理原则。对风险的评估一定要做到全面，具体而言，需要结合业务规模、商业模式、营业地、交易主体、交易类型、对商业伙伴的使用、政府关系、当地习俗等相关因素（见图2－4）。

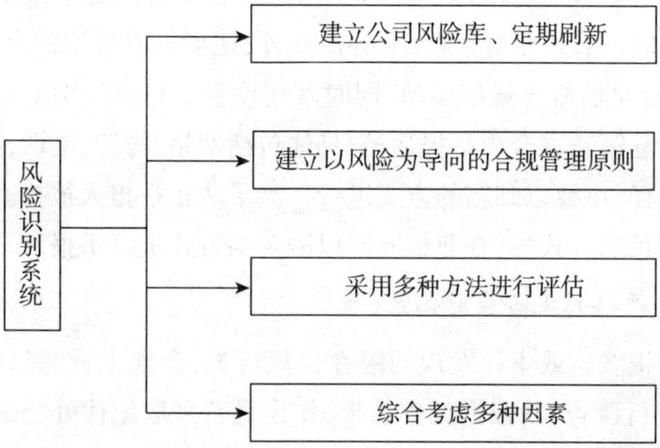

图2－4　风险识别系统建设

4. 充分的培训沟通

首先，企业内部的培训要做到全员的常规培训；其次，对重点领域的重点人员如财务、采购、HR等，要提供专项培训。培训的方式可以采取线上、线下相结合的方式进行。使不同主体都能认知到自己领域范围内的风险可能性，发生具体风险时也能积极地进行应对。

（二）建立全面的风险识别体系

1. 建立严格的流程管控系统

通过LCM和团队协作管理系统（TS）等设立合规审批流程，同时将合规审批流程嵌入公司的销售、采购、财务、雇用、投资等业务及IT流程，确保合规管控实际贯穿于业务活动全过程。

2. 持续的监督与改进

反商业贿赂合规部与BU合规团队对体系设计和执行的有效性开展持续监督，对缺陷和不足进行整改，并及时核查是否已经出现合规风险，如果存在应及时报告，以便采取应对措施。

3. 建立独立的反馈系统

除特定主体的定期调查外，笔者认为不特定的主体发现风险、上报风险也是非常重要的风险揭露方式，企业应该积极地鼓励并保护这种监督方式。西门子就设立了自己的投诉机制，为了保证投诉机制的正常运行，其设立了一个全天候24小时运行的线上平台。任何员工、合作伙伴等发现问题都可以进行反馈，而西门子会秘密地处理这些信息。中兴集团也设置了自己的举报途径，除常规途径即发现问题时向直属领导、部门领导反馈外，还可以向单位的合规联系人、BU合规总监、反商业贿赂合规部反映，同时其还设置了特殊的网上反馈渠道，首先设置了外部独立第三方合规举报途径，具体包括网站、邮箱、电话；其次设置了内部合规举报途径，主要以邮箱的方式进行。为了防止举报人被打击报复，除采取不公开个人信息的方式外，企业也允许以匿名的方式进行举报。

（三）搭建严格的风险应对体系

对通过举报线索或审计发现的潜在违规行为，合规主管部门应当按照相关流程和要求进行调查，并根据调查结果，作出是否采取纪律处分措施的建议，确实存在违规行为的应当根据企业的合规政策进行惩罚。

同时，处罚后要对风险进行跟踪监督，及时地调整合规流程存在的漏洞，完善合规政策，对已经发生的损失及时披露及补救，确保此类行为不再发生。

第三节　数据保护合规计划的制定

国际社会上对大数据的保护一直比较重视，其中最为知名的就是“脸书”（Facebook）的案例。2015年4月，美国有人向“脸书”提起诉讼，指控“脸书”在未事先通知或征得用户同意的情况下使用面部数字扫描信息，违反了伊利诺伊州《生物识别信息隐私法》（Illinois Biometric Information Privacy Act）。《芝加哥论坛报》指出，这一法律是美国同类法律中最严格的之一，它要求企业在使用面部识别等技术识别客户前必须获得许可。“脸书”曾在2020年1月同意达成5.5亿美元的和解协议，后在法官的要求下同意将赔偿金额提高到6.5亿美元。“脸书”用户提交索赔申请表的截止日期是2020年11月23日。在批准令中，法院还裁定“脸书”向三家集体律师事务所支付9750万美元的律师费以及915,454.37美元的其他开销。根据和解协议，“脸书”将把“人脸识别”的默认用户选项设置为“关闭”，并将删除所有参与集体诉讼用户的现有人脸数据（模板）与存储的数据（模板）。如果参与集体诉讼的用户3年内没有在“脸书”上开展任何活动,"脸书"也将对其人脸模板进行删除。这是有史以来最大的隐私诉讼之一。

而我国《刑法》首先规定了"侵犯公民个人信息罪",主要体现为违反规定向他人出售或者提供公民个人信息或者以窃取等非法手段获取公民个人信息。同时在 2017 年出台了《网络安全法》,其强调了对个人网络信息的保护,违反相关规定可能面临停业整顿、关闭网站、吊销营业执照等处罚。因而,大数据合规对很多企业来说也是迫在眉睫的事项。

一、数据违规在实务中的具体体现

(一)收集数据层面违规

实务中很多应用软件都存在以违规的手段收集客户或第三者的个人信息,如未经用户同意自动开启收集地理位置、人脸信息、指纹信息,读取通讯录,启用录音、录像等功能。2018 年 11 月,中国消费者协会曾发布《100 款 App 个人信息收集与隐私政策评测报告》,显示支付宝、美图秀秀等 100 款 App 中,多达 91 款 App 列出的权限涉嫌"越界"。

例如,"ZAO"App 用户隐私协议不规范、存在数据泄露风险等网络数据安全问题,工信部网安局对北京陌陌科技有限公司相关负责人进行了问询约谈,要求其按照国家法律法规及相关主管部门要求,组织开展自查整改,依法依规收集使用用户个人信息,规范协议条款,强化网络数据和用户个人信息安全保护。抖音海外版也被美国联邦贸易委员会(FTC)罚款 570 万美元,因其非法收集儿童个人信息,违反了《儿童在线隐私保护法》。FTC 称,抖音国际版要求用户提供电子邮件地址、电话号码、用户名、姓名、个人简介和头像等资料。该应用还允许用户通过评论视频和发送直接信息与他人互动。此外,用户账号默认是公开的,这意味着孩子的个人资料、用户名、照片和视频可以被其他用户看到。而在美国收集 13 周岁以下孩子的信息是应当征得其家长同意的。

(二)保存数据层面违规

企业对已经收集、存储的信息必须尽到安全保护义务,一旦因为企业过错造成用户数据的泄露,企业也需要承担相应的责任。造成数据泄露可能是因为企业自身数据安全保护系统存在漏洞,导致被攻击、侵入、干扰和破坏,使数据大面积的泄露；也可能是因为企业员工故意或过失泄露用户数据。从 2018 年有关部门公布的数据来看，超过 5000 起数据泄露的根源来自内部安全漏洞，这一数据远远超过了黑客攻击，成为数据泄露的主要原因。

例如，东航和去哪儿网的用户隐私泄露事件。2014 年 10 月，庞某委托鲁某通过去哪儿网订购了 1 张泸州至北京的东航机票，去哪儿网订单详情除了包括庞某的姓名及身份证号外，还包括了鲁某的报销信息和尾号 1858 的手机号。同日，去哪儿公司向鲁某上述手机号发送短信，说明订购的机票已出票，并提示：警惕以飞机故障、航班取消为诱饵的诈骗短信。2 日后，庞某尾号 9949 的手机号收到了号码为 0085255160529 的发件人发来的短信，内容为庞某订购的上述航班由于机械故障已取消，并提供相关联系号码，要求庞某联系并为其办理改签业务。由于短信号码来源不明，鲁某致电东航客服 95530 予以核实。客服人员确认该次航班正常，并提示庞某收到的短信应属诈骗短信。对于诈骗短信为何发至庞某本人，客服人员解释称，可能订票点泄露了庞某的手机号码。二审法院经审理后判决去哪儿公司、东航公开道歉。

再如，瑞智华胜公司非法盗取 30 亿条个人网络信息一案。2013 年 5 月，邢某在北京成立瑞智华胜。瑞智华胜通过邢某成立的其他关联公司中科云某、点智互动与运营商签订精准广告营销协议，获取运营商服务器登录许可，并通过部署 SD 程序，从运营商服务器抓取采集网络用户的登录×××数据，并将上述数据保存在运营商 Redis 数据库中，利用研发的爬虫软件、加粉软件，远程访问 Redis 数据库中的数据，非法登录网络用户的淘宝、微博等账号，进行强制加粉、订单爬取等行为，从中牟利。法院经审理后认为，瑞智华胜违反国家规定，侵入国家事务、国防建设、尖端科学技术领域以外的计算机信息系统，获取该计算机信息系统中存储、处理或者传输的数据，情节特别严重。法院依法判处瑞智华胜罚金 1000 万元；直接责任人员被判处不同刑罚。2018 年 8 月 21 日，因非法经营行径被曝光，瑞智华胜作出紧急停牌处理，当月底，瑞智华胜发布终止挂牌提示性公告，提示投资者公司面临摘牌风险。短短 2 个月后的 11 月 2 日，瑞智华胜在新三板正式摘牌。

（三）使用数据层面违规

有的企业为了谋求自身商业利益最大化，对违规收集的消费者个人信息进行最大限度的商业利用，非法使用用户数据，严重侵害用户合法权益，具体有以下几种常见情形：移动应用软件未经用户同意，私自将设备识别信息、商品浏览记录、搜索使用习惯、常用软件应用列表等个人信息共享给第三方；强制用户使用定向推送功能，即"App 未向用户告知，或未以显著方式标示，将收集到的用户搜索、浏览记录、使用习惯等个人信息，用于定向推送或精准营销，且未提供关闭该功能的选项"，如我们手机上经常收到的精准广告投放。

二、有效数据合规体系

（一）树立明确的内部商业准则

就企业内部而言，必须制定自己清晰而明确的商业准则，规制员工的行为。明确规定根据法律规定哪些行为可为、哪些行为不可为，既树立了企业的态度，又为员工提供明确的指引。企业需要根据实际情况建立一系列的内部数据信息安全管理制度和操作规程，制定网络安全事件应急预案，及时处置系统漏洞、计算机病毒、网络攻击、网络侵入等安全风险等。

（二）设立专业的合规主体

企业可以设置专业的数据安全官负责制，由其领导专业的合规团队进行日常的合规操作，及时的监测发现风险、跟踪风险并作出及时应对，同时按照规定留存相关的网络日志。

（三）合法合规的数据收集

数据的收集必须征得被收集者的同意，同时必须符合相关规定，具体而言，包括数据的内容必须合规，不可以涉及个人信息、重要数据、商业秘密及其他非公开信息等；获取的途径必须合规，要符合法律规定、行业惯例及商业逻辑；如果是第三方提供的数据，其必须有相应的资质要求，数据接收方要有针对数据提供方的审核、评价机制等。不得收集与其提供的服务无关的个人信息，不得违反法律、行政法规的规定和双方的约定收集个人信息。

（四）严格数据的安保义务

企业的数据安全管理体系应当包括管理制度和技术措施两个层面。企业应当建立集中的数据存储和使用管理机构，全权负责数据脱敏、数据安全、数据使用权限审批、数据清理等方面的制度建设和日常管理工作。

1. 管理制度

首先，根据《网络安全法》第 37 条的规定，"关键信息基础设施的运营者在中华人民共和国境内运营中收集和产生的个人信息和重要数据应当在境内存储。因业务需要，确需向境外提供的，应当按照国家网信部门会同国务院有关部门制定的办法进行安全评估；法律、行政法规另有规定的，依照其规定”。也就是说原则上应当实现境内存储信息。

其次，在存储期限上，《信息安全技术　个人信息安全规范》（GB/T 35273—2017）提出了“时间最小化”的要求，即信息的保存时间应与使用目的保持程度上的一致，应满足一定的必要性，在超过保存期限后，即对信息作删除或匿名化处理。该规定将从两个方面给企业带来影响：一方面，要求企业对数据资产进行定期排查，对过期数据进行删除或匿名化处理；另一方面，如果数据存储期限超过业务需要，企业可能将承担额外的管理义务和法律风险。

2. 技术角度

企业应当尽可能地采取高水平的技术防护措施并制定尽可能严格的数据管理制度。但出于保证商业可持续性的考虑，企业应当对自身的业务模式、数据的重要性以及社会影响力进行综合考虑，建立一套符合国家法律、等级保护制度以及业务发展需要的数据分级管理与保护制度，选择相应的管理举措和安防技术。

根据等级保护有关规定，网络运营者应当依照国家法律法规和网络安全等级保护制度要求，建立并落实重要数据和个人信息安全保护制度；采取保护措施，保障数据在收集、存储、传输、使用、提供、销毁过程中的安全；采取技术手段，保障重要数据的完整性、保密性和可用性。

（五）合法合规的使用数据

很多企业将收集来的数据用作商业用途，谋取利益，殊不知其已经违法甚至构成了刑事犯罪。因而企业必须严格数据的使用，不得泄露、篡改、毁损其收集的个人信息；未经被收集者同意，不得向他人提供个人信息。同时，除了企业特定的主体可以接触到信息以外，与其工作职责无关的工作人员严格限制对信息的接触，最大限度降低信息被非法使用的可能性。

第四节　反洗钱合规计划的制定

洗钱就是所谓的把非法所得通过各种手段掩饰，隐瞒其来源和性质，使其在形式上合法化。根据《刑法》之规定,洗钱已经构成了刑事犯罪,需要追究刑事责任,因为洗钱行为助长了走私、毒品、黑社会、金融诈骗等严重的犯罪行为,扰乱了社会经济秩序,破坏了公平竞争,也在国际社会上对国家的声誉造成了不良影响。所以早在2006年,我国便专门出台了《反洗钱法》,并在2021年6月提出了最新的修正案。据公布,2020年,全国检察机关共批准逮捕涉嫌洗钱犯罪案件6647起14,630人,提起公诉12,719起23,838人。其中,批准逮捕涉嫌《刑法》第191条"洗钱罪"的案件140起221人,提起公诉494起707人;批准逮捕涉嫌《刑法》第312条"掩饰、隐瞒犯罪所得、犯罪所得收益罪"的案件6496起14,355人,提起公诉12,204起23,037人;批准逮捕涉嫌《刑法》第349条"窝藏、转移、隐瞒毒品、毒赃罪"的案件11起54人,提起公诉21起94人。

所以,就一些金融机构而言,洗钱的风险是致命性的,必须树立科学、有效的反洗钱合规计划。本书提到的金融机构具体包括以下机构:(1)政策性银行、商业银行、农村合作银行、农村信用社、村镇银行。(2)证券公司、期货公司、基金管理公司。(3)保险公司、保险资产管理公司、保险专业代理公司、保险经纪公司。(4)信托公司、金融资产管理公司、企业集团财务公司、金融租赁公司、汽车金融公司、消费金融公司、货币经纪公司、贷款公司。(5)中国人民银行确定并公布的应当履行反洗钱义务的从事金融业务的其他机构。

具体而言,其合规计划应当包含以下层面。

一、设立规范的合规管理组织体系

金融机构应当设立专门的反洗钱机构或者指定内设机构负责反洗钱工作,根据经营规模和洗钱风险状况配备相应的人力资源,反洗钱机构的人员组成一定要包含经验丰富的法律人员、会计人员、审计人员、金融方面的人员。金融机构应当通过内部审计或者独立审计等方式,监督检查反洗钱内部控制制度的有效实施,金融机构的负责人对反洗钱内部控制制度的有效实施负责。

二、严格建立客户身份识别体系

客户身份识别(know your customer,KYC)又称"了解你的客户",是反洗钱工作的基础和核心,是指在与客户建立业务关系或者提供金融服务时,根据客户的风险等级,制定相应的风险措施确认客户的真实身份、经营目的、资金来源和资金用途等。防止为身份不明的客户提供金融服务与交易。

而识别客户的身份，有可能是企业自己进行识别，也可能是通过第三方进行识别。但是，值得注意的是，金融机构通过第三方识别客户身份的，应当评估第三方的风险状况及其履行反洗钱义务的能力，并确保第三方已经采取符合本法要求的客户尽职调查措施；第三方具有较高风险情形或者不具备履行反洗钱义务能力的，金融机构不得通过第三方识别客户身份；第三方未采取符合本法要求的客户尽职调查措施的，由该金融机构承担未履行客户尽职调查义务的责任。

第三方应当向委托方提供其履行反洗钱义务的信息，并在客户尽职调查中向委托方提供必要的客户身份信息；金融机构对客户身份信息的真实性、准确性或者完整性有疑问的，或者怀疑客户涉嫌洗钱或恐怖主义融资的，第三方应当配合金融机构开展客户尽职调查。

就识别的具体内容而言，主要包括以下几个层面。

(一)初次识别

金融机构在与客户建立业务关系或者为客户提供规定金额以上的现金汇款、现钞兑换、票据兑付等一次性金融服务时，应当识别并核实客户身份，了解客户建立业务关系及交易的目的和性质、资金的来源和用途，识别并采取合理措施核实客户和交易的受益所有人。就自然人而言，识别的内容主要包括姓名、性别、国籍、住址、电话号码、身份证件或者身份证明文件的种类、号码和有效期限。客户户籍地与经常居住地不一致，以经常居住地为准。就非自然人而言，识别的主要内容包括客户具体的注册信息、住所、经营范围、组织机构代码、税务登记证号码；控股股东或者实际控制人、受益所有人、法定代表人、负责人和授权办理业务人员的姓名、国籍、身份证件或者身份证明文件的种类、号码、有效期限、联系方式、地址及在公司的持股情况等。

金融机构应当及时获取国家关于反洗钱特别预防措施名单，对所有客户及其交易对手开展实时审查，按照要求立即采取措施，并及时向国务院反洗钱行政主管部门报告。

(二)持续识别

在与客户业务关系存续期间，金融机构应当持续关注并审查客户状况及交易情况，了解客户的洗钱风险，并根据风险状况及时采取相适应的尽职调查和风险管理措施。

金融机构对先前获得的客户身份资料的真实性、有效性或者完整性有疑问的,或者怀疑客户涉嫌洗钱或恐怖主义融资的,应当重新识别客户身份。

（三）揭开面纱式的识别

1. 客户由他人代理办理业务的,金融机构应当同时对代理人和被代理人的身份证件或者其他身份证明文件进行核对并登记。

2. 与客户建立人身保险、信托等业务关系,合同的受益人不是客户本人的,金融机构还应当对受益人的身份证件或者其他身份证明文件进行核对并登记。

金融机构不得为身份不明的客户提供服务或者与其进行交易,不得为客户开立匿名账户或者假名账户。

三、合理的保存客户信息

金融机构应当按照规定建立客户身份资料和交易记录保存制度。在业务关系存续期间,客户身份资料发生变更的,应当及时更新客户身份资料。客户身份资料在业务关系结束后、客户交易信息在交易结束后,应当至少保存 5 年。金融机构破产和解散时,应当将客户身份资料和客户交易信息以及包含上述信息的电子载体移交国务院有关部门指定的机构。

四、设立及时报告义务

（一）设立大额交易及时报告制度

金融机构办理的单笔交易或者在规定期限内的累计交易超过规定金额的,应当在大额交易发生之日起 5 个工作日内以电子方式提交大额交易报告及时向国家反洗钱监测分析中心报告。金融机构根据现行的《金融机构大额交易和可疑交易报告管理办法》第 5 条的规定,大额交易主要指以下情形:(1)当日单笔或者累计交易人民币 5 万元以上(含 5 万元)、外币等值 1 万美元以上(含 1 万美元)的现金缴存、现金支取、现金结售汇、现钞兑换、现金汇款、现金票据解付及其他形式的现金收支。(2)非自然人客户银行账户与其他的银行账户发生当日单笔或者累计交易人民币 200 万元以上(含 200 万元)、外币等值 20 万美元以上(含 20 万美元)的款项划转。(3)自然人客户银行账户与其他的银行账户发生当日单笔或者累计交易人民币50万元以上(含50万元)、外币等值10万美元以上(含10万美元)的境内款项划转。(4)自然人客户银行账户与其他的银行账户发生当日单笔或者累计交易人民币20万元以上(含20万元)、外币等值1万美元以上(含1万美元)的跨境款项划转。累计交易金额以客户为单位,按资金收入或者支出单边累计计算并报告。

(二)设立可疑交易报告制度

金融机构发现或者有合理理由怀疑客户、客户的资金或者其他资产、客户的交易或者试图进行的交易与洗钱、恐怖融资等犯罪活动相关的,无论所涉资金金额或者资产价值大小,都应当提交可疑交易报告。可疑交易符合下列情形之一的,金融机构应当在向中国反洗钱监测分析中心提交可疑交易报告的同时,以电子形式或书面形式向所在地的中国人民银行或者其分支机构报告,并配合反洗钱调查:(1)明显涉嫌洗钱、恐怖融资等犯罪活动的。(2)严重危害国家安全或者影响社会稳定的。(3)其他情节严重或者情况紧急的情形。

第五节　知识产权合规计划的制定

上海浦东新区人民检察院2021年12月发布了《企业知识产权合规标准指引(试行)》,有针对性地就知识产权刑事风险较高的专项领域进行了列举提示。例如,专利权领域专利许可权滥用风险、专利申请权争议风险、被侵犯专利的风险、管理不善导致专利失效的风险等;商标权领域中商标申请风险、使用风险等;著作权领域中素材侵权风险、互联网信息网络传播权侵权等;商业秘密领域员工离职泄密、对外宣传泄密等风险。

《企业知识产权合规标准指引(试行)》将知识产权合规文化的培育纳入合规管理质效评估的指标范畴,明确指出企业应建立对技术人员、知识产权管理人员、全体员工分层级合规培训制度,从增强知识产权保护意识、知识产权价值观,营造崇尚创新尊重知识产权的氛围,重视知识产权宣传教育等方式进行知识产权文化的建设,结合企业实际,构建有利于调动企业员工知识产权工作积极性的激励机制,树立尊重和保护知识产权的企业形象。

除了专利权领域、商标权领域、著作权领域的常规合规以外,本书针对实务中讨论较少的商业秘密合规进行了较为细化的归纳与总结。值得注意的是，《企业知识产权合规标准指引（试行）》中也提到商业秘密领域的风险主要是员工离职泄密、对外宣传泄密，也就是说与其他专项合规都不同的是，上述专项合规更多的是企业如何保障不侵犯他人的权益而承担风险，而商业秘密领域更多的是从被害人的角度进行分析，企业自己的商业秘密能够不被侵犯，或者被侵犯的时候如何保障自己的权益，进而降低自己的经济损失等。

从刑事犯罪的视角来看，侵犯商业秘密罪早在1997年就作为新罪名加入《刑法》，在一定程度上代表我国知识产权保护工作进入了全新领域，随着社会的进步和科技的发展，侵犯商业秘密已经成为手段最多、范围最广的侵犯知识产权类的犯罪。其实，从2016年起，我国的知识产权强国推进计划已经逐步展开，尤其是在2019年《反不正当竞争法》的修正中，规定了最高5倍的惩罚性赔偿，还加大了对侵害商业秘密行为的行政处罚力度，将我国商业秘密的法律保护上升到了新高度。

2020年1月15日，我国与美国签署了中美贸易协定，其中有关商业秘密的条款也在暗示我国商业秘密保护的相关司法工作也将面临以下几点重要变化和发展。

1. 商业秘密的立法和司法将作为优化营商环境的核心要素之一

我国目前也在各个领域进行试点和立法工作，不断加强商业秘密的立法和司法保护。各地均已经开始有针对性地进行商业秘密保护示范点的建设工作，并且制定了相关标准。

2. 商业秘密案件举证责任的转移

关于这点，与我国于2019年修正的《反不正当竞争法》中的规定相吻合。根据现行法律规定，在商业秘密侵权案件中，商业秘密权利人只需要提供初步证据，证明其已经对所主张的商业秘密采取保密措施，且合理表明商业秘密被侵犯即可。而涉嫌侵权人应当证明权利人所主张的商业秘密不属于《反不正当竞争法》规定的商业秘密。虽然关于是否属于商业秘密的举证责任已经大部分转移到被告，但是原告对于其已经采取保密措施仍然保留有证明责任，也透露出一个核心观点即商业秘密依然重在自我保护。

3. 大大降低侵犯商业秘密刑事案件的立案门槛

目前，我国商业秘密案件启动刑事执法的门槛是要求证明权利人因商业秘密被侵犯的损失金额达到人民币50万元，这是侦查机关追诉和立案的标准，达不到的不予立案，其实这也是我们看到很多侵犯商业秘密罪最终判赔额都在50万元左右的原因之一。但是，企业往往难以举证证明具体的损失金额，导致很多企业因此退缩，放弃追究侵犯商业秘密者刑事责任。目前，最高人民检察院、公安部也在研究起草专门针对商业秘密立案标准的补充规定，相信未来会有很大改观。

4. 电子侵入侵犯商业秘密的将进行刑事处罚

由于互联网技术日益发达，电子侵入成为最新、最密集的犯罪手段。对此，中美贸易协定规定将电子侵入非法窃取商业秘密的行为定性为刑事犯罪，也是为了解决当下的痛点问题。

为打击近年来常见的包括因企业员工离职、自主创业等致使商业秘密泄露以及通过非法手段窃取企业商业秘密的违法犯罪现象，在2021年3月1日开始实施的《刑法修正案（十一）》中，新增并明确了“违反保密义务”的侵犯商业秘密罪的行为方式，为打击此类违法犯罪行为提供了更明确的刑法处罚依据，使该种违反商业秘密保密义务的行为具有了双重违法性。由于侵犯商业秘密的行为多为民刑交叉类案件，此次修正案中对于商业秘密定义的删除，充分考虑了立法的统一性，与当前《反不正当竞争法》对商业秘密的定义相结合，适当扩展了商业秘密的外延，降低了商业秘密保护的门槛。

同时，在2021年上海市检察机关举办的新闻发布会中，对2010～2020年受理的侵犯商业秘密案件分析中提到，此类案件犯罪手法相对固定，侵权主体以内部人员为主。仅2019年全市受理的侵犯商业秘密犯罪案件中，内部员工直接主导或参与商业秘密泄露的占比高达84.62%。企业内部员工实施的侵犯商业秘密的行为主要是违法披露行为，然而权利人发现其商业秘密被披露往往具有滞后性，对证据的收集和固定不够及时，会导致一些重要的证据在企业发现之前就灭失、毁损。

随着互联网的发展，权利人的商业秘密大多储存于计算机系统当中。侵权人通过互联网获取商业秘密更具隐蔽性。而且侵权人的侵权行为大多发生于自己的经营场所中或存储于其电脑设备当中，其非法获取权利人商业秘密的行为更难被发现。权利人收集证据时，往往无正当途径进入侵权人的经营场所或接触到侵权人的设备，在证明侵权人实施侵犯其商业秘密行为时存在困难。

针对实务中存在的难点,对于商业秘密领域的合规,笔者认为可从以下几个领域入手。

(一)核心问题:秘点管理

什么是秘点,可以简单理解为商业秘密信息的单元化,如一段关键代码,一个算法中的关键步骤,一个供应商的最低报价。其中,秘点管理中的关键步骤包括四步。

1. 分割

具体来说,秘点分割工作包括切割和分离。切割的原则是“小而全”,一方面要求信息模块尽量小,另一方面要求对应信息数据应该全面。比如,在一份项目文件中,包括硬件信息、软件信息、供应商信息、宣发策略等,每个具有保密成分的信息都应该单元化处理,这些信息的结合,才能完整地构成整个项目,并且要求各个单元化信息之间不存在重合。

分离的原则是“两个化”:标签化+网格化。对不同规格的信息进行标签化处理,设置一定的阅读门槛,减少直接暴露的可能。再对不同的部门或团队进行网格化分隔管理,负责对不同标签的信息进行保存和管理。

2. 分级

在秘点分割之后,一般来说会将商业秘密分为普通秘密、机密和绝密三种级别,当然,企业也可以根据秘点的重要性进行分级,主要目的是便于管理,对不同级别的秘点所对应的调取和审批工作可以进行不同的流程设计。

3. 配权

配权工作需要和后面会讲到的组织架构有机结合。但是权限配置的原则一定是“需要才知道”。

通过合理的权限配置,可以有效分隔企业中各个团队或部门之间的权限,便于后续信息的流转和审批工作的顺利展开。

4. 隔离

隔离措施也是整个秘点管理工作中比较考虑细节的地方,一般建议企业根据自身情况,结合秘点的重要性去定制。常见的措施包括物理区域分块隔离;设置门禁系统;采用代码,替代详细的信息外显;数据多存储空间隔离;核心区域设置电子安检设施(有效减少没有知悉权限的股东、访客、员工等进入)等。

但并不是说没有太多资金投入的企业就无法做好隔离措施,因为从法律上来说，权利人的保密措施只需要做到“防君子”即可，并不要求有密不透风的墙，更不要求建立牢不可破的堡垒。但是考虑到有效性，企业必须根据自身情况，合理地设计相关的隔离规则，以成长和发展的眼光及时调整。

（二）组织保障：组织架构

核心内容确定后，第二关键的就是组织架构的搭建，这是建设商业秘密保护体系最有利的保障，只有完善的组织架构，才能让整个体系无障碍的运转。

一般建议董事会下设决策机构，也称为保密管理委员会，整体负责秘点的管理工作。各个部门根据需要嵌设评审机构，可以由部门负责人配合法务的形式组成，进行相关技术信息和经营信息的收集和整理。企业虽然可以根据自身情况建设自己的商业秘密组织体系，但是该体系的核心在于高层重视、员工认同。

其目的为使商业秘密的保护工作不流于形式，而是落到实处，也有利于形成良好的知识产权企业文化。

（三）实施细则：内外管控

具体来说，实施细则主要区分对内管理和对外管理。

对内主要工作是员工管理，员工管理重点包括员工培训、保密协议、竞业限制、信息内部流转办法等。其实，在实际工作中发现，员工培训基本都能做到，流转办法也是配合前面所说的秘点配权和组织架构的落实。但是很多企业对保密协议和竞业限制理解得不够清楚，比如，保密协议签订后期限到底怎么计算，竞业限制由于涉及员工就业自由，导致员工抵触怎么办，补偿金的约定和发放是否只需要按照法定最低标准就足够？

针对上述问题，企业需要对保密协议和竞业限制进行针对性设计，既要充分考虑员工的择业自由，也要最大限度确保商业秘密不被泄露。比如，针对重点岗位的离职员工，在竞业限制期限和补偿方面可以相应调整，针对不需要负有保密义务的员工可以不进行限制协议的捆绑等。

对外主要是针对交流合作，而其中重点包括接待规定、邮件外发管理规定、供应商及合作管理办法、产品信息发布管理办法等。

同时，在对外交流合作中，往往不可能每一笔交易都用同样格式的合同，但是如果在合同中涉及商业秘密的调取和披露是要谨慎的，商务条款可以按需修改，但是保密原则绝对不能舍弃，一定要紧紧围绕企业的核心技术信息进行定制化处理，不能一概而论。

比如，网上下载的大而广的保密条款虽然看上去全部都囊括了，但是实际上不仅难以落实保密需求，还有可能造成商业合作方的反感。对此，企业更需要小而精的保密条款，如此方能凸显企业对涉密信息的专门管理和专业管理。

通过对内对外的配合管理，能对员工工作形成良好的指引，在涉密工作中做到有迹可循、有规可查。不仅保护企业商业秘密，也让员工个人远离泄密风险。

商业秘密保护合规是一项小而精的专项合规，也是一项专业性强且具有前瞻性的合规。无论如何，法律仅是通过惩罚作为底线的一种保障，更多地需要企业加强管理和渗透管理，让商业秘密保护形成一种企业文化，从法律规避风险上升到道德约束行为，这才是商业秘密保护合规的理想状态。

第六节　财税合规计划的制定

企业在运营中的财务问题在当今日渐激烈的市场经济中与企业有效的合规经营事关企业长远利益。中小企业经营中的财务问题既有主观方面的原因，也有客观方面的原因。客观方面的原因主要包括企业在成立初期资金实力较为薄弱、经营规模较小、市场经济竞争激烈、财务人员专业水平较低等；主观方面的原因主要包括虽具有强烈的避税意识，但对企业规范经营的重要性认识不足以及内部管理和控制薄弱等。在企业合规中有关财务规范问题大概可以分成三大类：一是企业经营业务活动中形成的财务不规范，也就是企业经营活动不规范导致财务不规范。例如，上游供应链端入库没有入库单以及存货没有详细台账，下游销售客户销售不开发票偷逃税款的行政和刑事责任等。二是账务不按会计准则处理及管理层舞弊行为导致企业的财务报表不规范。例如，企业财务人员专业理论基础不扎实，业务能力水平不到位，所以不能正确理解会计准则从而导致财务处理混乱被税务行政处罚。三是管理层的舞弊行为层出不穷导致财务报表不规范。例如，某公司高管受贿 70 万元被判有期徒刑 1 年。公司财务造假，涉嫌违规披露、不披露重要信息，该公司的实际控人或股东被提起公诉。

一、经营活动形成的财务不规范

在企业的经营活动中涉及财务规范的环节主要是筹资、投资、经营、分配等主要环节的财务不规范而导致相关税务风险的行政处罚甚至是违法犯罪的刑事责任。

(一)法律规制

1. 行政责任：如果企业在经营活动中因财务不规范的问题导致有偷税漏税逃税等行为的，就会涉及相关的行政和刑事责任。例如，虚开发票会导致偷逃企业所得税，由税务机关没收违法所得；首先是行政责任规制，如《发票管理法》第32条规定，根据虚开发票的金额大小给予1万元以上50万元以下的罚款；构成犯罪的，依法追究刑事责任。

2. 刑事责任：企业虚开发票的刑法规制主要涉及危害税收征管罪，具体有逃税罪，逃避追缴欠款罪，骗取出口退税罪，抗税罪，虚开增值税专用发票、用于骗取出口退税、抵扣税款发票罪，虚开发票罪持有伪造的发票罪，对象主要涉及纳税人和扣缴义务人。

(二)实务案例

1. 虚开发票：某医药企业为了少交税，或者把费用洗出去，该药企在未真实采购原料的情况下，接受全国多地企业虚开中药材增值税专用发票，偷逃税款并套取非法利润所得。通过虚开增值税发票，蓄意增加企业进项，减少企业利润，进而达到少缴税款的目的。为此药企甚至开办空壳公司，制造虚假交易记录，为自己虚开增值税发票。少缴纳的税款再通过众多账户的腾挪，最后回流到企业，用以支付利益输送。如果作为上游销售提供发票的一方一旦出了问题，那么下游的购买方企业也会涉及相应的行政处罚或刑事责任追究，承担法律责任。

2. 逃税罪：群众举报范某冰"阴阳合同"涉税问题后，国家税务总局高度重视，即责成江苏等地税务机关依法开展调查核实。从调查核实情况看，范某冰在电影《大轰炸》剧组拍摄过程中实际取得片酬3000万元，其中1000万元已经申报纳税，其余2000万元以拆分合同的方式偷逃个人所得税618万元，少缴营业税及附加112万元，合计730万元。此外，还查出范某冰及其担任法定代表人的企业少缴税款2.48亿元，其中偷逃税款1.34亿元。由于范某冰属于首次被税务机关按偷税予以行政处罚且此前未因逃避缴纳税款受过刑事处罚，上述定性为偷税的税款、滞纳金、罚款在税务机关下达追缴通知后在规定期限内缴纳的，依法不予追究刑事责任。

3. 股权投资税务筹划：例如，甲公司2015年以银行存款1000万元投资乙公司（非上市公司），到了2019年想转让股权。假设根据市场情况转让定价为1210万元，转让过程中发生税费0.7万元。对于这样一个筹划，首先，了解有哪些法律规定，看一下成本的确认，根据《企业所得税法》的规定，企业对外投资期间的成本不得扣除，但在转让的时候是可以扣除的。如果投资成本支出是货币，转让价格按照实际支出的价款；如果投资成本支出是非货币，按照资产的公允价值和支付的相关税费来确认，这是根据成本进行转定价的法律规定。其次，《企业所得税法》规定，符合条件的居民企业之间的股息、红利等权益性投资收益是免税的，而非居民企业不能享受这个政策的。居民企业还要求必须是直接投资与其他居民企业取得的投资收益。这部分投资收益不包括连续持有居民企业公开发行并上市流通的股票不足12个月取得投资。简言之，在二级市场持有一个上市公司的股票，在短期内买卖是不能享受免税政策的。《国家税务总局关于贯彻落实企业所得税法若干税收问题的通知》（国税函〔2010〕79号）有关股权转让规定，企业转让股权收入，确认时点是转让协议生效，并且完成股权变更手续确认收入实现。转让股权的收入扣除成本后是股权转让所得。企业在计算股权转让所得时，不得扣除被投资企业未分配利润等股东留存收益中按该项股权所可能分配的金额。了解完这些法律规定后，就可以得出一个基本的筹划思路，要先看看股权当中是不是存在需要分配的股息，而股价是反映股票未来收益的一个现值。很多时候是股价取决于股票市场收益率，如果被投资企业存在一个未分配利润，股权的价值相对来说是会高的。例如，股票在分红的前后价格是不一样的，分红了股价是有所回落的，就转让股权而言，如果当前股价比较高，就可以分析是不是存在未分配利润导致股价高，通过分配股息再转让股权的方式来降低转让价格，从而降低股权转让的所得来减轻所得税的负担。再回到刚才的案例，直接转让股权，所得直接按照1210万元减1000万元再减0.7万元应交税费，股权转让所得为209.3万元，对应的应缴纳税额再乘以25%就是52.325万元。因此，股权转让获得的税后净利润是209.3万元减52.325万元税费后是156.975万元。如果按照刚才所说的被投资企业先进行利润分配，假设甲公司分得的利润是105万元，在分配后甲公司再对外转让股权，因为甲公司已经从这个分配中获得了股权所带来的价值，现在转让的价格大概是人民币1100万元，税费大概是0.6万元。那么企业获得的105万元利息根据税法规定是不需要缴纳企业所得税的。那么甲公司股权转让所得是收入1100万元减1000万元再减0.6万元税费即99.4万元，应缴纳的所得税是99.4万元乘以25%是24.85万元。税后的净利润应该是股息所得105万元加股权转让所得99.4万元再减应纳税额24.85万元即179.55万元，可以得出结论，分配利润后的净利润179.55万元比起股权直接转让的价格的利润156.975万元会比税后净利润多了22.575万元。由此得出，一个好的税收筹划方案，应该是先以现行的政策为基础，其次根据企业的具体经营情况去利用当前的一些税收政策，从而取得一个合法合规合理的税收利益。

（三）税务合规措施

1. 概念：在企业经营中出现的相关财务问题会直接导致相关的税务风险，税务合规就显得尤为重要。税务合规是指纳税人在法律允许的范围内，通过对筹资、投资、经营、分配活动等涉税事项进行事先的精心规划和安排，比较分析各种可能的筹划方案，从而选择最优纳税方案，最大限度地减轻税收负担的一种合法的涉税管理活动。简言之就是税务的合规和计划性。

2. 具体措施：首先，确保建立一整套全面的税务合规体系，其中包含会计核算体系合规性，纳税申报体系合规性，业务体系合规性，制度体系合规性，产权架构合规性五大板块。其次，企业要主动加强自我监督，控制和管理。主动防止违规违法犯罪行为，才能让企业健康持续发展。例如，企业可以通过合理的税务合规来规避因财务不规范导致的经营风险。而税务合规的特殊性，是在风险可控的前提下兼顾税务筹划，建立负面清单。企业要合理规避涉及的如全日制用工高管薪酬、货物销售、直播带货、微商销售等业务场景。最后，配备行之有效的运行机制。例如，通过灵活用工来解决发票问题，制定全员普遍遵守的税务合规行为规范来增强合规风险识别预警机制等。俗话说“没有规矩不成方圆”，在税务风暴下，只有合规经营才是企业可持续发展的基石。

3. 合法合规合理：税务合规首先是在法律范围内，一旦超过法律范围就是偷逃税。例如，虚开增值税发票，为他人介绍，为自己开，为他人开等，都会构成刑事犯罪。虽然从短期来看不一定会被税务局发现，但是从长期来看，量变会引起质变，一旦超过警戒线值，最终还是会被发现。

企业经营管理过程中，在投资、筹资、经营、分配等环节活动出现的财务问题都可能导致税务风险，对此采取的不同处理方式都会涉及税负轻重的问题。通过这些活动是可以起到节税的作用。但是,这些节税的作用都必须放在事前来做,而不能事后做,否则首先企业的经营风险很大,其次在客观事实上也很难做到。以下分别从企业的筹资、投资、经营、分配活动分析企业会发生的财务问题导致的风险及如何通过合法合规合理的措施规避。

(1)筹资活动:企业在经营成立初期需要筹集资金,那么企业跟谁去筹集资金一般有两种方式。第一,可以股权权益资本即股东投资资金,第二,可以用债务来筹资即向债权人借款。而股东的钱和债权人的钱,在税收上具有非常明显的差别。首先,是股东的钱存在机会成本,简单来说就是股东一旦把资金投入企业,就不能做其他的投资收益了,而机会成本在所得税是不能扣除的。其次,是向债权人借款筹资,而债务利息是企业可以税前扣除的。所以企业一定要根据自身的实际经营状况确认好最佳资本结构,即债权与股权的比例。诚然举债筹资具有一定税收的挡板作用,那么企业筹资是否可以全部举债呢?单纯从税收上确实有好处,但是对企业的经营风险还是有一定重大影响的,企业在经营过程中可能发生与债权人约定的加速到期的债权债务等情形,而企业由于当前的经营规模扩大周转资金缺乏并不能立马到期清偿债务。所以每个企业要根据自身的业务规模和发展前景预估一个最佳资本结构,从而有效取舍税收的成本带来的企业负担。

(2)投资活动:企业在运营初期筹集到资金后,拿到资金去注册企业,也就是投资者的出资。由于现行法律规定注册资本现在都是认缴制,不需要投资者实际缴纳到位,所以在实践中企业会认为反正不用实际缴纳资金,把注册资本提高到一个亿,但企业的实际规模很小,显得表面上企业实力强大。但这里会存在一个税收问题,根据现行法律法规规定,当企业的注册资本没有实缴到位,企业的借款利息相对于未到位的注册资本部分是不能在企业所得税前扣除的。所以,企业要根据自身的实际情况合理确定注册资本是否需要出资到位来减轻税负。

(3)经营活动:企业成立后需要经营业务,那么经营过程中会发生很多业务的不同处理带来的一系列财务问题。例如,某企业要转让一块土地,涉及的税种是土地增值税,按照增值额的比率不同最低是30%,最高是60%。如果达到增值税率高的区间条件,实践中很多企业在转让土地的时候会进行一个操作,或通过咨询律师给当事人提出一个建议,就是用这个土地投资成立一家企业,然后再把这个企业的股权转让给下家。而股权转让税率就没这么高了,一般就交企业所得税。所得税25%的税率相比增值税率高60%，所以是能够合理规避掉的。首先从法律上来看，形式上并没有违法，但是税收上是有意用股权的形式来规避税收。税法的实质课税原则是指对某一特定情况的征税不能仅根据其外观和形式来确定，而应根据具体情况，特别是其经济目标和经济生活的性质来确定，使税收公平、合理、高效。所以税务局根据实质课税原则否定股权转让而掩盖的实际是土地增值转让，要求企业即使是以股权的形式转让土地仍然需要按照土地转让的性质来纳税。这样做的结果显然是失败的，企业还会涉及一定的行政处罚。这种形式就是我们通常所说的避税合法但不合理。但要注意每个地方的规定不同，需要与当地税务局沟通确认好。

(4)分配活动：企业通过一定期间的经营积累形成经营成果，按照公司法的规定对未分配利润进行分配，一般企业盈利需要补亏、缴纳企业所得税、提取公积金后，再进行股利分配。在实践中，一般大的企业会进行现金分配就会涉及投资者作为自然人有20%个税导致税负较重。首先是企业的组织类型架构如有限公司，股份公司在成立初期已经设定好了，后期是很难规避股利分配的个税的。所以如何规避呢？企业可以提前规划好企业的类型架构，如设立个人独资企业或者合伙企业做一个架构去运作，而不是到了分配时才想着为了避税而避税，此时再处理风险会很高，一旦避税了就会触及违法犯罪面临行政或刑事责任。

综上所述，企业在日常经营业务中有关财务处理不规范导致的税务风险，一定要通过不违反法律规定的方式进行税务筹划，是能够达到降低企业税负的目的的。而税收筹划方法的落脚点始终在收入和成本的确认上，因为不管是企业的利润，还是应纳税所得额，都是收入扣除成本的一个结果导向，而一个好的税务筹划一定是建立在合法、合理、合规地确认收入、成本上的。同时对税收政策进行一个系统全面的把握，从企业战略宏观角度对企业经营筹资投资等活动环节进行整体的规划和安排，需要根据企业的实际经营情况，按照税收政策的规定合法合规地进行确认。

二、账务不按会计准则处理

每个企业有变化多端的经济业务，而不同行业的企业又有各自的特殊性，会计准则使会计人员在进行会计核算时有了一个共同遵循的标准，各行各业的会计工作可在同一标准的基础上进行。会计准则是会计人员从事会计工作必须遵循的基本原则,是会计核算工作的规范。它是指就经济业务的具体会计处理作出规定,以指导和规范企业的会计核算,保证会计信息的质量。满足投资者、债权人、政府等利益相关者对会计信息的需求,对维护社会公众利益具有十分重要的意义。

(一)会计处理不当导致财务不规范

会计处理不当导致财务不规范的原因可以分为两类:一类是主观故意造成的,相关人员出于某种或多种目的,指使财务人员采用不正确的财务处理方法,改变公司财务报告;另一类是由于相关人员业务水平不够,不熟悉会计准则、会计制度等导致财务处理不规范。主要表现在以下几个方面。

1. 会计政策、会计估计方法不正确或随意变更。如随意改变折旧方式,利息资本化,收入实现确认不合理等。

2. 资产减值准备计提不规范。如随意计提资产减值的八项准备、资产减值准备的计提与公司相应资产状况不相符、存在利用资产减值准备的提取和冲回调节利润的情况。

3. 销售收入确认原则不规范。不按收入确认原则确认收入,如按收付实现制确认收入,按开具收款发票确认收入等。

4. 随意计提和摊销费用。通常表现在公司广告费用、研发费用、利息费用、开办费用的确认与摊销不符合会计制度的规定,将收益性支出作为资本性支出,有关成本、费用明显低于相关资产的摊销,且公司无法对其进行合理的解释。

5. 投资收益确认不规范。通常表现为投资协议中投资回报率太高,投资收益的确认时间早于实际投资的时间。

6. 忽视关联交易的处理问题。低价向关联方购买原材料,高价向关联方销售产品;无偿占用关联方资金或资产;将不良资产委托母公司经营,定额收取回报;控股公司将高获利能力的资产以低收益形式让股份公司托管,直接填充公司利润;信息披露含糊,回避敏感事项。

7. 会计核算处理随意、会计基础工作不规范。会计报表编制前后相互矛盾,漏洞百出;会计报表之间缺乏合理的钩稽关系,或财务数据相互矛盾,使得不能对公司的资产或收益的真实性和完整性作出判断;重要会计项目出现重大异常变动,且公司无法提供充分的依据作出合理的解释。

(二)会计处理不当后果及法律责任

1. 不当后果：企业的财务人员不按照会计准则做账务处理，首先会存在税务与会计之间有差异或者是系物的管理不规范，导致受到税法的惩罚；其次是企业不遵守会计准则，会在企业将来上市或者是经营过程中无法快速发展达到上市的财务指标，以至于账务混乱导致企业无法正常经营。还会导致公司部分资产被挪用，并在企业经营过程中出现一些非正常的资产损失等相关问题。

2. 行政责任：对行为人符合《会计法》所列不当行为的情形进行一定行政处分如责令限期改正、罚款等。构成犯罪的，依法追究刑事责任。其中，对做假账属于违法犯罪行为，尚不构成犯罪的，只是给予行政处罚，构成犯罪的，依照我国《刑法》依法追究刑事责任。

3. 刑事责任：一般在单位犯罪的情况下，《刑法》规定了只追究两种人的法律责任：一是直接负责人，也就是违法行为的指使者，可以是法人代表，也可以是财务经理、财务总监。二是直接责任人，也就是违法行为的经办人，一般是单位的会计。而就法人代表而言，《刑法》只有在三种情况下才会要求法人对偷税犯罪行为承担法律责任：法人代表是涉税违法行为的直接责任人。第一，偷税行为是法人代表自己做的，公司其他人不知道则要承担法律责任。第二，法人代表授意企业的财务总监、会计操作的，那就要承担法律责任。例如，在刘某庆税案中，电视台播放刘某庆的连续剧所付的款项应作营业收入。但是当会计请示她的时候，她要求将这部分收入挂在往来账上。那么这种行为就属于刘某庆指使行为。第三，明知道单位有偷税的行为，法人代表并不制止。虽然在这种情况下，法人代表没有参与违法行为，但明知道单位有偷税的行为不制止的，也要承担相应的法律责任。对自然人要并处罚金，而对单位则就采取了双罚制，即对单位判处罚金，并同时对单位直接负责的主管人员和其他直接责任人员也要进行处罚。对单位判处罚金后，一般对单位的责任人员只判处自由刑，而不再并处罚金。重点是对多次违法行为累计数额合并处罚，行为人在一定时期内多次实施偷税违法犯罪行为未经发现，或虽发现但未经处罚的，均应视为犯罪行为的连续状态，其犯罪数额应当累计计算，按一罪合并处罚，不适用数罪并罚。反之，如行为人多次或某一次偷税违法行为已经过税务或司法机关处罚，则不应再将此数额累计计算合并处罚。

(三)防范措施

1. 提升管理专业水平。首先是企业的经营管理者对企业经营合规的认知水平;而在实际市场经济中大部分的经营主体对这方面的认识意识并不强,为了一时少交税而忽视了企业长期稳定合规的经营发展,一旦被发现查处的代价往往是巨大的,甚至是坐牢;其次是企业财务人员的专业技能水平,要及时精确地向管理者和股东反馈有关税务隐患带来的经营合规风险,以及根据企业的经营发展状况制定合理的税务筹划,使企业既能合法合规经营,又能合理避税,通过内发力为企业创造价值。

2. 掌握税收政策。我国现行的税种有 18 个,每个税种都有自己的独立税收优惠政策。有些税种虽然小,但是优惠政策一点都不少,比如,房产税、城镇土地使用税等。大的税种如企业所得税、增值税等。而个税的税收政策可能会更加的庞杂。近年来国家为了激发经济的活力,包括当前疫情下,国家出台了很多扶持激励企业的税收政策,对企业来说是利好,同时也对企业相关管理或专业人员熟悉把握适用税收政策提出了更高的要求。所以企业需要灵活及时运用好利好政策,从而合法合规合理做好税务筹划工作。

三、经营管理中的舞弊行为

企业内部控制管理薄弱容易引起企管理层舞弊行为,从而影响健康有序的营商环境,推高企业运营成本。加强企业反舞弊合规建设,构建反舞弊工作机制,促进企业廉洁规范发展,具有重要的理论价值和实践意义。

(一)什么是舞弊行为

1. 概念

我国《独立审计具体准则第 8 号——错误与舞弊》第 3 条规定,舞弊是导致财务报表产生不实反映的故意行为。比较常见的财务舞弊手段包括虚增存货,调整往来应收应付账款,伪造虚增净利润、现金流,虚构财政补助,虚构海外业务等。以某药业舞弊案为例,其 2017 年第 4 季度存货占总资产比重达到 50% 以上,而同期医药行业存货占总资产比仅约为 12%;应收账款从 2015 年的 22.39 亿元剧增到 2017 年的 43.51 亿元,占净利润比重已然超过 100%。这两种情况是比较典型的虚增存货和调整应收账款。

2. 分类

《中国注册会计师审计准则第1141号——财务报表审计中与舞弊相关的责任》(已失效)将舞弊定义为:“被审计单位的管理层、治理层、员工或第三方使用欺骗手段获取不当或非法利益的故意行为。”公司经营领域常见的舞弊行为包括收受贿赂、职务侵占、财务造假等。以上市公司为例,其经营中的舞弊行为可以分为三大类别:一是公司经营活动中的舞弊,也就是收受贿赂、职务侵占等传统舞弊手段。二是会计审计领域的舞弊,主要是会计操纵和交易造假两大类型。也就是上市公司管理层通过选择对自己有利的会计判断,或者虚增交易,达到操纵业绩的目的。三是证券市场舞弊,即管理层、治理层、员工和第三方通过证券市场获得违法利益,损害上市公司利益。比如,利用内幕信息优势实施股票交易、向第三人泄露上市公司内幕信息、操纵上市公司股票价格。因此惩治证券犯罪也是上市公司反舞弊的重要战场。相较证券犯罪案件暴露出证券市场出现舞弊行为的风险集中、管理层反舞弊制约力量不足、反舞弊的刑罚措施比较宽缓等问题。

(二)反舞弊法律规制

1. 行政责任

关于商业贿赂行为需承担的行政责任,此前在《反不正当竞争法》《最高人民法院、最高人民检察院关于办理商业贿赂刑事案件适用法律若干问题的意见》《国家工商行政管理局关于禁止商业贿赂行为的暂行规定》等法律法规中均有规定,但是随着修正后的《反不正当竞争法》中关于“商业贿赂”的较大调整,关于商业贿赂行为承担行政责任的标准主要以现行《反不正当竞争法》第7条、第19条的规定为准。而在实践中,特别是互联网公司相关反舞弊案件明显增多,也出现了很多新形式的舞弊做法。但万变不离其宗,对企业合规工作,建议企业管理层要高度重视,全业务领域的合规制度、有效的监督机制和到位的处置机制都是构成企业合规公司的四梁八柱。

2. 刑事责任

国内实践中,企业反舞弊的刑法规制主要涉及职务侵占罪、挪用资金罪、商业贿赂,其他包括侵犯商业秘密罪、串通投标罪、背信损害上市公司利益罪、侵犯公民个人信息罪等,对象涉及高管、行政管理、会计、销售、采购、客服等从业人员。《刑法修正案(十一)》对职务侵占罪、侵犯商业秘密罪的修改,强化了刑罚配置、降低了入罪门槛,有利于企业反舞弊。值得一提的是,企业在反舞弊方面,2015年阿里巴巴、万科等企业在上海成立了中国企业反舞弊联盟,通过建立职场“黑名单”等方式,提高员工内部腐败和舞弊的违规成本,降低企业反腐败、反舞弊成本,营造廉洁健康有序的营商环境。

（三）防范措施

1. 合规调查

一般在开展企业日常反舞弊调查时,第一,调查的目标设置应与企业自身发展程度、企业合规机制建构程度相吻合。有效的企业合规内部调查应该是通过具体事项的调查,对企业内部违法违规行为追根溯源,在发现具体问题的同时,针对相应的制度漏洞与隐患制定整改方案,改进完善企业的合规计划,对企业业务流程、财税状况、市场销售等环节进行去犯罪化处理,从而预防违法犯罪发生。第二,结合企业性质、合规完善程度,了解企业的诉求则是设定反舞弊调查目标的重要考量因素。实践中企业会有各种各样的出发点和侧重点。比如,有的是要求追赃挽损,有的是要惩罚犯罪、追究刑事责任,有的是要肃清工作风气,有的则是要完善企业合规体系,所以调查方案要灵活有效。在反舞弊调查时,需要会同企业审计、财务、法务、纪检等部门,发现、接收违规违法现象的线索,参与搜集、整理内部举报、控告等证据,制订可行的内部调查计划。并根据企业性质与诉求,从企业长远发展角度出发采取最有利于企业的处理方式,最大限度减轻或消除舞弊个案给企业造成的不利影响,使企业免受贪腐行为、商业贿赂、渎职行为等对企业形象及利益造成的负面影响。

2. 信息化体系

在反舞弊专项合规实践中,可以运用信息化方式,围绕重点领域合同、招投标文件、内控过程文档、业务审批流程等关键方面,全覆盖寻找常见舞弊点,构建专项知识图谱,创新性建立舞弊风险点与岗位、主体、业务、权限之间的“耦合性”权重体系,构建反舞弊智能识别系统。通过此系统,既可以实现反舞弊感知实时化,即按照场景驱动、快速示范原则,实现反舞弊业务需求全要素、全过程自动感知,实时分析和自适应迭代,提高反舞弊智能决策水平;又可以实现反舞弊响应集约化,即结合用户对反舞弊信息需求实时感知、分析和预测,建设敏捷响应的反舞弊用户服务体系,丰富完善反舞弊业务模式。反舞弊职能识别软件系统的应用,可从全程管控方面助推企业合规机制的完善,形成对舞弊产生、发展、演化、预防、化解的全流程监控，助力企业实现反舞弊合规规范化、专业化。

3. 建立机制规则

就杜绝企业员工舞弊行为而言，存在发现容易、查处难、固定证据更难的问题，可从建立反舞弊调查制度体系，坚持调查底线和借助信息化系统实现企业反舞弊与合规建设的衔接。一是企业开展反舞弊调查，应建立一套完备的制度和体系，打通从受理举报到落地查处等各个环节，明确反舞弊案件的主管部门、处置原则、工作流程和应对预案。二是坚持反舞弊调查的底线。企业反舞弊调查不能对人身、财产采取强制措施，且调查行为的边界只能在法律、行政法规规定范围之内。要注重证据收集的程序及时性和合法性，用好访谈调查方式。三是借助信息化系统进入企业合规管理“快车道”。受企业自身体系庞大、经营业态多元、业务板块和流程相对复杂等因素影响，仅依靠合规管理团队的人工管理，难以完成及时、高效的合规管控。《中央企业合规管理办法》第6章也明确要求企业要强化合规管理信息化建设，通过信息化手段优化管理流程，记录和保存相关信息。运用大数据等工具，可加强对经营管理行为依法合规情况的实时在线监控和风险分析，实现信息集成和共享。

我国企业的发展是有个过程的，尤其是经济法发展不均衡，营商环境也不一样。那么企业合规包括财务合规管理不仅可以助力企业稳健安全发展，还能增加企业的核心竞争力。企业合规通常会成为一个公司的名片、品牌，从而增加企业的核心竞争力。

第三章　企业合规的个案定制

第一节　合规思路展示

从一个电子信息时代更容易被大众所接受的角度来看,笔者认为其实企业合规建设的过程就像是杀毒软件安装和杀毒的过程。一个企业正式启动合规程序应当遵循以下几个步骤。

一、安装杀毒软件

杀毒软件的安装,需要操作系统打开权限,方便后续无障碍的杀毒工作;企业合规也是如此,经典合规理论告诉我们,企业能否做好合规,一套运转有效的组织体系是关键,是合规体系的基本要素之一。完善的合规组织体系需要满足以下架构:

(1)董事会下设的合规委员会;

(2)设置首席合规官(合规负责人);

(3)建合规部门;

(4)设置合规专员。

上述架构的特点在于高层重视、渗透性强,同时具备合规所必需的权威性和独立性,是有效合规的组织保障。

二、检查病毒

在成功安装后,杀毒软件开始执行必要前置程序——查毒。通常来说,这个过程包括两种模式,一种是全盘检查,另一种是指定位置检查,二者在针对性和急迫性上都有所区别。

换成合规的语言,就是要在做好尽职调查的基础上确定风险并有针对性地设计合规范围，风险不同合规计划便不同，必须做到对症下药。合规的尽职调查主要通过访谈、问卷、资料收集等方式，查找合规风险点，形成《合规风险评估报告》。

可以针对企业的主营范围，结合企业日常经营活动、产品、服务、运营等，综合考虑设计合规范围；也可以针对企业曾经受到过的行政处罚、刑事处罚或是国际制裁来设计合规范围，以免再犯。在实际操作中，可能会面临排查下来发现处处是漏洞、处处是风险的情况，为了把稳，索性一股脑全部搞合规算了。想法虽然是好的，但是会陷入另一个合规的误区——合规的有效性。就像前文提及合规的重要性，那么如何将这么重要的制度落实，就是重中之重了。合规并不是一项制度建设工作，而是一项文化建设工作，是一项持续的工作，就像我们用杀毒软件来比喻合规一样，如果只是为了清理眼下的病毒，那可选择的杀毒软件比比皆是，但是要做到持续更新、定期自查、运行稳定，那就不能随机挑选，必须慎重而行。

同时，在针对曾经受到过的行政处罚、刑事处罚或是国际制裁来设计合规范围的时候也需要进行合理考虑，要尽量避免把精力浪费在与经营活动无关、偶发性犯罪的非必要合规上。正如朔州市朔城区人民检察院对大同某集团朔州某有限公司非法占用农用地案合规不起诉一案中（朔城检一部刑不诉〔2021〕Z15号），该案的涉案事实是公司负责人康某某将电厂施工工地上的林地铲除，由于涉及非法占用农用地罪而进行针对相关罪名的合规整改，这显然是不合理的，因为该罪名所涉及的犯罪事实其实是与公司经营活动毫不相关的偶发案件，主要风险源于企业员工管理的疏忽。

这也和目前主流的合规观点保持一致，主流的合规观点认为，企业合规的灵魂不在于大而全的管理体系，而在于针对企业的合规风险点所确立的小而精的专项合规计划。无论是在国际司法实务中还是在我国刑事合规相关试行制度中，有效性是合规计划是否成功的重要考察标准。例如，中兴公司所建立的出口管制合规计划以及反贿赂合规计划，都是针对公司经营中存在的痛点和风险进行的专项合规计划，不仅可以有效地面对国际制裁，也保证了公司未来运营的平稳有序。

所谓“专项合规计划”，是指根据企业经营范围和所从事业务蕴含的合规风险，为避免企业因为违反相关法律法规而遭受行政处罚、刑事追究以及其他方面的损失所建立起来的专门性的合规管理体系。正如对单纯从事国内业务的企业来说,常见的专项合规计划主要有反垄断、反不正当竞争、反商业贿赂、知识产权保护、反洗钱、大数据保护、税收、环保等。而就从事国际贸易或者进出口业务的企业而言,常见的专项合规计划主要有反商业贿赂、出口管制、反洗钱、数据保护等。

三、杀毒

在上一个步骤中,软件已经根据设定范围检查到了系统中存在的漏洞和病毒,接下来便是核心程序——杀毒。杀毒要求有一个病毒数据库,以便能根据系统病毒的种种"相貌特征"及时绞杀。

合规也一样,在做好《合规风险评估报告》后,需要根据该报告与合规范围,搭建合规义务库,义务库中应当包括企业必须遵循的法律法规、道德准则、行业标准以及党规党纪等,并且要确保其有效性。义务库需要按时更新,除了对上述规范性文件进行监控外,还需要对与合规范围相关的主管单位的动态进行追踪。

在搭建好义务库后,最重要的工作就是如何具体管理企业的具体业务中的合规风险了。对此,可以参考中兴在反贿赂合规中针对礼品及款待的具体规定。相关人员可以提供与其工作相关的恰当、合法的商务礼品和款待,但前提是该礼品和款待涉及的价值在正常范围内,而且不会被视为或有合理理由被怀疑为影响接受方的决策或者判断。判断某种礼品或款待是否恰当时,应着重考虑是在什么场景下(是否业务敏感期),基于什么目的(是否存在不当的诉求),提供给谁(是否有利益冲突或政治敏感的人物),提供什么(是否现金及现金等价物或奢侈的礼品或款待),怎么提供(是否需要非公开,频繁或区别地提供),同时,还需要考虑所处的商业环境(是否在风险很高的国家或地区),主动回避高风险的信号。如果在具体业务情形下存在任何疑惑,应当咨询身边的合规联系人、合规经理、合规总监或业务直属领导,也可以通过电话、邮件等途径进行咨询。

对于多项利益冲突解决办法以及禁止性规定其作出了以下规定:禁止赠送现金或现金等价物(如有价证券、会员卡、旅行支票、预付费借记卡等);禁止提供价值过高或过于奢侈的礼品(如房产、汽车、名贵珠宝首饰、奢侈品牌服饰或手提包、高价艺术品等)。

此外,还有专门针对外部差旅、客户培训、采购交易、商业赞助、公益捐赠等事项制定的具体合规管理办法。这些管理办法总结起来就是两个字“指引”，这就是前文中所提到的同时有利于员工和企业的管理规范，员工在实际操作中总会遇到很多问题，但是最为困难的是分不清哪些是合规问题，哪些是合法问题。对于合法问题，互联网都能查到，但是对于合规问题，必须问企业，如果没有明确的指引，踩了红线而不自知，一旦发生合规风险，不仅影响企业，还有可能引火上身。

当然，除了作为红线的合规指引外，还需要设置相应的惩奖、举报等纪律规定。

四、形成日志

在成功查杀病毒、为系统打好补丁后，需要把前面的所有工作进行整理和汇总，以便按需检查，也可以成为后续更新的重要依据。

和合规一样，包括义务库、具体管理规定和办法在内的所有文件经过修订后可以整合为《企业合规手册》。

为了实现《企业合规手册》的价值，必须组织全体员工进行学习，有必要的可以设置学习考核办法，所以，相应办法的制定除了遵守法律法规之外，还需要具备合理性，企业和员工之间必须互相尊重，手册的制定和执行必须让员工感受到这不仅可以让公司避免合规风险，也可以让自己在未来的工作中清楚地知道自己行为的规范和边界，更有安全感。同时，《企业合规手册》可以白皮书的形式在企业的官网、公众号等宣传渠道公开，对提升企业形象也有积极意义。

五、定期更新和复查

通常来说，杀毒软件对系统来说并非一次性的工作，而是提供持久长效的保护，所以离不开定期的软件更新和复查。

任何管理制度想要在企业内完美运行都需要一定的磨合期，要尽量避免制度与实操分离的现象出现，一旦发现制度中存在不合理或者脱离实际的地方，一定要及时调整，让员工在有规可依的同时执行得顺畅、舒服。同时，这个步骤也是小微企业在合规过程中必不可少的，只有定期复查合规制度的执行情况以及及时更新合规义务库，才能让老板切实看到企业在合规制度下所发生的改变，前面埋下的“种子”才有生根发芽的可能。

定期更新和复查可执行的手段多种多样,最为主要的就是根据实际情况制订复盘计划,复盘包括两个思路,一个是从成功的合规管理执行中萃取经验,另一个则是从失败的合规管理中吸取教训、反思提升。一次有效的合规复盘中应该包括五个关键要素。

(一)执行合规管理规定的情况

举个简单的例子,《企业合规手册》中对请客户吃饭作出了具体的规定,某位销售人员在实际执行中发现,手册中仅简单规定了禁止在某些高端场所宴客、金额范围、禁止黄赌毒、禁止变相支付财物,并没有对客户身份、宴客时间点进行规定,也没有设置突发情况的报告办法,是否会存在招投标期间这样敏感的时间节点宴客而产生法律风险。

正如上述例子中一样,只要是在工作过程中依规执行合规管理规定的员工,都可以向企业反映他们的看法和遇到的问题,通过对这些执行情况的汇总,可以很好地了解和掌握合规制度设立以来的执行情况,以便后续的结果分析。

(二)结果评估

结果评估的核心在于:将执行情况与企业合规目标之间进行关系对比。如果执行情况达成了合规目标,那么接下来的复盘就要紧密围绕“从成功的合规管理执行中萃取经验”来展开;如果执行情况未达到合规目标,则复盘的核心点就要围绕“吸取教训、反思提升”来进行。

(三)原因分析

原因分析需要合理地将主客观因素相结合,不能孤立来看。例如,针对员工因未遵守企业合规管理规定而受到相应的处分,通过平等对话等合理形式究其原因,是因为自己工作上的疏忽,还是因为相关培训做得不到位,抑或规则本身制定得就不合理。只有在清楚了解各种因素之后,才能对症下药。并且要注意对原因分析千万不可“一刀切”地将“犯错”员工写的报告、检查作为分析的主要样本,若是如此,无论是员工还是老板都容易形成惰性思维,整个复盘工作将毫无意义。

(四)寻找规律

寻找规律是整个复盘中最为重要的一个步骤,是对合规管理规定进行调整的重要依据。

合规工作放在实际操作中其实是一种重复发生的单点事件的组合，在进行规律寻找的时候可以考虑把它们总结为清单。例如，针对采购交易的具体合规管理规定中，可以根据企业采购的具体操作流程，如对费用申请、客户来源、合同订立、交付验收、付款审核等多个环节，有针对性地设置合规检查点，这些检查点的组合最终形成企业在采购方面的合规管理清单。

当然，针对不同的企业部门和不同的需求，可以通过不同的理论方法来寻找其合规管理的规律，只有精准把握这些规律，才能将合规管理工作科学化、简便化，实现其最优价值。

（五）迭代更新

当经历了上述四个步骤后，此次复盘的数据收集工作就算基本结束了，企业或者其合规团队需要坐下来，根据复盘数据进行新的合规设计。

但是，并不是对复盘数据中所反映出来的全部问题都要设计新的解决方案，解决这些问题的主要手段包括打补丁和升级。显然，打补丁的工作是针对确实存在的漏洞来进行的，同时在添加新规则、新办法的时候也要注意前后逻辑的统一；而升级的工作是针对现有制度中所存在的问题来进行的。无论是哪一种方案，经过迭代更新后的新的合规管理制度尽量征求全体员工的意见，尤其是提出问题的员工的意见。

企业合规管理制度义务库中的内容是不能改变的，但是具体管理制度是灵活的，这些制度与员工行为之间只有保持动态、和谐的关系，才能更好地将企业合规融入员工的日常工作中，才能更好地帮助企业建立合规文化，这就是复盘工作带来的好处。

第二节　事后的合规处置

在目前的实务中，专业的合规人员介入企业更多的是在企业已经违法违规，即将面临行政或刑事处罚时，因为企业的负责人员非常着急想免予处罚或者是换取从宽处罚，其会聘请专业的合规团队介入。而从前文公布的一系列案例可以看出，事后的合规空间非常有限，更多地需要听取行政监管机关及刑事司法机关的合规意见,需要根据主管机关的指引进行弥补式的合规,进而换取从宽处理。

一、专项合规案例一:环境污染案件

A公司是当地的一家高科技民营企业,具有较强的科技能力和营收能力,其主管负责人主要为甲和乙。甲是公司的经理、乙是公司的副经理。A公司在未经环保部门评价及批准的前提下,私设暗管,将带有重金属的废水排放至生活污水管,造成了较为严重的环境污染。后当地的公安机关对此案立案侦查,并对两名直接责任人员甲和乙采取了强制措施。侦查终结后公安机关将案件移送至人民检察院。在该企业委托我们团队代理此刑事案件时,经研讨后发现,如果按照常规的辩护思路进行辩护,不管是本案中的企业还是直接的责任人员都会被处以刑事处罚。而研读了当地的政策后,我们发现该企业所在地恰好是最高人民检察院公布的合规试点地,于是我们商量走刑事合规换取从宽处罚的策略,在与当事人沟通后,我们首先查阅了相关的合规资料,例如,上海等地已经发生的合规案例;其次,我们对企业作出了尽职调查,将企业的合规意向、行业地位、纳税贡献、科研力量等证明材料形成了一份书面的文件,然后我们拿着这份文件与检察院进行了沟通,在沟通的过程中,检察院表示其会尊重我们的合规意愿,也愿意参与此案的合规指导,但是在与行政机关沟通后给我们提出了一个非常棘手的问题,检察机关提出就主观层面而言我们的合规意愿强烈,就从客观层面我们愿意认罪认罚,但是行政机关认为即便宽大处理我们依然无法稳妥地解决污水排放问题,因为我们提出的自行排污方案无法达到当地环保部门的要求。后经过团队多次协商,并走访了几家类似的企业后,我们协商的方案是将污水排放委托第三方进行处理,在充分调查第三方的资质后签订了委托协议,最终形成了方案提交检察机关,后检察机关税务部门、生态环境部门、应急管理部门等对合规计划进行了专业评估,在初步评估合格后,我们每一个月左右将机关的实施状况向检察机关进行汇报,最终检察机关召开了听证会,对A公司作出了不起诉的决定,最终只是由环保部门对企业作出了行政处罚的决定。目前该企业经营状况良好,较之前营收更高,且经历此案,董事长主动邀请我们为企业做其他的专项合规计划。

办案心得:在事后的合规中,合规团队的空间相对较小,但是作为合规团队一定要在较小的空间内充分地发挥自己的主观能动性，首先要敢于尝试合规之从宽处罚，及时地与有关机关进行沟通；其次要重视对企业的尽职调查，只有尽职调查才知道企业的优势及风险所在，才能在后面的整改中对症下药；最后在合法合规的前提下要敢于尝试，本案中内部整改已经无法解决排污的困境所在，那么我们只能另行出路，进行第三方的风险转介。

二、专项合规案例二：虚开增值税专用发票案件①

根据某检察院发布的《提供法律帮助委托函》、司法局发布的《关于协助开展刑事合规工作的函》的要求，团队接受了A公司委托，对其涉嫌虚开增值税专用发票一案，开展了刑事合规审查、监督、指导工作，主要工作内容如下，供读者参考。

（一）公司基本情况

1. 工商登记情况

根据A公司的工商登记信息了解到，A公司注册资本50万元，经营范围为电子产品的研发和销售，机房及库房专用空调产品、加湿机、机柜、计算机软硬件、通信设备、网络产品、UPS的设备和配件的销售和安装、维修维护及技术服务，同时也承接机房及库房的环境设计、装修、系统集成、综合网络工程。

2. 股东及高管情况

同时，团队通过国家企业信用信息公示系统对A公司的股东和高管情况进行了查询，并且通过查询企业工商档案了解各股东出资情况和公司决议情况。

3. 对股东、高管进行访谈、背景调查

根据查询到的A公司的股东和高管情况，团队与A公司法定代表人取得了联系并且预约访谈对全体股东和高管进行背景调查，通过与股东和高管人员的交流，充分了解A公司的成立背景、股东及高管之间的关系、公司经营计划和经营情况等。

4. 公司诉讼及争议情况

通过中国裁判文书网、全国法院被执行人信息查询系统、全国法院失信被执

---

① 本案例由魏磊律师提供。魏磊律师为北京盈科（苏州）律师事务所合伙人、苏州市依法治市决策咨询专家、苏州市行政与经济法研究会理事、苏州市司法局合法性审查专家。

行人名单信息公布与查询系统查询公司和股东的诉讼及争议情况，结合背景调查探寻A公司除了此次涉嫌虚开增值税专用发票罪之外，是否还存在其他法律风险。

(二)合规计划的制定

合规计划必须遵循以下三项基本原则，一是针对案涉公司实际情况，避免大而全的综合合规计划，注重打造专项合规计划；二是根据公司性质、经营业务和主要风险，打造一种基于风险的合规计划；三是注重合规计划的有效性，使其切实有效地发挥防控合规风险的效用。

在此基础上，团队结合上述调查情况，考虑从以下三个方面帮助A公司打造合规计划：一是合规组织体系的设计；二是合规章程和合规政策的制定；三是合规实施程序的安排，包括预防、监控和应对三大合规管理体系。

1. 合规组织体系的设计

经实地走访和约谈A公司的实际控制人、股东和高管后，团队了解到，A公司规模小，人员少，存在混同用工、混同办公和未签订劳动合同的现象。

因此，为规范公司用工，预防用工风险，根据《劳动法》《劳动合同法》等相关法律法规的规定，团队指导A公司根据实际用工情况制定公司内部组织架构，并对实际用工人员的劳动合同签订情况及社保缴纳情况进行排查整改，完善用工手续，降低用工风险，规范劳动合同管理制度。

同时考虑到A公司规模小，人员结构简单，故将A公司的实际负责人直接设为合规部门负责人，指导公司正常运转，审查公司内部举报，建立风险监控制度。

2. 合规章程和合规政策的制定

合规组织体系是有效合规计划的重要组成部分，而合规章程和政策的制定可以保证组织框架下各部门权责统一，有规可依。对此，团队对A公司下述情况进行了摸排，与A公司一同优化了现有章程，出台针对性更强的合规政策。

(1)印章管理使用情况

团队在合规审查过程中，发现A公司对印章的管理较为混乱，没有规范的用印流程。为防控用印风险，团队为A公司提供了公司印章管理制度参考，同时建议公司核查内部已刻制在用的印章种类和数量并进行登记，指派印章管理员统一保管印章，印章使用过程中进行用印申请和登记，并形成印章使用台账。

在团队的指导下，A公司已出台了新的《印章备案表》、《印章保管登记表》和《印章使用登记表》，并且制定了印章保管人，明确了其职责，形成了规范的用印制度。

(2)合同管理情况

经调查，A公司合同管理及合同用印比较混乱。在团队指导下，A公司财务部门负责人主要负责合同管理职责，同时建立了部门制度，主要包括：①认真学习、贯彻执行《民法典》等有关法律，依法保护本公司的合法权益。②制定、修订本公司合同管理制度，组织实施合同管理工作。③审查合同，防止不完善或不合法的合同出现。④协助销售人员依法签订合同，报合规部审批，参与重大合同的谈判与签订。⑤做好合同统计、归档、保管工作。⑥监督、检查本公司合同签订、履行情况。⑦宣传与合同有关的法律法规，培训合同管理人员和销售人员、采购人员。⑧依法处理本公司的合同纠纷。⑨制止公司或个人利用合同进行违法活动。⑩按期统计、汇总本公司合同签订、履行以及合同纠纷处理情况并向合规部汇报。

(3)财务制度情况

经调查，A公司从成立开始一直都没有建立完善的财务制度，公司涉税由委托的第三方财务公司进行做账和扣抵，税控系统由代账会计操作，账本一年给公司一次。经过交流，A公司实际控制人表示其法律意识淡薄，对财税方面不太了解，故将财税工作基本全部外包。

鉴于A公司此次涉嫌罪名为虚开增值税专用发票罪，系税务方面犯罪，和公司财务挂钩，为了防范A公司日后出现类似案件，团队建议公司设立专门财务部门，由财务部门配备专职财务人员，负责财务部门的全面工作。经指导，A公司设立财务部门，建立财务制度，暂由曾经对接外部第三方财物公司的工作人员分管税务、会计和报销、合同管理等事务，同时因为该人员并非接受过专业培训的财会人员，仍需学习财务的基本常识，于是先对照已建立的财务制度与第三方财务公司对接，后续A公司再引入专业人员进行常任管理。目前A公司已建立的财务制度和主要职责如下：

①按照国家财经法规和公司制度的规定监督和审批公司的财务收支行为，对违反国家财经法规和公司财务管理制度的行为以及其他有可能损害公司经济利益的行为，有权予以制止和纠正，制止无效的，有权提请合规部按规定处理。

②负责组织公司的会计核算,按照财经法规和公司的统一要求报送财务会计报表和各种财务管理报表,对财务会计基础工作的规范性,会计信息和会计资料的真实性、合法性负直接管理责任,对不符合会计制度和公司相关制度规定的会计事项有责任予以纠正。

③组织编制财务预算和各项财务收支计划草案,具体组织落实和监督执行公司规定的相关财务预算、计划、方案等,对偏离预算、计划和既定方案的经济事项有权予以纠正或提请公司按规定进行处理,定期完成预测和财务分析工作。

④负责公司资金的筹集、回收和管理,确保资金的安全,保障公司项目开发和日常经营管理的资金需要,有效降低资金成本,提高资金使用效率。

⑤负责公司的资产管理,确保公司资产的安全与完整,促进资产的保值增值,对侵害公司资产的行为有权予以制止并提请合规部按规定进行处理。

⑥参与公司的经营计划和项目投资、重要经济合同签订、资产购置和重组等重大经济事项的讨论和研究,为公司的重大经济决策提供财务依据和专业意见。

⑦负责公司的税务工作,与税务机关建立良好的税务关系,按照国家税务法规的规定及时足额申报缴纳各项税费;做好各开发项目的财务筹划,合法降低项目的税务成本。

⑧具体负责建立和完善各项财务基础工作制度,采取有效措施确保各项财务制度得到有效执行,提高财务工作的规范化水平。

⑨管理和监督各部门的财务管理工作,接受和配合公司内部审计以及有关主管部门的检查和监督。

⑩财务人员应按财政部门的规定接受后续教育,定期组织财务人员进行专业培训,不断提高财务人员的专业水平。

经过团队长期辅导,A 公司初步形成了规范的用章制度、统一的合同管理制度、明确的财务制度,落实了各部门主要负责人的权利和义务,同时 A 公司为各重点部门负责人提供定期学习的条件,通过不断改进和完善现有规章制度来使合规计划更好地服务于公司运转的全流程。

第三节　事前的合规计划制定

目前,事前合规的概念已经产生了一定的影响,而愿意主动进行合规的企业一般都是规模较大的企业如一些上市企业、拟上市企业等。

一、产品合规

笔者团队之前接到了一家在苏州经济实力较强的集团邀请，为他们起草一份关于产品合规的计划，以下简称 B 集团。

接触之初，B 集团只是给了我们一份“磷虾油”产品的宣传 PPT，要我们在此基础上为他们的企业做一份产品的合规计划，了解后才知道，B 集团的董事长同时找了三家律师事务所比较专业的合规团队，让我们同时从此入手提交具体方案，对比之下他们会选择其中的一家进行合作。与此前其他的合规案例不同，我们在此案中没有充分的时间作尽职调查，经过与团队苏军律师、杨斯晗律师商量后，我们要充分地利用网络平台收集资料进行尽职调查，再充分地研究其提交给我们的 PPT 入手，以提出问题的方式来解决问题，而提出的问题遵循“从生产环节——到宣传环节——到销售环节”的基本思路对产品风险进行排查。

经过网络上的调查发现，问题一，从工商登记的信息来看，该企业的经营范围非常的广泛，既含有保健食品又含有化妆品，还涉及衣服、鞋帽、食用油等，而除了少有的几个产品以外，其他都是由第三方代加工。那么第一个映入脑海的问题就是第三方是否有相应的资质，是否存在特定的风险，需要作更为详细的调查。问题二，调查中我们发现该企业因为跨地域直销被某省认定为传销进行过处罚。问题三，在 PPT 的宣传中存在大量的夸大性宣传用语，如“国家级”“第一”“最强”等。结合上述存在的问题，我们首先为该集团制定了一个关于“磷虾油”的初步合规计划，具体如下。

B 集团南极磷虾油产品的合规问题框架书

一、产品定性及质量合规

（一）定性

根据原国家卫生和计划生育委员会于 2013 年发布的第 16 号公告，批准磷虾油成为新食品原料以及相关质量要求。故将磷虾油作为食品原料进行产品生产是允许的。但是，由于市场上“南极磷虾油保健品”被包装为“全能”食品的乱象横生，国家食药监管总局在 2015 年 11 月 19 日发出消费提示，表示磷虾油不是保健食品,且国家食品药品监管总局未批准过含磷虾油原料的保健食品。

所以宣传时不得出现“保健品”字样,以防止出现欺诈类型的案件。

(二)转型、升级

根据国家食药监管总局发布的《保健食品注册与备案管理办法》第二章的相关规定,只要符合注册条件的,可以申请注册为保健食品。并且通过在国家市场监督管理总局官方查询平台获知,目前国内已经有四家企业获得了磷虾油相关保健食品的注册批文。具体如下:

1. 产品名称: ××牌磷虾油软胶囊。

申请人中文名称: 山东 KR 生物制品有限公司

◎批准文号: 国食健注 G2019××××

2. 产品名称: ××,磷虾油软胶囊。

申请人中文名称: ZG(北京)生物技术有限公司

◎批准文号: 国食健注 G2019××××

3. 产品名称: ××牌磷虾油软胶囊。

申请人中文名称: TT(北京)文化传播有限公司

◎批准文号: 国食健注 G2019××××

4. 产品名称: ××牌磷虾油紫苏籽油软胶囊。

申请人中文名称: LY 集团有限公司

◎批准文号: 国食健注 G2020××××

所以,B 集团可以根据相关文件转型升级,通过合法合规的方式将产品升级为保健食品。

(三)质量合规

需注意产品在生产时必须严格符合食品、保健品的安全标准,目前根据《国家食品药品监督管理局办公室关于发布保健食品中可能非法添加的物质名单(第一批)的通知》(食药监办保化〔2012〕33 号)可知,在保健类的产品中,有一些成分属于明确禁止添加的,具体如下:

保健食品中可能非法添加的物质名单(第一批)

序号	保健功能	可能非法添加物质名称	检测依据
1	声称减肥功能产品	西布曲明、麻黄碱、芬氟拉明	国家食品药品监督管理局药品检验补充检验方法和检验项目批准件 2006004
2	声称辅助降血糖(调节血糖)功能产品	甲苯磺丁脲、格列苯脲、格列齐特、格列吡嗪、格列喹酮、格列美脲、马来酸罗格列酮、瑞格列奈、盐酸吡格列酮、盐酸二甲双胍、盐酸苯乙双胍	国家食品药品监督管理局药品检验补充检验方法和检验项目批准件 2009029
3	声称缓解体力疲劳(抗疲劳)功能产品	那红地那非、红地那非、伐地那非、羟基豪莫西地那非、西地那非、豪莫西地那非、氨基他打拉非、他达拉非、硫代艾地那非、伪伐地那非和那莫西地那非等 PDE5 型(磷酸二酯酶 5 型)抑制剂	国家食品药品监督管理局药品检验补充检验方法和检验项目批准件 2008016,2009030
4	声称增强免疫力(调节免疫)功能产品	那红地那非、红地那非、伐地那非、羟基豪莫西地那非、西地那非、豪莫西地那非、氨基他打拉非、他达拉非、硫代艾地那非、伪伐地那非和那莫西地那非等 PDE5 型(磷酸二酯酶 5 型)抑制剂	国家食品药品监督管理局药品检验补充检验方法和检验项目批准件 2008016,2009030
5	声称改善睡眠功能产品	地西泮、硝西泮、氯硝西泮、氯氮卓、奥沙西泮、马来酸咪哒唑仑、劳拉西泮、艾司唑仑、阿普唑仑、三唑仑、巴比妥、苯巴比妥、异戊巴比妥、司可巴比妥、氯美扎酮	国家食品药品监督管理局药品检验补充检验方法和检验项目批准件 2009024
6	声称辅助降血压(调节血脂)功能产品	阿替洛尔、盐酸可乐定、氢氯噻嗪、卡托普利、哌唑嗪、利血平、硝苯地平	国家食品药品监督管理局药品检验补充检验方法和检验项目批准件 2009032

因而,产品质量本身把关非常严格,一旦失控极有可能触犯《刑法》第 144 条生产、销售有毒、有害食品罪:“在生产、销售的食品中掺入有毒、有害的非食

品原料的，或者销售明知掺有有毒、有害的非食品原料的食品的，处五年以下有期徒刑，并处罚金；对人体健康造成严重危害或者有其他严重情节的，处五年以上十年以下有期徒刑，并处罚金；致人死亡或者有其他特别严重情节的，依照本法第一百四十一条的规定处罚。”

《最高人民法院、最高人民检察院关于办理危害食品安全刑事案件适用法律若干问题的解释》第9条规定，“在食品加工、销售、运输、贮存等过程中，掺入了有毒、有害的非食品原料，或者使用有毒、有害的非食品原料加工食品的，依照刑法第一百四十四条的规定以生产、销售有毒、有害食品罪定罪处罚。

在食用农产品种植、养殖、销售、运输、贮存等过程中，使用禁用农药、兽药等禁用物质或者其他有毒、有害物质的，适用前款的规定定罪处罚。

在保健食品或者其他食品中非法添加国家禁用药物等有毒、有害物质的，适用第一款的规定定罪处罚”。

（四）标识合规

因该产品配方含有磷虾油，磷虾油系新食品原料成分。原国家卫生和计划生育委员会《关于批准显齿蛇葡萄叶等3种新食品原料的公告》（2013年第10号）批准磷虾油为新食品原料，生产经营上述食品应当符合有关法律、法规、标准规定。磷虾油食用量≤3克/天；其他需要说明的情况：(1)婴幼儿、孕妇、哺乳期妇女及海鲜过敏者不宜食用，标签、说明书中应当标注不适宜人群。(2)卫生安全指标应当符合我国相关标准。

民事责任之案例检索：在（2015）杨民一（民）初字第8755号案中，系争产品配料表中包含磷虾油，根据原国家卫生和计划生育委员会发布的2013年第10号公告规定，磷虾油为新食品原料，在标签说明中应当标注婴幼儿、孕妇、哺乳期妇女及海鲜过敏者这些不适宜人群，但原告购买的系争产品中并未进行相关标注，违反了食品安全标准的法律规定，属于不符合食品安全标准的产品。其次，关于被告是否“明知”。原国家卫生和计划生育委员会发布的2013年第10号公告已经于2013年12月向社会公布，被告应当知晓，被告作为经营者有义务注意商品的各项标识、标签，然而被告未尽到食品经营者应履行的注意义务，应视为销售明知是不符合食品安全标准的食品，故本院认定被告的销售行为系“明知”不可销售而为之。综上，本案符合适用十倍赔偿的条件。依据本案买卖合同关系及实际情况，原告要求将系争产品退还给被告并由被告退还原告相应货款，法院予以确认。

二、广告宣传合规

2019年，富阳市监局查处了一处专门针对老年人的磷虾油保健食品经营部。该批南极磷虾油并没有获国家市场监管总局保健食品的批文，外观上也未标注“蓝帽子”和保健食品的批准文号，而销售人员在宣传时，大肆将其渲染成能治疗疾病的神药，声称具有治疗心血管疾病、降血糖、明目、提高关节行动能力和提高身体免疫力等众多功效。因涉嫌违反《反不正当竞争法》第8条第1款“经营者不得对其商品的性能、功能、质量、销售状况、用户评价、曾获荣誉等作虚假或者引人误解的商业宣传，欺骗、误导消费者”的规定，目前该保健食品经营部已被富阳市场监管局立案调查。

在获得保健食品注册批文的前提下，对磷虾油产品的宣传应该符合《反不正当竞争法》以及《广告法》的相关规定，避免陷入虚假宣传的法律风险。

(一)商业广告

商业广告是指商品经营者或者服务提供者通过一定媒介和形式直接或者间接地介绍自己所推销的商品或者服务的商业广告活动。

在实践中，企业自建网站发布的简介、朋友圈发布简介、微信公众号推广、广告植入等行为若符合以上的认定规则就可能被认定为商业广告，而受到商业广告的相关法律法规的规制。

(二)对外宣传的基本合规要求

企业开展对外宣传能够扩大公司的知名度，提升企业知名度及企业影响力并树立良好的企业外部形象。目前，没有专门的法律法规对企业开展对外宣传进行专门的规范，但企业所开展的对外宣传可能会因为构成商业广告中的违规情形、造成不正当竞争的情形而导致违反相关的法律法规。因此，公司在开展对外宣传中应当遵守如下要求：

1. 应当真实、合法；

2. 不侵犯他人合法权益，如未经权利人许可使用他人名义、肖像、字体、图片、假冒他人商标专利等；

3. 不贬低其他生产经营者的商品、服务；

4. 不进行虚假宣传；

5. 避免违规使用宣传用语；

6. 负责对外宣传的员工，作为对外宣传合规第一道防线的守卫者，应当认真学习相关的法律法规及公司的要求，做好对外宣传的相关工作。公司的合规人员，应当加强对外宣传的合规研究，进行相关合规风险监控及并加强合规审核，提供专业的合规咨询及审核意见。

（三）法律规定和注意事项

1. 发布广告内容应当遵守的规定

《广告法》第8条："广告中对商品的性能、功能、产地、用途、质量、成分、价格、生产者、有效期限、允诺等或者对服务的内容、提供者、形式、质量、价格、允诺等有表示的，应当准确、清楚、明白。

广告中表明推销的商品或者服务附带赠送的，应当明示所附带赠送商品或者服务的品种、规格、数量、期限和方式。

法律、行政法规规定广告中应当明示的内容，应当显著、清晰表示。"

2. 发布广告时不得存在的情形

《广告法》第9条："广告不得有下列情形：

（一）使用或者变相使用中华人民共和国的国旗、国歌、国徽，军旗、军歌、军徽；

（二）使用或者变相使用国家机关、国家机关工作人员的名义或者形象；

（三）使用'国家级'、'最高级'、'最佳'等用语；

（四）损害国家的尊严或者利益，泄露国家秘密；

（五）妨碍社会安定，损害社会公共利益；

（六）危害人身、财产安全，泄露个人隐私；

（七）妨碍社会公共秩序或者违背社会良好风尚；

（八）含有淫秽、色情、赌博、迷信、恐怖、暴力的内容；

（九）含有民族、种族、宗教、性别歧视的内容；

（十）妨碍环境、自然资源或者文化遗产保护；

（十一）法律、行政法规规定禁止的其他情形。"

第18条："保健食品广告不得含有下列内容：

（一）表示功效、安全性的断言或者保证；

（二）涉及疾病预防、治疗功能；

（三）声称或者暗示广告商品为保障健康所必需；

（四）与药品、其他保健食品进行比较；

（五）利用广告代言人作推荐、证明；

（六）法律、行政法规规定禁止的其他内容。

保健食品广告应当显著标明‘本品不能代替药物’。”

3. 不得发布虚假广告、虚假宣传

《广告法》第4条：“广告不得含有虚假或者引人误解的内容，不得欺骗、误导消费者。广告主应当对广告内容的真实性负责。”

《广告法》第28条：“广告以虚假或者引人误解的内容欺骗、误导消费者的，构成虚假广告。

广告有下列情形之一的为虚假广告：

（一）商品或者服务不存在的；

（二）商品的性能、功能、产地、用途、质量、规格、成分、价格、生产者、有效期限、销售状况、曾获荣誉等信息，或者服务的内容、提供者、形式、质量、价格、销售状况、曾获荣誉等信息，以及与商品或者服务有关的允诺等信息与实际情况不符，对购买行为有实质性影响的；

（三）使用虚构、伪造或者无法验证的科研成果、统计资料、调查结果、文摘、引用语等信息作证明材料的；

（四）虚构使用商品或者接受服务的效果的；

（五）以虚假或者引人误解的内容欺骗、误导消费者的其他情形。”

《反不正当竞争法》第8条：“经营者不得对其商品的性能、功能、质量、销售状况、用户评价、曾获荣誉等作虚假或者引人误解的商业宣传，欺骗、误导消费者。经营者不得通过组织虚假交易等方式，帮助其他经营者进行虚假或者引人误解的商业宣传。”

（四）法律责任

1. 行政责任

根据《广告法》第55条、第57条、第58条、第59条和《反不正当竞争法》第20条的规定，违反《广告法》的规定，发布虚假广告的或者其他广告违法行为的，可能承担以下行政处罚责任：

（1）责令停止发布广告；

（2）责令广告主在相应范围内消除影响；

(3)没收广告费用;

(4)罚款;

(5)吊销营业执照;

(6)撤销广告审查批准文件、一年内不受理其广告审查申请;

(7)暂停广告发布业务;

(8)没收违法所得;

(9)由市场监督管理部门记入信用档案,并依照有关法律、行政法规规定予以公示。

2. 民事责任

根据《广告法》第56条、第68条的规定,违反《广告法》规定,发布虚假广告,欺骗、误导消费者,使购买商品或者接受服务的消费者的合法权益受到损害的,或者有侵权行为的,依法承担民事责任。

3. 刑事责任

根据《广告法》第55条、《刑法》第222条的规定,违反国家规定,利用广告对商品或者服务作虚假宣传,情节严重的,处2年以下有期徒刑或者拘役,并处或者单处罚金。

《广告法》第55条第4款:“广告主、广告经营者、广告发布者有本条第一款、第三款规定行为,构成犯罪的,依法追究刑事责任。”

《刑法》第222条:“【虚假广告罪】广告主、广告经营者、广告发布者违反国家规定,利用广告对商品或者服务作虚假宣传,情节严重的,处二年以下有期徒刑或者拘役,并处或者单处罚金。”

(五)合规建议

B集团目前的宣传语截选:

血管清道夫、心脑守护神

磷脂、欧米茄-3可帮助乳化、清理、运输血管中多余的脂肪,被誉为血管清道夫、预防心脑血管疾病,是生命守护神!

不老神话的缔造者

自然界唯一能穿透血脑屏障的类胡萝卜素,自然界最强的天然抗氧化剂,具有超强的消除自由基、抗衰老的功效。

美容养颜,永保青春

虾青素则能够显著减弱紫外线对真皮层胶原蛋白、弹力蛋白的破坏,保证了皮肤的正常代谢,帮助快速修复皱纹。

营养丰富,生物利用高

南极磷虾油中含有丰富的人体必需脂肪酸、维生素A、维生素E、类黄酮等活性物质,被誉为：营养最全、最佳的保健食品。

广告语中多处违反《广告法》的相关规定。

因而对于宣传具体的合规建议如下：

1. 公司对外广告披露信息要真实、合法、数据有来源。

2. 公司业务人员应加强学习《广告法》及相关法律法规,在对外宣传(发布企业宣传、广告宣传)时对所发布的信息进行依法核查,严格遵守相关规定。

3. 公司在发布对外宣传广告时,应加强与法律合规部门的沟通,确保所发布广告合法合规,降低因发布广告用词不恰当等原因可能发生的行政责任、民事责任及刑事责任的风险。

三、直销合规

通过互联网进行搜索得知,2018年B集团在湖南省涉嫌传销被查,最终认定B集团涉嫌传销。在2019年《人民日报》曝光的企业风险名单中,苏州B集团被曝以多级分销的销售模式,涉嫌传销,监管缺失的问题。

由于国内市场中,直销模式容易带来与传销边界交叉的问题,在出现问题后B集团也进行了“去直销化”,但网络中仍有许多负面舆情。

直销合规的目的在于进一步将公司原有的直销模式进行单独、规范的管理,与其他业务进行分隔,建议在公司官网原本的“直销披露”的基础上,加入销售模式合规管理体系建设。

同时,值得关注的是,重庆在全国范围内率先出台《直销行业合规经营指引》,于2021年12月30日起施行。

《直销行业合规经营指引》主要围绕直销行业招募、培训、计酬、宣传、销售、售后六个环节,对重庆市直销行业经营活动作出全链条系统性经营指引,并明确规定:直销企业在招募直销员时,不得招募未满18周岁的人员;不能招募全日制在校学生以及教师、医务人员、公务员和现役军人。此外,直销企业招募经销商和直销员时,不得背离产品消费导向,以经营模式或制度诱导经销商、直销员并对收益作出保证性承诺;也不能宣扬不劳而获、一夜暴富、快速致富等。

直销行业发展至今,尽管已经从最初的鱼龙混杂到现在有了一定的行业自律,整体上是有序和值得肯定的,但仍存在诸多乱象,最为典型的当属传销问题,引发了不少社会问题,一直是直销行业负重前行的“负担”所在。时至今日,一些非法传销组织依旧打着直销的招牌,明目张胆地到处招摇撞骗,使得很多无法鉴别“直销”和“传销”的群众上当受骗,这不仅伤害了正当的直销行业发展,也给非法传销留下了生存空间。

直销本来含义就是生产厂家只通过一个环节就把产品直接卖给消费者,这才叫真正意义上的“直销”。从理论上讲,这种模式减少了流转环节,降低了营销成本,其商品价格肯定是最低的。特别是在信息时代高速发展并不断完善和升级的当今,其行业前景应该是非常广阔的。《直销行业合规经营指引》的出台,对进一步规范直销行业规范经营、合法经营具有重要意义,可以作为B集团进一步将直销合规化的重要参考。

上述四方面的合规建议是基于目前互联网渠道查询到的B集团相关风险问题而作出,也参考了相关行业的合规管理办法和思路。对B集团而言,是否还具有其他更为突出的风险问题需要对企业进行风险评估后才能进一步确认。

除对此产品作了合规规划以外,我们团队以附件的方式将其他几类产品也作出了相对的合规建议,B集团在参考后决定采取我们的方案,目前B集团也已委托我们为该企业的反贿赂作出相应对的合规。

二、反商业贿赂合规磋商

目前从实践运行状况来看,反商业贿赂合规体系的构建是比较热门的一个领域,就法律工作者而言这也是一个值得细耕的领域。日前,有个规模较大的医疗企业找到我们团队,表达了他们希望构建反商业贿赂体系,但是目前管理层的意识并不统一,因而要求我们出一份说服企业管理者的文书,笔者从刑事风险的分析过渡到构建后的优势,提交了报告书,现将该报告书摘录如下,供大家参考。

医疗行业反商业贿赂必要性报告书

2021年医疗卫生行业连续发布了包括《2021年纠正医药购销领域和医疗服

务中不正之风工作要点》《全国医疗机构及其工作人员廉洁从业行动计划(2021—2024年)》《医疗机构工作人员廉洁从业九项准则》在内的多项针对医疗行业和医药领域廉洁从业和工作作风的文件,也表明了国家对医疗卫生行业加强管理的决心,并且各项新规的内容和措施相较以往更加详细和具有可操作性,随着各项文件和制度的落实,对医药行业企业与医疗卫生机构和医疗机构从业人员交往的规范性要求更高。

在医药领域如果出现商业贿赂行为将会面临众多的风险,其中包括刑事风险、行政风险及商业信誉风险。

一、刑事风险——定罪+量刑+罚金

(一)法条链接

《刑法》第164条规定:“为谋取不正当利益,给予公司、企业或者其他单位的工作人员以财物,数额较大的,处三年以下有期徒刑或者拘役,并处罚金;数额巨大的,处三年以上十年以下有期徒刑,并处罚金。

单位犯前款罪的,对单位判处罚金,并对其直接负责的主管人员和其他直接责任人员,依照前款的规定处罚。

行贿人在被追诉前主动交待行贿行为的,可以减轻处罚或者免除处罚。”

(二)【典型案例一展示】个人犯罪

2010年至2016年,宜春市Y医疗器械有限公司、宜春市Z医疗器械有限公司(均已注销)在向苏州市相城人民医院、苏州市吴江区第一人民医院、张家港市第一人民医院销售欣荣博尔特等品牌骨科耗材的过程中,为谋取竞争优势,由其实际控制人褚某分别向时任苏州市相城人民医院骨科主任史某、骨科诊疗小组组长陶某、简某、孙某、欧某,时任苏州市吴江区第一人民医院骨科主任蒋某、骨科副主任鞠某、骨科诊疗小组组长徐某甲、徐某乙、朱某,时任张家港市第一人民医院骨科主任张某、骨科副主任王某长期通过给予现金、回扣的方式行贿,数额合计人民币1000余万元。

【处罚结果】

被告人褚某构成对非国家工作人员行贿罪,判处有期徒刑2年,并处罚金人民币100万元。

该案是2017年的判决,对于非国家工作人员受贿罪,在2020年12月26日通过的《刑法修正案(十一)》中将非国家工作人员受贿罪的最高刑罚提高至处

10年以上有期徒刑或者无期徒刑，并处罚金，也就意味着今后医务人员利用开处方的便利收受巨额贿赂将面临更为严厉的刑事处罚。

【典型案例二展示】单位行贿、双罚——既罚直接责任人也罚单位

2005年至2019年，樊某在担任苏州市某贸易有限公司、上海某贸易有限公司、南京某医疗科技有限公司、上海某商贸有限公司（已注销）、上海某贸易商行（已注销）、上海某医疗器械销售中心六家企业实际负责人期间，为使上述企业代理的美敦力等品牌医疗耗材在苏州大学附属第一医院（以下简称苏大附一院）心内科、苏州大学附属第二医院（以下简称苏大附二院）心血管科、昆山市第一人民医院心血管内科销售过程中获得竞争优势，多次代表上述单位通过支付现金、给予超市购物卡等多种方式给予相关国家工作人员财物，共计价值人民币773.15万元。

【处罚结果】

被告单位苏州市某贸易有限公司犯单位行贿罪，判处罚金人民币180万元；被告单位上海某贸易有限公司犯单位行贿罪，判处罚金人民币50万元；被告单位南京某医疗科技有限公司犯单位行贿罪，判处罚金人民币30万元。

被告人樊某犯单位行贿罪，判处有期徒刑2年9个月，缓刑3年，并处罚金人民币80万元。

（三）刑事责任之严重性

就直接的责任人员而言，首先面临的是丧失人身自由，身陷囹圄；其次，背负刑事犯罪记录，再就业的空间严重受限，受到整个社会歧视；最后，影响子女就业，子女无法参加公职！就企业而言，一旦涉刑企业商誉将严重受损，员工也会丧失安全感，从而面临经营困难甚至是倒闭的风险，严重的还会直接面临被责令停产停业，甚至是被吊销营业执照的行政处罚。

（四）对“财物”的认定

根据《最高人民法院、最高人民检察院关于办理商业贿赂刑事案件适用法律若干问题的意见》（法发〔2008〕33号），商业贿赂中的财物，既包括金钱和实物，也包括可以用金钱计算数额的财产性利益，如提供房屋装修、含有金额的会员卡、代币卡（券）、旅游费用等。具体数额以实际支付的资费为准。收受银行卡的，不论受贿人是否实际取出或者消费，卡内的存款数额一般应全额认定为受贿数额。使用银行卡透支的，如果由给予银行卡的一方承担还款责任，透支数额

也应当认定为受贿数额。

根据《最高人民法院、最高人民检察院关于办理贪污贿赂刑事案件适用法律若干问题的解释》(法释〔2016〕9号)，贿赂犯罪中的“财物”，包括货币、物品和财产性利益。财产性利益包括可以折算为货币的物质利益如房屋装修、债务免除等，以及需要支付货币的其他利益如会员服务、旅游等。后者的犯罪数额，以实际支付或者应当支付的数额计算。

(五)现今面临的高压态势

随着2021年9月8日中央纪委国家监委等六部门联合发布《关于进一步推进受贿行贿一起查的意见》的落地，未来国家反腐的重心由重点查处受贿转向受贿、行贿一起查，对查办案件中涉及的行贿人，依法加大查处力度，该立案的坚决予以立案，该处理的坚决作出处理。从法院公布的商业贿赂刑事案件裁判文书中可以看出，被追究刑事责任的当事人大部分都具有公司的高级管理人员或实际控制人的身份如公司法定代表人、总经理、董事长、实际经营者、实际负责人/实际控制人、法定代表人兼股东、执行事务合伙人、合伙人、项目经理等。因此，未来在商业往来中，对行贿行为负有责任的企业高管被追究刑事责任的风险将增大。

二、行政风险——罚款

(一)法条链接

《反不正当竞争法》第7条规定：“经营者不得采用财物或者其他手段贿赂下列单位或者个人，以谋取交易机会或者竞争优势：

(一)交易相对方的工作人员；

(二)受交易相对方委托办理相关事务的单位或者个人；

(三)利用职权或者影响力影响交易的单位或者个人。

经营者在交易活动中，可以以明示方式向交易相对方支付折扣，或者向中间人支付佣金。经营者向交易相对方支付折扣、向中间人支付佣金的，应当如实入账。接受折扣、佣金的经营者也应当如实入账。

经营者的工作人员进行贿赂的，应当认定为经营者的行为；但是，经营者有证据证明该工作人员的行为与为经营者谋取交易机会或者竞争优势无关的除外。”

(二)【典型案例展示】

当事人于2018年12月31日将15万元现金送给时任上海市某机构办主任

顾某,后按顾某要求转交给了某中心的护士长须某;2019 年 1 月 14 日应顾某要求为某中心人员须某及张某购买了两张重庆到上海的机票,价值 2500 元;2019 年 3 月按顾某要求接待顾某的特定关系人施某在北京旅游费用 7936 元均由当事人承担。

当事人向顾某赠送现金及为顾某的相关人报销费用是为了维护与顾某的关系,为当事人在某中心的业务获得及开展中提供帮助,使项目开展更为顺利。

当事人自 2017 年起在某中心一共开展了 45 个项目,合计业务收入 4,992,000 元,因当事人人员招募具体费用支出情况未做记录,致使成本支出无法统计,故违法所得无法计算。

当事人通过贿赂交易相对方工作人员以获得便利的行为违反了《反不正当竞争法》的规定,构成了商业贿赂的行为。

【处罚结果】

罚款人民币 15 万元。

(三)其他相关法规链接

1.《市场监管总局关于加强反不正当竞争执法推动高质量发展的通知》

2021 年 5 月 6 日,国家市场监管总局发布《市场监管总局关于加强反不正当竞争执法推动高质量发展的通知》(以下简称《通知》)。在《通知》的附件《2021 年重点领域反不正当竞争执法专项行动整治重点》中,明确将大力查处医药购销企业以及疫情防控物资领域的不正当营销行为列入整治重点,重点整治的商业贿赂行为包括:(1)在医药购销过程中给付"回扣",捆绑推销药品耗材,借助科研合作、学术推广等名义,在设备采购、工程建设、科研经费等重点领域进行利益输送等商业贿赂行为;(2)疫情防控物资出口企业在获取相关生产资质、参加招投标及供应商审查、签订采购合同、组织生产销售、目的地货物通关、外方质量抽查等环节存在的商业贿赂等不正当竞争行为。

2.《全国医疗机构及其工作人员廉洁从业行动计划(2021—2024 年)》

2021 年 8 月 6 日,国家卫生健康委、国家中医药局印发《全国医疗机构及其工作人员廉洁从业行动计划(2021—2024 年)》(以下简称《行动计划》)。按照《行动计划》的工作目标,自 2021 年至 2024 年,将集中开展整治"红包"、回扣专项行动。对涉嫌利益输送的各类机构,严肃惩处、移送线索、行业禁入。建立健全医疗机构内行风建设工作体系,完善院内管理制度、提升行风管理软硬件水平，构建打击“红包”、回扣等行风问题的长效机制。

同时，《行动计划》还提出，严禁医疗机构及其工作人员参与或接受影响医疗行为公正性的宴请、礼品、旅游、学习、考察或其他休闲社交活动，不得参加以某医药产品的推荐、采购、供应或使用为交换条件的推广活动。完善医药代表院内拜访医务人员的管理制度，参照“定时定点定人”“有预约有流程有记录”（“三定”“三有”）的方式，拟定细化可执行的院内制度，对违规出现在诊疗场所且与诊疗活动无关的人员要及时驱离，对核实的输送回扣行为要及时上报，对查实收受回扣的医务人员要根据金额从严处罚，涉嫌犯罪的要移送司法机关。

3.《医疗机构工作人员廉洁从业九项准则》

2021 年 11 月 12 日，国家卫生健康委、国家医保局、国家中医药局发布《医疗机构工作人员廉洁从业九项准则》（以下简称《九项准则》）。《九项准则》主要明确了在以下几个方面的禁止性规定：一是明确禁止接受商业提成、开单提成、以商业目的进行统方、严禁安排患者到其他指定地点购买医药耗材等产品、严禁向患者推销商品或服务并从中谋取私利；严禁接受互联网企业与开处方配药有关的费用。二是规范行医，不实施过度诊疗。三是不违规接受捐赠。严禁医疗机构工作人员以个人名义，或者假借单位名义接受利益相关者的捐赠资助，并据此区别对待患者。四是不收受企业回扣。严禁接受药品、医疗设备、医疗器械、医用卫生材料等医疗产品生产、经营企业或者经销人员以任何名义、形式给予的回扣；严禁参加其安排、组织或者支付费用的宴请或者旅游、健身、娱乐等活动安排。

同时，《九项准则》的适用范围更加明确和宽泛，医疗机构内工作人员包括但不限于卫生专业技术人员、管理人员、后勤人员以及在医疗机构内提供服务、接受医疗机构管理的其他社会从业人员。并且对违规行为的处罚措施更加明确，包括行政处罚、劳动人事处罚、人事管理处罚、党纪政纪处罚、刑事处罚、领导问责。

值得注意的是，商业贿赂行为通常是既触犯了行政法领域的相关规定，同时也触犯了刑事法律的规定，而一旦触及刑事法律规定，如何界定员工个人责任与企业责任会成为一个比较重要的问题。因为如果只是销售人员个人责任，那么只有其个人面临刑事处罚，但是一旦企业无法证明此行为与自己无关，那么企业就会面临犯罪，而企业一旦涉罪我国基本采取的都是双罚制，除了企业自己面临罚金以外，单位的法定代表人、实际控制人、高管等往往也会面临刑事风险。

三、商业风险——列入商业贿赂不良记录

(一)法条链接

原卫计委印发的《关于建立医药购销领域商业贿赂不良记录的规定》第4条规定："药品、医用设备和医用耗材生产、经营企业或者其代理机构及个人(以下简称医药生产经营企业及其代理人)给予采购与使用其药品、医用设备和医用耗材的医疗卫生机构工作人员以财物或者其他利益，有下列情形之一的，应当列入商业贿赂不良记录：

(一)经人民法院判决认定构成行贿犯罪，或者犯罪情节轻微，不需要判处刑罚，人民法院依照刑法判处免予刑事处罚的；

(二)行贿犯罪情节轻微，人民检察院作出不起诉决定的；

(三)由纪检监察机关以贿赂立案调查，并依法作出相关处理的；

(四)因行贿行为被财政、工商行政管理、食品药品监管等部门作出行政处罚的；

(五)法律、法规、规章规定的其他情形。"

(二)面临的法律后果

1.限期内资格剥夺

(1)时间——2年

《江苏省医药购销领域商业贿赂不良记录管理办法》第11条规定："商业贿赂不良记录应用期限为2年，自公布之日起计算，到期自动消除，但2年内发现另有行贿行为的除外。"

(2)内容——停止购销

第12条规定："对一次列入我省商业贿赂不良记录或者5年内两次及以上列入其他省(自治区、直辖市)商业贿赂不良记录的医药生产流通企业及其代理人，全省公立医疗卫生机构在商业贿赂不良记录名单公布后2年内不得以任何名义、任何形式购入其药品、医用耗材和医用设备，原签订的购销合同即时终止。

对一次列入其他省(自治区、直辖市)商业贿赂不良记录的医药生产流通企业及其代理人，在不良记录名单公布后2年内在我省药品、医用耗材和医用设备招标、采购评分时，对该企业产品作减分处理。"

2. 解除合同要件——对方可直接解除合同且无须承担责任

《江苏省医药购销领域商业贿赂不良记录管理办法》第 15 条规定："医疗卫生机构在与医药生产流通企业及其代理人签署疫苗和医用设备等采购合同时，应当同时签署廉洁购销合同，列明企业指定销售代表姓名、不得实施商业贿赂行为、如企业被列入商业贿赂不良记录将解除购销合同和承担违约责任等条款。"

四、反商业贿赂体系构建后的优势所在

作为监管的重点，国家针对药械行业商业贿赂的执法也日益严格，各类执法活动逐渐形成长效机制。在面对即将到来的反商业贿赂执法高潮中，企业更应该建立有效的机制进行自查自纠，或许某些"旧观念""潜规则"一直是企业建设反商业贿赂合规体系的障碍，但随着行业相关配套法律法规的日益完善，信用制度的日趋规范，曾经处于灰色地带的商业思维需要改变，对反商业贿赂合规建设来说，是一次需要勇气的革新，是以限制商业自由为代价，来换取企业长久、平稳发展的一次革新。

有效的反商业贿赂合规，能真正帮助企业及时纠正经营过程中的违法行为，优化、改进商业模式，完善合规管理制度体系，能主动适配相关合规制度的落实，杜绝违法违规操作，最大程度上避免出现因违法违规行为而导致的资格剥夺、高额罚款、信用惩戒、丧失商业机会等诸多风险。具体而言体现在以下几个层面。

1. 可以有效地切割企业和个人的责任，保护企业只惩罚直接行为人。

【责任剥离典型案例】

2011 年至 2013 年 9 月，在被告人郑某、杨某分别担任雀巢(中国)有限公司西北区婴儿营养部市务经理、兰州分公司婴儿营养部甘肃区域经理期间，为了抢占市场份额，推销雀巢奶粉，授意该公司兰州分公司婴儿营养部员工被告人杨某某、李某某、杜某某、孙某通过拉关系、支付好处费等手段，多次从兰州大学第一附属医院、兰州军区总医院、兰州兰石医院等多家医院医务人员手中非法获取公民个人信息。其间，被告人王某某利用担任兰州大学第一附属医院妇产科护师的便利，将在工作中收集的公民个人信息 2074 条非法提供给被告人杨某某、孙某，收取好处费 13,610 元；被告人丁某某利用担任兰州军区总医院妇产科护师的便利，将在工作中收集的公民个人信息 996 条非法提供给被告人李某某，收取好处费 4250 元；被告人杨某甲利用担任兰州兰石医院妇产科护师的便利，将在工作中收集的公民个人信息 724 条非法提供给被告人杜某某，收取好处费 6995 元。

在庭审中几名被告人企图辩成此行为是单位行为来逃避自己的刑事追究，而本案正是因为事前合规导致企业成功保护自己。根据当庭经过质证的雀巢公司指示（收录于雀巢公司员工培训教材）、雀巢（中国）有限公司情况说明，雀巢公司不允许员工以推销婴儿配方奶粉为目的，直接或间接地与孕妇、哺乳妈妈或公众进行接触，不允许员工未经正当程序或未经公司批准而主动收集公民个人信息。为完成电访调研，需要用到消费者自愿提供的部分个人信息，雀巢公司不允许为此向医务人员支付任何资金或者其他利益，也从不为此向员工、医务人员提供奖金。雀巢公司在《雀巢指示》以及《关于与保健系统关系的图文指引》等文件中明确规定，"对医务专业人员不得进行金钱、物质引诱"。对于这些规定，雀巢公司要求所有营养专员都需接受培训，并签署承诺函。

【裁判结果】

单位犯罪是为本单位谋取非法利益之目的，在客观上实施了由本单位集体决定或者由负责人决定的行为。雀巢公司手册、员工行为规范等证据证实，雀巢公司禁止员工从事侵犯公民个人信息的违法犯罪行为，各上诉人违反公司管理规定，为提升个人业绩而实施的犯罪为个人行为。

2. 可以作为从宽情节考量换取司法机关的从宽处罚。

【从宽处罚典型案例】

深圳Y公司系深圳H公司的供货商。Y公司业务员王某某，为了在H公司音响设备选型中获得照顾，向H公司采购员刘某甲陆续支付好处费25万元，并在刘某甲的暗示下向H公司技术总监陈某行贿24万余元。由王某某通过公司采购流程与深圳A公司签订采购合同，将资金转入A公司账户，A公司将相关费用扣除后，将剩余的资金转入陈某指定的账户中。Y公司副总裁刘某乙、财务总监林某某，对相关款项进行审核后，王某某从公司领取行贿款项实施行贿。2019年10月，H公司向深圳市公安局南山分局报案，王某某、林某某、刘某乙及刘某甲、陈某相继到案。

【处理结果】

本案因为案发时企业积极地配合检察院的合规建议，作出了相应的整改，后换取了从宽处罚的结果。

1. 检察机关对王某某、刘某某、刘某乙作出不起诉决定。

2. 检察机关对陈某、刘某甲以非国家工作人员受贿罪向法院提起公诉，法院判处刘某甲拘役6个月，判处陈某拘役5个月。

实际上，医药领域的贿赂类案件占所有贿赂案件的比例一直居高不下，同时医药行业也一直是国家重点监管的行业，涉及监管部门众多，包括公安部门、纪委监察委、卫健委、市场监督管理部门等。从上述案例可以看出，由于行贿行为和受贿行为往往同时发生，在案件查办过程中，监管部门发现任一方线索后都会继续深挖，利用一方已经披露的案件线索调查所有涉案的人员及其行为。并且当前纪委监察委对于医药购销领域的贿赂行为具有非常高的关注度，可以预见将来调查手段将会更加深入、多样和专业化。

对医药行业的企业来说，不论是商业贿赂行政违法还是贿赂类犯罪，都会给企业乃至个人带来巨大损失。因此和医院、医疗机构、医生、行政官员等敏感个人的交往应当采取严格的合规态度和措施，做好事前的风险防控。

事前进行合规可以实现出罪目的，目前，雀巢集团、中兴集团、西门子等企业都已经施行了反商业合规体系的构建。

3. 可以有效规避商业信誉降低，提升企业商业信誉价值，促进商业合作。

目前得益于大数据网络的信息交流，大多数人在与企业进行合作之前，都会依托类似于企查查这样的网络软件对意向合作企业进行信息背调。若当其在调查中看到意向合作企业的法律诉讼与经营风险的板块中具有多个诉讼事务缠身或者是多个行政处罚傍身，那么很有可能会对意向合作企业产生先入为主的不良印象，容易引起对方产生“该企业商业信誉平平”以及“合作可能会有较大风险”诸如此类的一些担忧，这对于后续与企业的深入交流合作会产生极为不利的影响，很有可能使得合作方因为在背调中认为企业有过多的不良记录而直接拒绝之后的合作，影响企业的长远发展，例如，笔者在写报告时对“××公司”（提出要求的企业）进行查询，可以查到“××号”处罚，其显示该公司曾经因为“广告内容管理”被处以“责令停止违法行为”，也就是说，只要企业被处罚过就像自然人的犯罪记录一样，无法掩盖，会直接影响企业的长远发展。

若企业在先前便完善好自身的反商业贿赂体系，那么就能够有效避免相关的诉讼纠纷和行政处罚风险，对于企业商业信誉的构建大有裨益，不仅是企业自身商业信誉的提升，也是企业不断优化经营、巩固行业地位的金字招牌，对于有意向与企业合作的一方也是合作加分项。医药行业也是如此，如果意向合作医院在背调中发现该医药企业具有良好的商业信誉，没有刑事风险，那么意向合作医院也会优先考虑与该企业合作。

4. 在某些重大或者国际项目招标中，反商业贿赂体系会成为参与投标的必备条件或加分项之一。

反商业贿赂体系的建立的优势，在当前时代及政策背景下不仅体现在医药企业内部的体制机制优化上，更体现在企业参与个大招投标项目中。目前，已有近15家医院招标时将合规体系构建作为评分标准之一。随着合规制度的推进，会有越来越多的企业将其纳入评分体系，因而抓住合规先机会成为以后企业发展的核心竞争力。

5. 减少甚至规避上市公司年报审查工作风险。

年报审查工作一直是交易所履行一线监管职责的"重头戏"，通过年报审核对上市公司质量进行"体检"，以此推动上市公司质量提升。而交易所重点关注、聚焦的风险主要在于：(1)业绩真实性；(2)资金占用与违规担保；(3)公司治理规范性；(4)资金减值准备记提；(5)重组标的资产整合与业绩承诺履行情况，等。建立反商业贿赂体系也能够有效地实现上述风险的防范与控制。

6. 有利于构建上行下效的企业良性运作机制。

在企业构建反商业贿赂体系后，随着企业高层传达出的对于反商业贿赂零容忍的态度，企业其他的员工必定也对商业贿赂等不当行为有所认识与识别。再加上企业今后定期对员工进行反商业贿赂的制度培训，由企业管理层带头，敦促员工们认识到商业贿赂的形式与危害，必能在企业内部构建完善的反商业贿赂体系，培养企业员工的专业敏感度和责任感，营造企业内部由上到下、由内到外的良好合规环境，有效避免今后商业活动中的商业贿赂风险。

医药行业的企业中，很多都是需要企业中的医药代表进行推广才能将企业的产品打入市场，由于医药代表的人数繁杂，如果没有在销售人员的脑海中树立企业刑事合规的道德理念与行为标准，那么很多医药代表往往会在与合作方的磋商中踏入法律雷区，最终影响到企业。

五、反商业贿赂合规体系构建

本团队属于北京盈科（苏州）律师事务所"刑事合规部"，苏军律师是合规部主任，也是苏州市企业合规第三方监督评估机构专家库律师，同时本团队还有法律博士、高校老师等人，合规经验丰富。我们将会从以下几个层面进行合规体系构建（本报告只简述其中部分要领）：

1. 设立科学的合规管理组织体系、明确主体之间的分工

从企业的组织体系出发，必须形成一个上通下达的合规管理组织体系，能够高效地处理合规问题。具体而言，在董事会、监事会以外，设置专门的合规部门，并任命专门的合规负责人(国外也习惯称为首席合规官)。

2. 制定清晰的合规章程

合规章程在企业内部具有统领性，也是企业内部具有最高效力的文件，因而要想合规制度在企业内部生根发芽，得到良好运行，应该在章程中进行全面规定。

3. 制订有效的合规计划

根据企业经营范围和所从事业务有针对性建立专项反商业贿赂合规计划。在对目标企业充分尽职调查后，针对具体面临的风险如给回扣、送卡等行为制定专门的合规方案，避免企业因为违反相关法律法规而遭受行政处罚、刑事追究以及其他方面的损失。

(1)设立明确的禁止规则。在员工手册中明确何为贿赂，让集团所有员工对此行为都有清晰的认知，并在手册中对具体情形作出明确禁止，强调这是企业的红线不可触碰。具体而言，从抽象层面贿赂指的是："直接或者间接地向公共部门或者私营企业的任何人员提议、承诺、给予、授权给予金钱或其他任何有价值物，以不当地影响收受方的正当职责或行为，获取或保持业务或商业行为中的其他不当利益。"就具体层面而言，在手册中以具体案例的方式列明常见贿赂行为之界定，例如礼品及款待、提供外部差旅、客户培训、采购交易、商业赞助、公益捐赠等方面。就礼品及款待方面而言，提供适当的礼品及必要的款待是可以的，但是不得是为了对某项决策施加影响或为了谋求不当利益而赠送礼品或进行款待。对于超过特定数值的礼品及款待需要在企业的"反贿赂合规"系统中进行审判和备案。

(2)建立有效的风险评估体系。合规部门必须每年定期开展对有关地区和特定领域的风险评估，持续刷新公司的风险库，根据最新风险情况调整合规的管理策略及措施，坚持以风险为导向的合规管理原则。对风险的评估一定要做到全面，具体而言需要结合业务规模、商业模式、营业地、交易主体、交易类型、对商业伙伴的使用、政府关系、当地习俗等相关因素。

(3)建立独立的反馈系统。除了特定主体的定期调查以外，笔者认为不特

定的主体发现风险、上报风险也是非常重要的风险揭露方式,企业应该积极地鼓励并保护这种监督方式。

(4)充分的培训沟通。首先,企业内部的培训要做到全员的常规培训;其次,对于重点领域的重点人员如财务、采购、HR等,要提供专项培训。培训的方式可以采取线上、线下相结合的方式进行。使不同主体都能认知到自己领域范围内的风险可能性,发生具体风险时也能积极地进行应对。

通过专业反商业贿赂体系的构建,能够有效地避免刑事犯罪给企业带来的风险,也可以防止行政机关的不利处罚,同时还可以提升企业的核心竞争力,事后合规只能换取从宽处理,而事前合规则可以避免被处罚,更符合企业的长久效益。

后　记

2022年4月2日,最高人民检察院会同全国工商联专门召开“全面推开涉案企业合规改革试点工作部署会”会议,深入总结两年来检察机关涉案企业合规改革试点工作情况,并对全面推开改革试点工作作出具体部署。经过两期改革试点,10个试点省份检察机关共办理涉企业合规案件766件,最高人民检察院检察长张军特别强调:“原则上有条件的县级检察院,今年都要大胆探索,尝试办理几件企业合规改革案件。”

会议指出,涉案企业合规改革适用的案件类型,包括公司、企业等市场主体在生产经营活动涉及的各类犯罪案件,既包括公司、企业等实施的单位犯罪案件,也包括公司、企业实际控制人、经营管理人员、关键技术人员等实施的与生产经营活动密切相关的犯罪案件。

同时会议表明合规计划应当以专项合规为重点,主要针对与企业涉嫌犯罪有密切联系的企业内部治理结构、规章制度、人员管理等方面存在的问题,制定可行的专项合规管理规范,构建有效的合规组织体系,完善相关业务管理流程,健全合规风险防范报告机制,弥补企业制度建设和监督管理漏洞,从源头防止再次发生相同或类似的违法犯罪。

国家的政策及司法的导向为企业的合法合规发展指明了方向,合规体系的构建无论是对企业本身而言,还是对为了“几两碎银”而辛勤劳作的管理者、普通职工而言都像安全卫士一样,能保护我们安全前行。对众多的法律工作者而言也是一次机会,希望能够有更多的人投入这一领域,积极探寻出新的模式,在提升自我的同时能为司法的改革、经济的平稳发展贡献出自己的一份力量。

李　华

盈科律师事务所创始合伙人、盈科全国业务指导委员会主任。

李华律师作为盈科全国业务指导委员会主任，负责盈科体系内的专业化建设，带领盈科律师，构建出完整的专业化法律服务体系，包括研究院、专业委员会及综合性法律中心，推动盈科律师专业化的法律服务，以适应法律服务市场不断细分的需要。在此基础上，通过集成各专业委员会纵深化的法律服务能力为客户提供综合性的法律服务。

曾荣获全国律师行业优秀党员律师、北京市优秀律师、朝阳区优秀律师、朝阳区首届优秀女律师、朝阳区优秀党员的荣誉称号。

本书主编简介

温云云

法学博士，目前任职于苏州城市学院，盈科苏州企业合规法律事务部顾问，盈科江苏区域企业合规法律专业委员会副主任，江苏省法学会民事诉讼法学研究会理事，江苏省比较法学会理事。

YINGKE® 盈科

苏　军

毕业于中国政法大学法学专业，2006年从事律师职业至今，现为盈科苏州监事会主任、企业合规法律事务部主任，苏州市企业合规第三方监督评估机构专家库律师。

张炜红

盈科中国区董事会副主任、中小律所发展工作委员会主任，盈科昆山管委会主任，同时担任昆山市律师协会副秘书长、律师行业发展委员会主任，苏州市律师协会建筑与房地产专业委员会委员。为国有企业、民营企业服务，常年担任几十家机关及企业的常年法律顾问，年均承办案件近百起，案件涉及法律服务各领域，积累了丰富的办案实践经验。曾荣获昆山市优秀律师、昆山市司法行政系统先进个人，曾任昆山市政府法律顾问库成员。

魏　磊

盈科苏州合伙人、党支部副书记、监事会副主任，苏州市委全面依法治市委员会办公室决策咨询专家库专家，张家港市冶金工业园（锦丰镇）依法行政专家顾问。擅长从事政府规范性文件、重大行政决策后评估工作。

杨斯晗

律师，电子设计工程师，资深专利代理师。